Michael C. Blumenthal
ALLE MEINE MÜTTER UND VÄTER

Michael C. Blumenthal

ALLE MEINE
MÜTTER UND VÄTER

Erinnerungen

Verlag André Thiele

© für das englischsprachige Original: Harper Collins, New York, NY 2003
© für alle deutschsprachigen Ausgaben: VAT Verlag André Thiele, Mainz 2011
Übersetzung: Kathrin Diestel, Irmgard Hunt, Marion Tauschwitz
Umschlaggestaltung: Malika Wichtendahl, gestaltungsraum.de
Lektorat: Klaus Knobloch, Heidelberg
Satz und Gestaltung: Felix Bartels, Berlin
Druck: Winterwork, Borsdorf
Alle Rechte vorbehalten.

www.vat-mainz.de

ISBN 978-3-940884-45-9

Für meinen Sohn Noah dem das Schicksal bessere Karten gegeben hat und damit geholfen hat, meine eigenen zu verbessern.

Für Amos und Judy.

Und zum Gedenken an meine wahre Mutter, Betty Gern Blumenthal (1907–1959), deren Güte und Liebe mich gerettet haben.

»Ein Vater, Amerikaner in erster Generation, besessen von den jüdischen Dämonen, und ein Sohn, Amerikaner in zweiter Generation, besessen von der Austreibung dieser Dämonen – das war sein einziges Thema«

Philip Roth,
Die Anatomiestunde

»Hätte mein Vater weitergelebt, er hätte mich mit seiner ganzen Länge überragt und dabei erdrückt.«

Jean-Paul Sartre,
Die Wörter

»Du verlierst natürlich dein eigenes Leben, wenn du dich für deine Eltern opferst.«

Paul West,
My Mother's Music

»Doch was blieb einem weichherzigen Jungen übrig, der noch nicht gelernt hatte, sich all seiner Mütter und Väter zu erwehren?«

György Konrád,
Der Stadtgründer

Das Leben fällt uns zu; und im Erinnern fallen wir dem Leben zu. Manchmal drängt sich das ersehnte Leben – das verständlicherweise nach größerem Glück oder leichterer, schnellerer Erlösung verlangt – in das tatsächlich gelebte Leben ein. Dennoch habe ich hier versucht, im Sinne des Dichters Robert Lowell »zu berichten, was geschah«, meine eigenen bescheidenen Episoden des Glücks und der Enttäuschung wiederzugeben, mich, so gut ich kann, an sie zu erinnern, und, mit Lowells Worten, um »die Gnade der Genauigkeit eines Vermeer zu bitten.«

Die Namen einzelner Personen in diesem Buch wurden geändert, um Peinlichkeiten oder Unbehagen bei den Betroffenen zu vermeiden. Ich bin dennoch allen, die in meinem Buch vorkommen, zu Dank verpflichtet, den Lebenden wie auch den Verstorbenen.

Prolog

Das Tragische lauert in den Winkeln des Hauses.
Es zittert in den Kissen und Laken.
Es schlingt sein dünnes Seil
um das Halbvollendete und das Vollendete.

aus: »Der glückliche Nihilist« in »Against Romance«

Als meine Großmutter – die Mutter meines Vaters – vier Tage nach seiner Geburt am 10. September 1904 in Frankfurt am Main jäh aus dieser Welt gerissen wurde, musste sich Julius Ernst Blumenthal dennoch nicht allein gelassen fühlen.

Denn meine Großmutter, deren Tod wahrscheinlich auf die Strapazen der Geburt zurückzuführen war, hatte schon siebenmal Leben in die Welt gesetzt; sechs Töchtern und einem Sohn hatte sie das Leben geschenkt, damit die sieben Geschwister dem überlebenden Säugling, Großmutters letzter Gabe, Gesellschaft in dieser grausamen, herzlosen Welt leisten könnten.

Mein Großvater Max, ein kleiner koscherer Metzger im jüdischen Viertel Frankfurts, hatte sicher kein leichtes Los, als er plötzlich Witwer mit acht Kindern war. Und so erstaunt es auch nicht, dass er, wie wohl jeder in seiner Lage, keine großen Ansprüche an die Frau stellte, die bereit war, die Sorgen um seine beträchtliche Nachkommenschaft mit ihm zu teilen. Als eine Nachbarin ihn dann mit der umtriebigen jüdischen Witwe Janette Lissauer aus dem Nachbarort Oberursel bekannt machte, war es nur eine Frage von Monaten, bis die mutterlose Kindheit meines Vaters endete und er mit einer Stiefmutter beschenkt wurde.

Janette Lissauer war jedoch ganz offensichtlich mehr darauf erpicht, einen Ehemann für sich und einen Ernährer für ihre zwei vaterlosen Kinder zu bekommen als Stiefmutter für eine bedürftige achtköpfige Brut zu werden. Und so muss wohl mein Vater, der jüngste, verletzlichste und bedürftigste der ganzen Bande, den Löwenanteil der Wut seiner Stiefmutter abbekommen haben, die mit ihrer misslichen Lage haderte, für die sie sich so nicht *entschieden* hatte. »My schtepmutter, she never luved me, bis auf the end von her life«, sagte mir mein Vater als Kind immer wieder, »ven she could finally beleev was ein wunderbarer sohn I was.«

Es war dann sicherlich auch kein Zufall, dass mein Vater schon im stolzen Alter von vierzehn bei der renommierten deutschen Pelzhandelsfirma Meyer & Vogel GmbH in Nürnberg in die Lehre ging, um sich so dem Einfluss der niederträchtigen, herrschsüchtigen Stiefmutter zu entziehen und damit in die Fußstapfen seines gebeutelten Vaters zu treten (es macht ja auch kaum einen Unterschied, Fleisch oder Pelze zu verkaufen).

Sieht man sich Fotos von meinem Vater aus den Dreißigerjahren an – mittlerweile war er zum Handelsreisenden aufgestiegen –, dann hätte er glatt als Filmstar durchgehen können: Sein pechschwarzes, mit Pomade geglättetes Haar schimmert im Licht, und er hat – mit seinem grauen, weitgeschnittenen Anzug und dem blütenweißen Hemd, das das Grau kohlrabenschwarz erscheinen lässt – das schlanke, hochgewachsene Aussehen, das man Romantikern oft zuspricht, dazu einen verführerischen, zur Seite gewandten Blick, der – leicht androgyn, verletzlich und charmant – nie direkt in die Kamera gerichtet ist.

Das war die Zeit, als Julius Streicher und seine Schergen schon mit Reitpeitschen und Knüppeln in den Straßen des jüdischen Viertels in Frankfurt aufmarschierten und dabei Schaufenster jüdischer Geschäfte zertrümmerten wie das der koscheren Metzgerei meines Großvaters Max, der sich dort für seine zweite Frau und seine zehn Kinder abrackerte. Das war auch die Zeit, in der ein junger jüdischer Mann Verdacht erregte und es für ihn sogar gefährlich werden konnte, wenn er mit einer arischen Frau gesehen wurde – kurz bevor dann die Nazis ihre »Rasseschande«-Gesetze verabschiedeten, die solche Verbindungen verboten.

Mein Vater wird von all dem zu weit weg gewesen sein, um sich groß darüber Gedanken zu machen – er war nämlich im Frühjahr 1934 in Baden unterwegs und bot einer liebreizenden blonden Opernsängerin und Hoteliersochter namens Claire Haas an einer Bushaltestelle in Baden-Baden an, sie im Auto mitzunehmen. Er wird schon zu sehr in sein eigenes Schicksal verstrickt gewesen sein, um sich vorzunehmen, sich nicht in eine Frau zu verlieben, die das Leben ihm nie zugestehen würde. Oder er wollte sich vielleicht nur an seinem Vater dafür rächen, dass der eine Frau geheiratet hatte, die *er* so hasste. Vielleicht wollte er den Mann verletzen, der ihn so verletzt hatte.

Wie auch immer: Nach einer dreijährigen Romanze, die sich in Hotelzimmern, auf dem Rücksitz der väterlichen Limousine mit Chauffeur oder in Erste-Klasse-Abteilen in Zügen abspielte, flog Claire Hass, der die Nazis dicht auf den Fersen waren und deren Liebhaber anscheinend weder ihnen noch ihrem Vater die Stirn bieten konnte, nach Santiago de Chile, um sich der Südamerikatournee der Stuttgarter Oper anzuschließen.

Viele Jahre später fand ich unter den Papieren meines Vaters die Kopie einer chilenischen Arbeitserlaubnis, die er – in der klaren Absicht, seiner Geliebten zu folgen – beantragt und bewilligt bekommen, aber nie genutzt hatte. Doch aus irgendeinem Grund – vielleicht, wie er es später erklärte, aus Loyalität zu seinem tief religiösen Vater oder aus Loyalität zu einer tieferen, selbstzerstörerischen Kraft in ihm – hatte er nicht den Willen (oder den Mut), Anspruch auf das zu erheben, was er eigentlich wollte: Er ließ es zu, dass das einzig wahre Objekt seiner Leidenschaft und seines Verlangens, die einzige Frau in seinem Leben, für die er sich wirklich *entschieden* hatte, sich ihm entzog.

1 Anfänge

Es ist ein Geschenk, glücklich geboren zu werden.
Diejenigen, die unglücklich geboren werden, sind unheilbar.

Henry Miller

Es ist eher unwahrscheinlich, dass ich glücklich geboren wurde. Denn in dieser Geschichte gibt es noch andere Mütter und Väter.

Meine biologische Mutter, Nelly Atlas, Tochter eines Rabbis aus einer deutschen Kleinstadt in der Nähe von Leipzig, traf meinen

Vater, Berthold Gern, einige Jahre, nachdem er Deutschland 1934 verlassen hatte, im Kibbutz Moledet in Palästina, in der Nähe von Afula, ein Stück westlich vom See Genezareth. Ihr erstes Kind, Daniel, starb zehn Tage nach seiner Geburt am Fleckfieber. Alle Anzeichen deuten darauf hin, dass meine Mutter Nelly – nachdem sie meinen Bruder und meine Schwester geboren hatte – nicht erpicht darauf war, noch ein viertes Kind in die Welt zu setzen, besonders nicht unter den Umständen, unter denen ich am 8. März 1949 geboren wurde.

Meine Eltern waren im Herbst 1947, kurz vor Ausbruch des Palästinakriegs, wie geplant zu einem zweiwöchigen Besuch in die Vereinigten Staaten gereist, um den siebzigsten Geburtstag meiner Großmutter Johanna im Haus der Schwester und des Schwagers meines Vaters, Betty und Julius Blumenthal zu feiern, bei denen meine Großmutter in Washington Heights, in Manhattan lebte.

Wie die meisten deutschen Juden, die es schafften, rechtzeitig rauszukommen, hatten die Blumenthals Nazideutschland in buchstäblich letzter Sekunde verlassen, einzig und allein, um Hitlers Gaskammern und Krematorien zu entkommen. Nach einigen Jahren als Hotelpage im New Yorker Hotel Governor Clinton hatte Julius es geschafft, in den einzigen Beruf zurückzufinden, den er mit vierzehn als Lehrling bei Meyer und Vogel erlernt hatte – den Pelzhandel. Dank eines unendlichen Vorrats an Charme und Schmeicheleien – »Gnädige Frau«, begrüßte er jede Frau, die seinen Ausstellungsraum betrat, »in diesem Mantel werden Sie den Verkehr schtoppen.« – hatte er es in wenigen Jahren geschafft, ein relativ erfolgreiches Geschäft als Einzelhändler an der 29. Straße West aufzubauen, sodass er mit seiner Frau und seiner blinden Schwiegermutter für achtundsechzig Dollar im Monat in eine sonnige Fünfzimmerwohnung an der Fort Washington Avenue 801, Ecke 181. Straße West einziehen konnte.

Mit großer Vorfreude (und auch ein bisschen Neid) machten sich also meine biologischen Eltern eines Nachmittags im Oktober 1947 mit ihrer vierjährigen Tochter Judy und ihrem zweijährigen Sohn Amos von Tel Aviv aus auf zu einem, wie sie dachten, kurzen Aufenthalt bei ihren vergleichsweise weltgewandten und erfolgreichen New Yorker Verwandten.

Aber, wie es das Schicksal wollte, weitete sich der Israelische Unabhängigkeitskrieg aus, als Berthold und Nelly Gern gerade in New York angekommen waren, um den siebzigsten Geburtstag meiner Großmutter im Café Geiger auf der 86. Straße Ost mitzufeiern. Und Julius Blumenthal, getreu seinem Lebensmotto »Es ist nicht nötig dass man lebt, aber dass man seine Pflicht tut«, beschloss ganz einfach, dass er es der Familie seiner Frau nicht zumuten könne, in ein so unsicheres und gefährliches Leben zurückzukehren.

Eines Morgens, kurz nach der Ankunft der Gerns, sprang ihm beim Durchblättern der Todesanzeigen in der deutsch-jüdischen Wochenzeitung *Aufbau* im Teil »Zu Verkaufen« eine Annonce ins Auge, in der eine ca. zwei Hektar große Hühnerfarm mit zehn Hühnerställen in der kleinen, vorwiegend jüdisch besiedelten Gemeinde Vineland, New Jersey, nur drei Stunden von New York entfernt, angeboten wurde. Früh am nächsten Morgen sagte er, er wolle einen Termin mit einem Kunden wahrnehmen, fuhr 120 Meilen auf dem New Jersey Turnpike Highway in Richtung Süden, legte zwölftausend Dollar bar auf den Tisch des South Jersey Immobilienbüros und verkündete am Abend seinem Schwager und seiner Schwägerin, sie seien jetzt stolze Besitzer eines solide gemauerten Hauses mit drei Schlafzimmern auf zwei Hektar Land und eines Vertrags zum Kauf und Verkauf von 7500 zwei Wochen alten Küken, die am Montag der nächsten Woche an ihr neues Heim an der East Sherman Avenue 1066 in Vineland, New Jersey geliefert würden.

»Ich weiß nicht, wie wir uns jemals bei Dir revanchieren sollen«, sagte Berthold Gern seinem Schwager, den Tränen nahe.

»Ja«, stimmte auch seine Frau Nelly zu, »das ist so großzügig. Ich weiß nicht, womit wir Dir das je danken könnten.«

»Ich weiß, Ihr würdet dasselbe für uns auch tun«, versicherte Julius Blumenthal seinen Verwandten. »Es ist nicht nötig dass man lebt, aber dass man seine Pflicht tut.«

Und so kam es dann aufgrund eines Federstrichs von Julius Blumenthal und einer nächtlichen Fahrt nach Montreal, um die Aufenthaltsgenehmigungen für die USA zu beantragen, dass sich meine Eltern Nelly und Berthold mit ihren Kindern Amos und

Judy in seinen weinroten 1946er Chevy quetschten und auf dem New Jersey Turnpike in Richtung Süden fuhren. Dort machte ich ungefähr ein Jahr später mitten unter einigen Tausend anderen frisch gelegten Eiern, die ihren Weg ins Leben oder für den Frühstückstisch irgendwelcher Leute ausbrüteten, meine ersten zaghaften Bewegungen, dem Licht und der Luft dieser Welt entgegen.

Mein Adoptivvater, Julius Ernst Blumenthal, hatte meine Mutter, Betty Gern, im Januar 1936 in der deutschen Kleinstadt Georgensgmünd, vor den Toren Nürnbergs kennengelernt, als er bei der Witwe Johanna Gern in der Friedrichsgmündstraße 16 vorbeifuhr, um den Schlüssel für den jüdischen Friedhof zu holen, auf dem der Sohn seiner Stiefmutter begraben lag.

Mein Vater muss natürlich durch Claire Haas' Abreise deprimiert gewesen sein, entsetzt, Julius Streicher und seine SA-Truppen durch die Straßen marschieren zu sehen, was nichts Gutes verhieß, und er hatte sicher mehr denn je Angst vor seiner Zukunft. Und seine lieblose Stiefmutter Janette Lissauer, die ihm immer alles vorenthielt, muss wohl auch immer noch zutiefst verletzt gewesen sein vom Tod ihres Sohnes aus erster Ehe.

Und so muss mein Vater an jenem Morgen, als er wie immer pflichtbewusst den Schlüssel zum Friedhof holte, auch über seinen eigenen Tod nachgedacht haben. Er muss, nachdem seine wahre Liebe ihn verlassen hatte, seine leibliche Mutter tot war und die Nazis ihm schon dicht auf den Fersen waren, eine fürchterliche Leere verspürt haben, eine Furcht, eine Sehnsucht nach Trost.

Ich sehe meine Mutter vor mir – eine schüchterne, hübsche junge Frau von fast dreißig –, als mein Vater an jenem Tag zum ersten Mal an dem alten Steinhaus vorbeikam, um ein paar Blumen auf das Grab seines Stiefbruders zu legen. Ich stelle sie mir vor, wie sie in einem der rückwärtigen Zimmer hinter dem Vorhang hervorlugt und dann auf Geheiß ihrer erwartungsvollen Mutter, die ihr den schicken jungen Pelzhändler aus Frankfurt vorstellen will, mit gesenktem Blick in den Flur kommt.

Es gab zweifellos nicht viele junge Männer für eine junge, vaterlose Frau wie meine Mutter (deren einziger Bruder Berthold schon aus Deutschland nach Palästina geflohen war) in einer kleinen Stadt wie Georgensgmünd; nicht viele Gelegenheiten für Romanzen oder gar Errettung. Als sie nun den gutaussehenden, schmucken, Charme versprühenden Julius Blumenthal an ihrer Tür sieht, muss sie ein Hoffnungsstrahl durchzuckt haben. Und als er vor diesem unschuldigen Mädchen, das noch zu haben war, und ihrer ehrgeizigen, verwitweten Mutter stand – beide beflissen, einen Mann wie ihn in ihrem Haus und in ihren Herzen willkommen zu heißen –, muss mein Vater das Gefühl gehabt haben, dass das Schicksal ihm plötzlich zulächelte. Denn hier konnte er endlich *beides* haben, eine liebende Mutter und eine schüchterne, treuergebene Ehefrau.

Er war zwar gekommen, im Namen seiner schrecklichen Stiefmutter den Friedhofsschlüssel zu holen – den Schlüssel zum Tod –, doch mein Vater muss das Gefühl gehabt haben, dass er stattdessen den Schlüssel zu einem neuen Leben gefunden hatte. Und was machte es schon, dass er für dieses nicht besonders hübsche jüdische Mädchen, das ihm schüchtern die Hand hinstreckte und sich kaum traute ihn anzublicken, nur wenig von jener Leidenschaft verspürte, die er Claire Haas gegenüber empfunden hatte? Es war schließlich nicht mehr Leidenschaft, die er suchte, sondern Sicherheit – er hatte in all den Jahren, in denen er Frauen die Hände küsste, keine Frau zum Heiraten gesucht, sondern eine Mutter – eine Mutter, an deren lebendigen Brüsten er nie gesäugt wurde, in deren lebendige Augen zu schauen er nie Gelegenheit hatte.

Also heiratete Julius Blumenthal – kaum ein Jahr, nachdem die Liebe seines Lebens nach Südamerika abgereist war – am 2. Februar 1938 in der Schwarzwaldstadt Freiburg, in einer kleinen Zeremonie unter dem Vorsitz von Rabbi Fritz Sheuermann, Betty Gern und erhielt dadurch beides, eine Frau und eine neue Mutter, mit denen er sein verwundetes, trauerndes Herz trösten konnte.

Ich werde vermutlich nie erfahren, zu welchem Zeitpunkt während oder nach der Schwangerschaft meiner Mutter entschieden wurde, dass ich von meinem Onkel und meiner Tante adoptiert werden würde. Vielleicht kam meinen Eltern die Idee zum ersten Mal an genau jenem Nachmittag, als sie auf dem New Jersey Turnpike in Richtung Süden fuhren und dankbar über die Großzügigkeit ihrer kinderlosen Verwandten nachdachten und über die Last, zwei junge Münder von dem Ertrag einer kleinen, familienbetriebenen Hühnerfarm stopfen zu müssen. Oder vielleicht war es erst ein Jahr später, als Betty Blumenthal eines Morgens einen kleinen, bräunlichen Knoten in ihrer linken Brust entdeckte; die Brust der vierzigjährigen Frau wurde total entfernt, und das machte sie kraftlos und depressiv, sodass nach Ansicht ihrer Ärzte die beste Kur wäre, »ihr eine neue Aufgabe zu geben, etwas wofür sie leben kann«.

Wie gelegen kam doch da diese Lösung! Auf der einen Seite eine kinderlose Frau, die in gewisser Weise nichts hatte, »wofür sie leben konnte«; auf der anderen ihr eingewanderter Bruder, der sich gerade niedergelassen hatte, und ihre Schwägerin mit zwei kleinen Kindern und einer Hühnerfarm, von der sie nicht wussten, ob sie überhaupt genug zur Selbstversorgung abwerfen würde. Warum auch immer, am 15. März 1949, nur sieben Tage nach meinen ersten zaghaften Schreien, wurde ich von den nährenden Brüsten Nelly Gerns weg in die Arme von Betty Blumenthal gelegt.

Ich nahm meinen Platz unter den Sterbenden dieser Welt ein.

»An dem Tag, als wir Dich in Vineland abholten«, sollten meine Eltern meine ganze Kindheit hindurch sagen, »fühlten wir uns so glücklich.« Und so glaubte ich, dass es auf die Frage zum allgegenwärtigen Kindheitsmysterium »Woher komme ich?« nur eine Antwort gab, nämlich dass Babys irgendwo »abgeholt« würden, so wie man ein besonderes Paket oder sich wie man eine Krankheit holt.

Es gab inzwischen diese zwei Familien, die mit Sterblichkeit aus völlig unterschiedlichen Perspektiven konfrontiert waren: der eine Ehemann arm, relativ ungebildet, mit Splittern einer Kugel im linken Arm aus einem längst beendeten Krieg, bald Vater eines dritten Kindes; der andere, ein Charmeur, aus der Mittelschicht, kinderlos, mit einer zum Sterben verurteilten Ehefrau und einer blinden alten Schwiegermutter. Und die perfekte Lösung bot sich von selbst an, sie würden einfach tauschen: Tod gegen Leben, Unfruchtbarkeit gegen Hoffnung, die Farm der Tausenden unbefruchteten Eier gegen ein einziges, befruchtetes Ei.

Und mit diesem Wechsel – so sauber vollzogen wie der meines Kindheitsidols Duke Snyder von den Dodgers zu den Mets – tauschte auch ich die »Trikots«; und Berthold und Nelly Gern, meine leiblichen Eltern, wurden mein Onkel und meine Tante, und Julius und Betty Blumenthal, ein impotenter jüdischer Pelzhändler und seine Frau, wurden mein Vater und meine Mutter.

2 GOLDEN DAYS

Ich halte eine Kerze an dein Gesicht:

In diesem Licht sind deine Falten
ein Gitterwerk des Verlusts –
drei Mütter, zwei Frauen,
ein ungewisser Sohn, der
in den salzigen Tränen deiner Augen zappelt,
dich *Vater, Onkel* ...
Mutter nennt

Wenn sich alle Männer Mütter wünschen,
was könnten wir,
die wir keine haben, uns wünschen?
Wir könnten
dieses Muster durchbrechen –
uns die gestohlene Rippe zurückholen
und auch das Feigenblatt,
uns das durchsichtige Herz
und die flatternden Augenlider zurückholen.

Vater,
Hermaphrodit,
Meerjungfrau und Minotaurus,
lies dies
in allen Sprachen.
Lese dieses
in jeder Sprache.

Sei Wasser, Vater,
sei Blut.

Aus »Vater« in: »Days we would rather know«

Und so wurde aus dem Säugling, der bei den Hühnerställen der 1066 East Sherman Avenue in Vineland, New Jersey aus dem Ei geschlüpft war und dessen Leben sich jetzt in ein Zimmer der 53. Wohnung der 801 West 181. Straße in Manhattan verlagerte, umgeben von wundersam umgemodelten Nerz-, Robben-, Lamm- und Chinchillapelzen aus aller Welt, ein Junge, der in einem Theaterstück aufwuchs, in dem die Personen von Anfang an verwirrende und widersprüchliche Rollen zu spielen hatten; einzig meine fast blinde Großmutter Johanna, die Mutter sowohl meines biologischen Vaters als auch meiner Adoptivmutter, mit der ich bis zu meinem zwölften Lebensjahr im selben Zimmer schlief, spielte eine eindeutige und unveränderliche Rolle.

Es war ein Stück, doch das sollte ich erst später herausfinden, in dem die ersten zehn Jahre vollkommen geprägt waren von dem unausgesprochenen Geheimnis seiner Entstehung, ein Stück, dessen Text ich, die Hauptperson, nie zu lesen bekam. Also spielte ich – wie jedes andere Kind einer anderen »normalen« Familie auch – die mir zugewiesene Rolle des pflichtbewussten einzigen Kinds von Julius und Betty Blumenthal, ohne mir darüber im Klaren zu sein, dass die Frau, an deren eine noch vorhandene Brust ich gelegt wurde, nur eine Brustbreite vom Tod entfernt war, oder dass der Vater, allem Anschein nach mein Erzeuger, in Wirklichkeit zeugungsunfähig war. Ich wusste nicht, dass die einzige tatsächliche Blutsverwandte mit mir in diesem Haushalt die 75-jährige Frau war, die ihre weißen Haare zu einem Knoten gebunden trug und die ihre Hand jede Woche hinter den Sabbatkerzen hervorstreckte, um mich in der hereinbrechenden Dunkelheit zu segnen.

Ich bin drei Jahre alt, als mein Vater mit mir in die Stadt geht, um Mario Lanzas Lied »Golden Days« für meine Mutter zum Geburtstag aufzunehmen. Zu dieser Zeit kann man für einen Dollar noch allerhand kriegen: ein Pfund Reispudding bei Horn

& Hardart, eine ganze Salamipizza, eine Seidenkrawatte, eine zweiminütige Schallplattenaufnahme von allem, was sich in der stillen Anonymität einer Kabine mit grünem Vorhang aufnehmen lässt, irgendwo im Textilviertel, wo mein Vater mit Pelzen handelt.

Einer, den mein Vater hoch verehrt, ist Mario Lanza und sein Erfolgsfilm »The Student Prince«, eine Liebe, der er dieselbe aufrichtige, ungeteilte Loyalität entgegenbringt, mit der später auch die Bewunderer von Callas und Caruso, Tucker und Peerce, Domingo und Pavarotti ihre Idole lieben werden. Neben den wohlklingenden Tönen von Eddie Fisher, der »Oh, Mein Papa« singt, ist es Mario Lanza, der »I Walk With God« und natürlich »Golden Days« durch unsere Fünfzimmerwohnung in Washington Heights schmettert.

Ich müsste eigentlich erstaunt sein, dass mein Vater außer den zwei Worten des Titels keine einzige Silbe des Textes von »Golden Days« kannte, einem Lied, das er während meiner Kindheit Tausende Male gehört, gespielt und gesungen haben muss. Selbst heute noch enthüllt die zerkratzte und verbogene 45er-Platte – auf deren Label die Worte »Micky and Papi, Golden Days, 5.1.52« in roter Tinte gekritzelt sind – neben dem verzerrten, vogelartigen Gepiepse eines Dreijährigen die bemerkenswerte, eines Kantors würdige Stimme meines Vaters, der die zwei Worte singt: »Golden days ... da DA da da da da da DA ... Golden days ... da da da da da da DA ... Golden days ... da DA da DA da da da DA ... Golden days ...«

Es kommt mir nicht in den Sinn, dass es eine *Bedeutung* hat, wenn mein Vater den Text seines Lieblingsliedes nicht kennt. Auch weiß ich noch nicht, dass Zuhören immer von großer Bedeutung ist, dass Zuhören sowohl etwas über den Zuhörenden als auch über den Sprechenden aussagt. Ich weiß noch nicht, dass Zuhören – wie Geschenke, die man jemandem macht oder wie die Art, in der man die Entscheidungen im Leben anderer, ihren Kummer, ihre Glücksmomente respektiert – eine Form von Zuwendung darstellt.

Ich weiß noch nicht, wie schwierig, wie nahezu unmöglich das Zuhören für jemanden ist, dem selbst nie zugehört wurde.

Meine Mutter und meine Großmutter sind freundliche, liebende Frauen und ich, der glückliche Junge, ihr gemeinsamer Augapfel, nur sind die Augen meiner Großmutter inzwischen leider fast erblindet. Sie – die einzige Person in all diesem Handeln und Tauschen, deren biologische Verwandtschaft mit mir tatsächlich ihrer Rolle entspricht und die auch meine Zimmergenossin ist – liebt mich von ihren drei Enkelkindern am meisten, vielleicht einfach wegen der größeren Nähe, und überschüttet mich mit all der Liebe und Zuwendung, die ihr schwindendes Augenlicht zulässt; dazu gehört auch, dass sie mir beim Wechseln der Socken die Füße kitzelt und ich dann in hysterisches Lachen ausbreche.

Für meine Mutter und auch meine Großmutter sind meine schulischen Erfolge – ich habe schon sehr früh ein großes Leseverständnis erworben und die zweite Klasse übersprungen – eine Quelle großen Stolzes, und meine Großmutter, deren Gehirn wie ein Vorläufer moderner Computer arbeitet, ist ganz erpicht darauf, mir bei meinen Mathehausaufgaben zu helfen. Ich rufe ihr Zahlen und verschiedene Funktionen auf Deutsch zu (»mal«, »geteilt durch«, »minus«), und sie hat die Lösung, bevor ich weiß, wie mir geschieht.

Einmal, als meine Lehrerin in der dritten Klasse die Frechheit besitzt, mir nur eine Eins anstelle der ultimativen Eins Plus zu geben, stürmt meine Mutter wie ein Stier mit gesenktem Kopf die Fort Washington Avenue hinauf, in der Absicht richtigzustellen, was ganz klar falsch sein muss. Sie kommt mit einer Reihe tadelloser Einsen Plus zurück, die mich unter die Klassenbesten bringen, an die Seite eines brillanten, Lexika verschlingenden Buchhaltersohns, der während meiner gesamten Grundschul-, Mittelschul- und High School-Zeit mein Erzfeind und später mein Kollege in Harvard sein wird – Warren Goldfarb.

Wir, die Blumenthals, sind ein großer Familienclan, mit all den Schwestern meines Vaters, Schwagern, Neffen und Cousins; und das größte Familienereignis sind wohl unsere regelmäßig wiederkehrenden Exkursionen in den Mohansic Park, wo wir gigantische Familienpicknicks veranstalten, bei denen mein Vater Super-8-Filme dreht und ich (das einzig wirkliche Kind unter den Anwesenden) von meinen Onkels Leo, Hugo, Fred und George und der Freundin unserer Familie, Helen, in die Luft geworfen werde, und bei denen wir uns kollektiv dem blumenthalschen Nationalsport widmen: Ringelreihen. Manchmal könnte ein neutraler Beobachter daraus schließen, dass wir nur noch einen Haufen Mädchen in Dirndln und Julie Andrews mit »The hills are alive ...« bräuchten, und – voilà! – schon haben wir »The Sound of Music«.

Was wir jedoch stattdessen haben, ist eine Reihe ehemals schöner, jetzt leicht übergewichtiger Frauen mit Taschenbüchern (die Schwestern meines Vaters); meine etwas weniger attraktive, aber freundlich und fröhlich wirkende Mutter (auch mit einem Taschenbuch); meine matriarchalische *Omi* mit ihren dicken Brillengläsern, meine ältlichen Onkels und mein wahnsinnig aufgedrehter Vater, der filmt, Mundharmonika spielt und »Im Salzkammergut, da kamma gut lustig sein« singt.

Im Sommer, wenn wir uns für unsere üblichen zweiwöchigen Ferien in das abgelegene Pine Hill Arms Hotel in den Catskill-Bergen begeben, werden unsere Freizeitaktivitäten aufregender, passend zur Landschaft: Meine Mutter und ich fahren im Sommersessellift zum Belleayre Skicenter, mein Vater (der nicht schwimmen kann) springt im Johnny-Weißmüller-Stil ins Wasser, das gerade mal einen halben Meter tief ist, und meine Großmutter liegt im Liegestuhl und versucht die Todesanzeigen im »Aufbau« zu entziffern.

Weihnachten – oder besser gesagt Hanukkah – und Passah verbringen wir in Vineland, wo die ganze biologische Mischpoke glücklich versammelt ist und wir eine ganz normale Familie mit Tanten und Onkels, Großmutter und Cousins sein könnten. Ich sitze auf dem einen Ende der Wippe, Judy auf dem anderen, Amos in der Mitte und meine Mutter und Großmutter stehen jeweils dahinter und versuchen, uns in unserem heiklen Gleichgewicht zu halten. Mein Onkel füttert die Hühner und sammelt Eier ein; meine Tante legt sie erst in die Sortiermaschine im Keller und dann in Kartons; meine Großmutter bittet jemanden, ihr die vinelandschen Eierauktionspreise vorzulesen, die auf der Titelseite der Lokalzeitung aufgelistet sind. Es ist alles ganz normal, wie bei Einwanderern eben.

Hinter dem Lenkrad macht sich mein Vater nicht besser als im Aufnahmestudio. Auf dem New Jersey Turnpike, der von den Pelzen der Washington Heights zu den Eiern von New Jersey führt, wird unser Auto ständig auf die Standspur gewunken, und mein Vater spricht mit einem Verkehrspolizisten, der wie das Maskottchen der Parkranger, Smokey-the-Bear aussieht.

»Einen schönen Tag, Officer Tumilinsky«, sagt mein Vater, während er eine kleine Plastikbrieftasche voller Visitenkarten aus der Brusttasche zieht und gleichzeitig verzweifelt versucht, das Namensschild des Beamten zu entziffern. »Mein Name ist Julius Blumenthal ... sehr angenehm.«

Während andere Jungs, die ich kenne, Väter haben, die Strafzettel wegen Geschwindigkeitsübertretungen bekommen, oder weil sie an einem Stoppschild nicht vollständig zum Stehen kommen, scheint es nur *mein* Vater zu sein, der immer angehalten wird, weil er *zu langsam* auf der Überholspur fährt, die Ausfahrt auf der Autobahn als Einfahrt nimmt oder nach Einbruch der Dunkelheit seine Scheinwerfer nicht eingeschaltet hat. Und das alles, weil wir uns dauernd verfahren, nicht nur auf der bekannten Route nach Vineland, sondern mein Vater hat es auch geschafft, in den ungefähr dreißig Jahren, in denen er mit meiner Mutter im Pine Hill Arms den Urlaub verbrachte, nicht ein einziges Mal dort anzukommen, ohne vorher einen Umweg über irgendein abgelegenes Kaff namens New Paltz oder Buffalo zu machen.

»Ich habe Chinchillas, Silberfuchs, peruanischen Nerz, Alaska-Robbe und – nur diesen Monat – ein paar ganz besondere Leopardenfelle ... und die besten Preise von ganz New York«, sagt mein Vater, während ich die Scheibe herunterkurbele, und überreicht dem Polizisten eine Modeschmuckkette, die er einem Trödler im Pelzviertel für fünfzig Cents abgekauft hat. »Kommen Sie mit Ihrer Frau in meine Verkaufsräume und ich garantiere Ihnen, wir werden etwas für sie finden, das den Verkehr schtoppen wird. Glauben Sie mir«, fährt er fort, »ich werde für sie ein Opfer bringen.«

Zu meinem größten Erstaunen passiert es immer mal wieder, dass der Polizist und seine Frau *tatsächlich* in der 231 West 29. Straße auftauchen und stets mit nicht weniger als einer Nerzboa oder einer umgearbeiteten, vorher ziemlich schäbigen Lammstola wieder gehen. »Sehen Sie«, sagt mein Vater und küsst der Frau die Hand, als er sie zum Lift begleitet, »ich sagte Ihrem Mann, dass ich für Sie ein Opfer bringen würde. Frau Tumilinsky, in diesem Pelz werden sie den Verkehr zum Schtoppen bringen.«

Es ist zweifellos die schiere Flut seiner Worte – das gebrochene Englisch, der vornehme Charme der alten Welt –, die diese Wirkung verursacht, aber so oder so, ich kann mich nicht erinnern, dass mein Vater *auch nur einmal* tatsächlich einen Strafzettel bekommen hätte. Und je mehr Verkehrsverstöße, Krankheiten, falsche Nummern und nicht eingeworfene Münzen an Mautstellen sich bei ihm ansammeln, desto größere Eleganz, scheint es, können die Ehefrauen der Polizisten, Chirurgen und Mautstellenbetreiber zur Schau stellen.

»Es war mir ein Vergnügen, Sie kennenzulernen, Officer Tumilinsky«, höre ich meinen Vater sagen, als er den Wagen startet und dem Beamten noch ein paar Visitenkarten mehr in die Hand drückt. »Gott liebt Sie, und ich Sie auch.«

Innerhalb weniger Minuten sind wir wieder auf Tour, unterwegs in Richtung des nächsten väterlichen Missgeschicks, mit einem fröhlichen »Oh Jugend, Oh Jugend, was warst Du so schön« oder dem alten bayerischen Trinklied »Trink mir noch ein Tröpfchen« auf den Lippen.

Was meine Eltern angeht, habe ich nur einen einzigen Traum: *Englisch*. Wie Jason das Goldene Vlies begehrte, wie Tantalus sich nach den so nahen und doch unerreichbaren Früchten verzehrte, so verlangt es mich auch – nicht nach Balsam oder Rettung, sondern nach den süßen Lauten dessen, was immerhin meine Muttersprache ist, die Sprache des Lebens (so sehe ich es). Ich will die Sprache von Ricky Nelson und Duke Snyder, von John Kennedy und Elvis Presley, von Dick Clark und dem American Bandstand sprechen ... *nicht* die von Göring und Goebbels und Himmler und Hitler, nicht einmal die von Goethe und Schiller.

»Wie schön, Sie zu sehen, *gnädige Frau Fröhlich*«, begrüßt mein Vater die Direktorin meiner Grundschule, eine große, stattliche Frau namens Fro*h*lich, in den wenigen Silben der Landessprache, die er beherrscht, »Gott liebt Sie, und ich Sie auch.«

Unser Haus ist meiner Meinung nach eine Art Leprakolonie der falschen Sprache. »Du, Du, liegst mir im Herzen«, fängt mein Vater jedes Mal an zu singen, wenn einer meiner Freunde oder, schlimmer noch, eines der Mädchen aus meiner Klasse anruft. »Oh Jugend, Oh Jugend, was warst Du so schön.«

Ich bitte. Ich bettle. Ich werfe mich vor ihnen nieder. »Bitte, bitte«, jaule ich wie ein verwundeter Hund und decke mit einer Hand den Telefonhörer ab, »könnt Ihr nicht *dieses eine Mal* Englisch sprechen?«

Man muss ihnen zugutehalten, dass sie es manchmal versuchen. »Guten Tag, junger Herr Wortmann«, sagt mein Vater auf Englisch zu meinem Freund Richie, als er unsere Wohnung betritt, »und wie geht's der lieben Mamama und dem Rest der Familie?«

Kaum aber hat es sich ein Freund in meinem Zimmer bequem gemacht, kaum lässt meine gnadenlose Aufmerksamkeit auch nur eine Sekunde lang nach, ruft meine Großmutter laut auf Deutsch: »Mickey, kannst Du mir bitte ein Moment in der Küche helfen?«

Wo ich auch hinsehe, erwartet mich mein treuer Begleiter, die Scham. Meine schlurfende blinde, Todesanzeigen durchstöbernde Großmutter, die ich liebe – was kann sie denn schon zum sozialen Ansehen eines heranwachsenden Jungen beitragen? Was kann sie an Reizen und Sinnlichkeit beisteuern? Mein spleeniger Vater, der die Gegend mit seinen Pelzen abfährt und die Hände von Witwen und Witwern küsst – was hat er schon zu bieten im Vergleich zu solchen Menschen wie dem fliegenfischenden Ehemann von Donna Reed, Beavers Vater oder der Gitarre klimpernden Familie von Ozzie Nelson?

»Bitte, lieber Gott, bitte«, murmele ich leise, während ich zu Bett gehe und mein Vater mich die deutsche Litanei »Heile, heile Segen, Morgen gibt es Regen, Übermorgen Schnee, dann tut's Mikey nicht mehr weh« rezitieren lässt. »Bitte lass mich als normalen, gewöhnlichen Menschen, in einer Welt ohne Umlaute und Akzente aufwachen.«

Aber es gibt auch Atempausen – Momente, in denen ich anscheinend in die echte englischsprachige Welt meiner Landsleute vordringen kann; zum Beispiel jene gelegentlichen Sonntagnachmittage, an denen meine Eltern meine Großmutter und mich zum

Käsekuchenessen bei Lindy's auf der 51. Straße ausführen. Lindy's ist zu jener Zeit berühmt, für wenn schon nicht leibhaftig anwesende Prominente, so doch wenigstens für deren signierte Schwarz-Weiß-Fotografien in den Fenstern, die suggerieren, dass man sich nur an einem der überfüllten, höchst unbequemen Tische niederzulassen braucht, um Schulter an Schulter mit Leuten wie Frank Sinatra, Tony Bennett, Ed Sullivan, Lawrence Welk zu sitzen oder – wenn Du zu den wirklich Auserwählten gehörst – mit einem der echt amerikanischen Helden meiner Eltern, Milton Berle.

Wir sind kaum zu unserem Tisch geleitet worden, als meine Eltern und meine Großmutter gleich anfangen, in ihrem üblichen *Nürnberger Deutsch* zu plaudern, während ich versuche, mich von ihrer erniedrigenden Fremdheit zu distanzieren, indem ich mich vergewissere, dass niemand da ist, der mich kennt, als sich die Tür öffnet und kein anderer als Milton Berle höchstpersönlich hereinkommt – mit einer dicken fetten Zigarre im Mund und seiner Ehefrau am Arm, die einen Nerz trägt.

Ich bin verzückt. Keinen Meter von mir entfernt, sehe ich beides: eine Verkörperung Amerikas und die Chance, dem Tisch meiner Eltern zu entfliehen. Kaum haben Berle und seine Frau unter den entzückten Blicken der Hälfte der Bevölkerung von Teaneck, New Jersey, ihre beiden Stücke von »Lindy's berühmtem New Yorker Käsekuchen« serviert bekommen, als ich auch schon aufgesprungen bin und neben Onkel Miltie stehe und mich verzweifelt bemühe, nicht eine der dicken schwarzen Rauchwolken aus seiner Zigarre in meine asthmatischen Lungen zu bekommen.

»Hi, Onkel Miltie«, wage ich in meiner besten Arnold-Stang-Imitation zu sagen. »Piep, piep, piep.«

Es entsteht ein längeres Schweigen, als Berle, sichtlich verärgert, so früh in seiner Kaffee- und Käsekuchenpause gestört worden zu sein, eine schwärzliche Zigarrenrauchwolke in mein Jungengesicht pustet.

»Hallöchen, Kleiner«, sagt er schließlich, nach einer endlos scheinenden Pause, und legt eine kalte Hand auf mein Gesicht. Dann kneift er mich mit Daumen und Zeigefinger in meine linke Wange, so wie mein Onkel Leo es immer tut, dreht die kleine Hautwulst um und sagt, während ich vor Schmerz wimmere, als spräche er zu allen Anwesenden: »Nett, Dich kennenzulernen, Sohn.« Dann tätschelt er meine Schulter wie ein Grundschullehrer, der einen ungehorsamen Schüler zurück an seinen Platz schickt, und wendet sich wieder seinem Käsekuchen zu.

Höchst peinlich berührt, dass ich keinen bleibenden Eindruck auf diese in meiner Familie anerkannte Ikone Amerikas machen konnte, setze ich mich wieder an den Tisch meiner Eltern.

»Solch ein Massel«, sagt mein Vater. »Milton Berle.«

»Und«, fügt er hinzu, bevor ich antworten kann, »was für einen schönen Mantel seine Frau trägt ... ein tiefblauer Nerz. Der, sag ich euch, schtoppt den Verkehr.«

Zu meiner Erleichterung merke ich, dass ich kaum hören kann, was mein Vater sagt. Ich bin zu sehr damit beschäftigt, mein Gesicht in meinen Käsekuchen zu vergraben und meine brennende Wange zu reiben.

Dann ist da noch die Sache mit ihrem Alter. »Was für einen hübschen Enkel Sie haben«, sprechen Menschen meine Eltern auf der Straße an und kneifen mich in die Wange, »Sie müssen so stolz sein.« Und meine Freunde fragen: »Wie kommt es, dass Deine Eltern so alt sind? Warst Du ein Unfall oder was?«

Natürlich *war* ich ein Unfall und deshalb scheint mir manchmal mein ganzes Leben – die falschen Eltern, die falsche Sprache, vielleicht sogar die falsche Konstellation der Sterne bei mir zu Hause – ein Missgeschick zu sein. *Warum denn nur können wir nicht einfach wie alle anderen sein?*

Doch ob ich es mag oder nicht, ich finde mich mit diesem Schicksal ab – damit, meine Großmutter an warmen Sommerabenden den Hügel hoch in den Bennettpark zu begleiten und ihr die fettgedruckten, in übergroßen Lettern verfassten deutschsprachigen Nachrufe vorzulesen, während andere Kinder dort Schlagball und ein anderes Spiel namens Ringolevio spielen.

»Inge Heinemann, geborene Bendauer«, deklamiere ich im Stil Goethes. »Geboren am 2.7.04 in Karlsruhe, gestorben am 13.9.58 in Bayside, Queens.« Aber wonach ich mich sehne, ist das lokale *Patois*, die Sprache von Stevenson und Kennedy, Frankie Vallee und Dion, Robert Young und Walt Disney. Jung und frei und *wirklich* amerikanisch zu sein, denke ich, *das* muss himmlisch sein!

»Die Welt ist ein schrecklicher Ort«, schrieb ein Dichter einmal, »mit der Möglichkeit, Tennis zu spielen.« Und ich wünsche mir so etwas wie Tennis – Tennis, Whiskeycocktails, die »New York Times« und ein Zuhause, in dem niemand »Im Salzkammergut, da kamma gut lustig sein« singt. Amerika, denke ich, ist der Ort des Lebens und des Lichts. Deutschland war der Ort des Todes. Und ich will das Leben, vorzugsweise auf Englisch.

Die Namen an den Klingelschildern im Eingangsbereich unseres Hauses haben wenig gemein mit den Welches, Johnsons, O'Briens, Whites und Athertons aus den nahegelegenen *goyischen* Hudson View Gardens. Unsere klingen eher wie ein Who is Who der Holocaustüberlebenden und jüdischen Kommunismustheoretiker: Marx, Engel, Fleischmann, Fleischhaker, Hertz, Monat, Strauss, Pollack, Lilienfeld, Katzenstein, Bergmann, Blumenthal.

Und obendrein haben wir in unserem Gebäude eine Art Einwanderer-Ärztehaus: Dr. Monroe Frieder, unser Zahnarzt, wohnt im ersten Stock, in Wohnung 5; Dr. Victor Feith, der Internist meines Vaters, im zweiten Stock in Nummer 29; Seymour Kirsch – ein Magen-Darm-Spezialist, von meiner Großmutter dringend benötigt – wohnt in Wohnung 38; Dr. Fred Lehmann – der Hals-Nasen-Ohren-Fachmann – lebt in Nummer 47. Für Kinderkrankheiten muss mein eigener treuer Helfer, Dr. Stephen Musliner, allerdings aus dem Nachbarhaus Nummer 815 herbeigerufen werden; und der Onkologe Dr. Fred Weissmann, ein Facharzt, den wir bald brauchen werden, muss seine kleine schwarze Tasche den ganzen Weg, von der unteren Fort Washington Avenue, zwei Häuserblocks entfernt, herbeischleppen.

Es fällt auf, dass eine Person überhaupt nicht zu dieser ansonsten goyfreien Liste zerfledderter, mit Tesafilm angeklebter Namensschilder neben unseren Klingeln passt: der Hausmeister, Herr Suess, ein großer, mürrischer und lakonischer Mann, dessen Herzkrankheit, von der alle wissen, wir mit aller Macht zu verschlimmern suchen, indem wir »Phantasie-Baseball« im Hof zwischen unserem und dem mehr »integrierten« Gebäude Nummer 815 spielen.

Nachdem wir nämlich von Herrn Suess bei mehreren Gelegenheiten streng gerüffelt worden waren, weil wir mit einem pinkfarbenen Basketball, den wir zum Faustball spielen benutzen, Frau Laubheimers Fenster im zweiten Stock kaputtgemacht hatten, versuchen wir jetzt, den kränklichen und bösartigen Hausmeister – indem wir mit Bewegungen und Zurufen so tun, als würden wir mit Leib und Seele wieder unser Spiel spielen – aus seiner Erdgeschosswohnung zu locken, aus der er dann auch immer herauskommt, bewaffnet mit der langen, speerartigen Stange, die er zum Wechseln von hoch angebrachten Glühbirnen benutzt; nur dass wir keinen wirklichen, sondern einen fiktiven Ball durch die Luft schlagen.

»Ihr verdammten Bengel!«, schreit Suess schon an der Tür der Hausmeisterwohnung und kommt raus. »Wenn Ihr nicht sofort hier abhaut, schmeiße ich Euch alle miteinander aus dem Haus, so wahr mir Gott helfe!« Da meine Eltern mir immer wieder eingeschärft hatten, dass hinter jeder Ecke – und sowieso hinter jeder scharfkantigen Holzstange – ein Antisemit lauert, nehme ich selbstverständlich an, dass er mit »euch alle miteinander« uns Juden meint, genauso wie ich später selbstverständlich glaube, dass meine Eltern recht haben, wenn sie auf ihrer Meinung bestehen, dass es Ausdruck gröbsten Antisemitismus' ist, dass mein Cousin Amos nicht in die Phi Epsilon Pi, eine rein jüdische Studentenverbindung an der Rutgers-Universität, aufgenommen worden ist.

Wie der typische Goy, dessen Bild inzwischen in meinem Kopf genauso herumspukt wie in den landesweit im Fernsehen ausgestrahlten Sendungen über die Familien der Cleavers und Nelsons, macht Suess etwas, das ich meine ganze Kindheit hindurch auch für meinen Vater gewünscht hätte: Er geht angeln. Jeden Sonntagmorgen, meistens schon um fünf Uhr früh, verlässt er das Gebäude, chartert ein Boot auf dem Hudson und kehrt später am Tag jedes Mal wie ein städtischer Kapitän Ahab zurück – mit einer fetten Beute, die an seinem Handgelenk baumelt. So sehr wir alle Suess auch hassen, diese mysteriösen Meeresabenteuer – verglichen mit den kardiologischen Notfällen, Diabetes, Angina Pectoris und anderen Krankheiten unserer eigenen Väter – verleihen ihm die fast schon legendäre Qualität, von der ich zumindest träume – nein, *bete*, dass mein Vater sie eines Tages auch besitzen möge.

Und dieser Tag ist eines Morgens tatsächlich gekommen. Ich bin geschockt und bass erstaunt, als mein Vater eines Samstagabends in mein Zimmer kommt und verkündet: »Ich werd nicht da sein, wenn Du morgen aufwachst ... ich geh mit Suess angeln.«

Was ihn dazu gebracht hat, werde ich wohl nie erfahren. Aber wie ein werdender Vater auf der Entbindungsstation sitze ich auf glühenden Kohlen und stelle mir meinen Vater vor, Julius Blumenthal, der Mario Lanza des Chinchillacapes, wie er in cousteauscher Art den tödlichen Nahkampf mit den Dämonen der Hochsee austrägt. »Mein Vater«, protze ich gegenüber meinen erstaunten Freunden Raymond Fleischhaker, Frankie Engel, Steven Fleischmann und Ronnie Berger, »ist mit Suess angeln!«

Halb krank vor Vorfreude warte und warte ich, bis endlich unser stets finster dreinblickender Hausmeister und mein Vater, breit grinsend und mit fünf der größten Fische, die ich je gesehen habe, dem ramponiertem Lieferwagen entsteigen. »So, da«, verkündet er und ist plötzlich von einem Heiligenschein umgeben. »Ich habe sie gefangen.«

Ich habe das Gefühl, monatelang überglücklich zu sein; tatsächlich aber sind es nur ein paar Tage. *Mein* Vater – *mein* ungeschickter, Hände küssender, nach allen Seiten hin segnender Vater – ist ein Angler! »Good-bye Arnold Stang!« rufe ich glücklich. »Hello Clark Gable!« Ich bin besessen und überglücklich, und zum ersten Mal in meinem Leben fliegen die Fantasien über meinen Vater weit über das Beth Hillel Gemeindehaus und Bloch & Falks koscheres Delikatessengeschäft hinaus zu den tiefen Wassern der Antarktis, zum Great Barrier Riff vor der Küste Australiens, zum gorillabevölkerten Dschungel von Ruanda und Uganda.

Doch meine gerade noch durch greifbare Beweise genährten überschwänglichen Fantasien sind nur von kurzer Dauer. Denn ungefähr eine Woche später finde ich, als ich auf dem Schreibtisch meines Vaters nach einem Stift suche, die Rechnung: 114,65 Dollar für Wolfs Fischmarkt auf der Amsterdam Avenue.

Ich sage nichts, obwohl ich annehme seiner ziemlich frustrierten Reaktion auf den schwindenden Enthusiasmus seines Sohnes annehme, dass mein Vater es sicher weiß. Aber immerhin, tröste ich mich, hat er es versucht. Und es würde auch, Gott sei Dank, keine weiteren Gelegenheiten mehr geben, denn in der darauffolgenden Woche, als Suess mit seinem berüchtigten Speer eine Glühbirne ganz oben am Fahrstuhlschacht auswechseln will, erleidet er einen Herzinfarkt und stirbt.

Obwohl es beileibe kein Angelkahn ist, gibt es doch einen Ort, an dem mein Vater sich total glücklich und mit sich im Reinen fühlt: in der dritten Reihe der Beth Hillel Gemeinde in Washington Heights, zwischen der St. Nicholas und der Audubon Avenue. Wenn er, genau unter dem Sitz in der dritten Reihe, das kleine hölzerne Fach mit seinem Namensschild darüber öffnet, und dann die hebräischen Schriftzeichen auf seinem Gebetsschal eines nach dem anderen küsst und schließlich sein deutsch-hebräisches Gebetsbuch aufschlägt, ist es, als würde mein Vater seinen privaten Himmel der Rituale und Lieder betreten, einen Ort, an dem seine unterdrückten Kantorambitionen und sein reflexartig befolgter jüdischer Glaube einen Moment lang im Einklang sein können.

Wenn er mit unserem Kantor, Fred Kornfeld, und dem Männerchor der Gemeinde, dessen Mitglied er eigentlich hätte sein sollen, »Ein Kelohenu« und »Adon Olom« singt, betritt mein Vater einen zum Schwärmen einladenden Garten Eden, einen Ort, der Engagement und Befriedigung verkörpert – was ihm nicht einmal seine heißgeliebten Pelze bieten können. Wenn das Pelzgeschäft offenbar seine Geliebte ist, dann ist das Judentum und mit ihm diese Synagoge seine Muse, denn seine Stimme erhebt sich mit intuitiver Musikalität über die der restlichen versammelten Gläubigen, und mit zitternden Lippen und entrücktem Blick lobt er den Herrn und murmelt die Namen der Toten vor sich hin.

Mich allerdings lässt das alles ziemlich kalt und nur der leicht (aber nur *ganz* leicht) ansteckende Enthusiasmus meines Vaters spornt mich an – und sein schlechter Atem stößt mich wieder ab, wenn er sich zu mir hinüberbeugt, um mir die richtige Stelle im Gebetsbuch zu zeigen. Gleichzeitig sind mir seine offensichtlich maßlose Religiosität und sein altmodischer Eifer jedes Mal peinlich.

Für mich hat das zweifellos etwas »Uncooles«, etwas definitiv Unamerikanisches; und wenn an den seltenen hohen Feiertagen einige meiner Klassenkameraden wie Toby Dolinsky oder Ruthie Pollack oder June Fine aus stärker assimilierten Familien unter den Gemeindemitgliedern sind, tue ich mein Möglichstes, um mich unauffällig in meinem Sitz klein zu machen und mich von dem lauten Geschmetter meines Vaters zu distanzieren.

Erst als ich später versuche, mir Momente des Respekts und der Zuneigung zu ihm ins Gedächtnis zu rufen, wird mir klar: hier – oder auch am Schaufenster von Karl Ehmers eindeutig nicht-koscheren Lebensmittelladen in der 86. Straße Ost, wo er, im Glauben, ihn sehe niemand, tief den Duft des geräucherten Schinkens einsaugt – ist mein Vater vollständig in seinem Element, ein Jude der alten Welt zwischen anderen Juden der alten Welt, ein vor Hitler Geflohener zwischen anderen vor Hitler Geflohenen, ein Mann, der zumindest zeitweilig seine Stimme gefunden hat unter anderen Menschen, die die ihre zu finden versuchen, in dieser großen Kakophonie namens Amerika.

Da ist noch ein weiteres Mitglied meiner »Familie«, das zwar mit niemandem wirklich verwandt, aber dennoch in unserem Leben so präsent ist wie Tag und Nacht. Warum dieses Mitglied ständig da ist – mit uns isst, Ferien macht, jeden Geburtstag und jeden Feiertag mit uns verbringt, jedes Mal am Krankenbett sitzt, wenn jemand von uns krank ist –, werde ich vermutlich nie erfahren. Ich kann mich an kaum einen Anlass in meinen ersten zehn Lebensjahren erinnern, bei dem Helen nicht dabei gewesen wäre.

Helen lebt, wenn man das so sagen kann, mit ihrem Ehemann Dr. Victor Feith, mit dem zusammen ich sie aber noch nie gesehen habe, in Wohnung 29. Oft stehe ich unter ihrem Fenster an der Schmalseite unseres Hauses und pfeife oder rufe einfach ihren Namen. Sie ist für mich so etwas wie eine zweite Mutter und für meinen Vater eine symbolische (oder auch – wer weiß! – wirkliche) Geliebte, immer da, der gute Geist unserer Familie, dessen cremiger Schokoladenpudding mit einem kleinen Klecks Schlagsahne oben drauf und frischgebackenen Waffeln mit Ahornsirup mich über unzählige Asthmaanfälle, Ohrenschmerzen, Ausschläge und Allergien hinwegtröstet. Mehr noch: sie ist eine Dichterin, eine Art Edna St. Vincent Millay, wie es Rod McKuen für meinen Vater ist. Ihre einfachen Reime auf Deutsch stellen so etwas wie eine »Segnung« für jeden Anlass bereit:

> Und so die Tage kommen und gehen
> Als wir uns'ren Mikey wachsen sehen,
> Und weiss er doch mit jedem Strich:
> Ach, Mikeylein, wir lieben Dich!

Helen ist auf so natürliche und ungezwungene Art ein Teil unserer Familie – es scheint so normal, dass eine verheiratete Frau mit einer echten Tochter und zwei echten Enkelkindern, deren Mann immer noch mit ihr in derselben Wohnung wohnt, uns auf jede Ferienfahrt begleitet, praktisch bei jeder Mahlzeit an unserem Tisch sitzt, eine Art Erste Hilfe für jeden medizinischen Notfall ist –, dass ich mir erst viele Jahre später Gedanken darüber machte, warum sie eigentlich ständig da war.

Auch scheint es mir weder merkwürdig noch ungewöhnlich, dass ein Foto von mir, so als wäre ich ihr kleiner Prinz, genau zwischen den Fotos von Helens tatsächlichem Enkelsohn und der Enkeltochter auf ihrem Klavier steht oder dass ihre eigene Tochter und ihr Mann diese so freundliche und mütterliche Frau, aus Gründen, die ich nicht nachvollziehen kann, schlichtweg zu *hassen* scheinen. Aber da inzwischen alles – meine Herkunft, die mysteriöse Krankheit meiner Mutter – geheimnisumwittert ist, warum dann nicht auch Helens Anwesenheit?

In Helens eigenem Leben lauert wohl auch ein großes Geheimnis. Vielleicht, so spekuliere ich, hat es mit ihrer toten Tochter Traude zu tun, die mit sieben in Deutschland an einer mysteriösen »Krankheit« gestorben ist und deren Porträt genau neben Helens Triumvirat von »Enkeln« rechts vom Klavier hängt. Hat Helen möglicherweise ihre eigene Tochter umgebracht? Oder hat ein schrecklicher Fall von Vernachlässigung, ein schlimmes Hintergehen, eine unverzeihliche Untreue sie ihrer Tochter und ihrem Mann so entfremdet, dass sie zu dem wöchentlichen Sabbatsegen meiner blinden Großmutter und dem von meinem Vater gesegneten Brot und dem Wein aus den Kiddushkelchen Zuflucht nehmen muss, um ihren Platz in der Welt wiederzufinden?

Gelegentlich scheint unsere Familie für Helen buchstäblich eine Zufluchtstätte zu sein. Ich erinnere mich an einen denkwürdigen Freitagabend, als sie an unserem Sabbattisch erschien, ein Taschentuch an ihre geschwollene blutende Oberlippe presste und unverkennbar einen enormen Bluterguss hatte, der vom rechten Auge ausging und eindeutig von einem Schlag herrührte. Das muss mehr als ein Klaps gewesen sein, den ihr der so rühmliche und ferne Dr. Feith da verpasst hatte. Damals habe ich natürlich noch nicht verstanden, wie leicht ein und dieselbe Person Liebe und Zuneigung ihrer Freunde und gleichzeitig tiefe Abneigung durch ihre eigene Familie erfahren kann. Und so kann ich mir nicht vorstellen, welcher Teufel Dr. Feith geritten haben mag, solch einen anatomischen Abdruck im Gesicht seiner liebenden und liebenswerten Frau zu hinterlassen.

Außer dass Helen immer für alle da ist und Talent zum Dichten hat, verfügt sie noch über viele andere Tugenden, sodass ihre Anwesenheit in diesem immer noch so wenig fassbaren Halbdunkel, in dem meine Herkunft und *Ersatz*herkunft liegt, höchst willkommen ist. Vor allem spricht sie Englisch – *echtes* Englisch –, als ob es ihre Muttersprache wäre. Außerdem liest sie *echte* Bücher – die Biografien von Churchill und Roosevelt, die Tagebücher der Anaïs Nin, wissenschaftliche Abhandlungen über Mozart und Bach – auf Englisch! Im Gegensatz zu meinen langweiligen, ständig kranken und umlautinfizierten Eltern, ist Helen intelligent, begabt, belesen, kompetent. Sie hat nicht nur mein Porträtfoto auf ihrem Klavier stehen, sondern *spielt* auch tatsächlich Werke von Mozart, Chopin, Bach – und nicht »Golden Days«. Im Gegensatz zu meines Vaters deutschsprachigem Polonius und zur depressiven, zurückgezogenen Emily Dickinson meiner Mutter scheint Helen eine Frau von Würde und Kultur zu sein – und sogar, wie ich vermute, von Leidenschaftlichkeit.

Sie und nicht meine Mutter bringt mir das Laufen bei, das Zeichnen, hilft mir beim Lesen lernen. Sie ist es, die mir Gedichte schreibt, mir Schokoladenpudding und frischgebackene Waffeln macht und meinem Foto diesen würdevollen und ernsthaften Platz mitten unter den Musikstücken der großen deutschen Komponisten zugedacht hat. Für welche dieser drei Frauen – eine alte blinde Frau, eine brustamputierte Mutter und eine körperlich intakte, sprachlich versierte Frau – würde sich ein kleiner Junge wohl entscheiden?

»Ich habe Helen lieber als dich!« schreie ich meine Mutter einmal in einem Wutanfall an. Und zweifellos spricht irgendetwas in mir mit kindlicher Aufrichtigkeit die Wahrheit.

Doch egal, ob ich Helen lieber habe oder nicht, ich hänge jedenfalls am Rockzipfel meiner *Mutter* – und zwar so beharrlich, dass jedes Mal, wenn sie sie mich den Hügel hoch zur Schule gebracht hat und dann den Klassenraum verlassen will, die Direktorin, Frau Frohlich, aus ihrem Büro geholt werden muss, um den heulenden Jungen von seiner Mutter zu trennen.

Die Mütter meiner besten Freunde Raymond und Ronnie, Milka Fleischhaker und Molly Berger, bringen ihre Söhne auch die Fort Washington Avenue hoch zur Schule. Raymond und Ronnie scheinen sich ohne herzzerreißende Szenen, wie ich sie fast täglich veranstalte, von ihren Müttern verabschieden zu können. Auch wenn eine ganze Reihe von Lehrern, einschließlich Frau Bohrer, Frau Grundeen, Herr Orange, Frau Rosenberg und andere sich aufrichtig um mich bemühen – ich kann meiner Mutter nicht Auf Wiedersehen sagen, ohne dass die Direktorin höchstpersönlich eingreift, gewöhnlich meine Hände mit Erfolg vom mütterlichen Rock buchstäblich wegreißt und dann meine Mutter aus dem Raum schiebt.

Die Gruppe, in der ich zurückgelassen werde, wenn Frau Frohlich es geschafft hat, mich von Mutters Rockzipfel zu lösen, ist eine Schar von zumeist netten jüdischen Kindern.

Dazu gehört Chris Ijima, eindeutig *nicht* jüdisch, dessen Vater Musik und Kunst lehrt und der – noch dazu bester Sportler der Klasse und insgesamt klügster und beliebtester Schüler – anscheinend jedes Instrument in einem Orchester spielen kann, sogar dieses für mich exotisch-vielschichtige Wesen, das Waldhorn.

Neben Chris gibt es noch die in unserer Klasse vielleicht am meisten Disharmonie verursachende Kreatur – ein für sein Alter ungewöhnlich großes, steifes Mädchen mit liturgisch anmutender Körperhaltung und Nickelbrille namens Suzanne Cosack, die ein großes goldenes Kreuz an einer Kette um den Hals trägt und die unter uns beschnittenen, künftigen Bar-Mitzwah-Jungs eher für die heiligen Hallen der Mutter Cabrini High School von nebenan bestimmt scheint ... und dann für das Kloster.

In unseren präpubertären Augen ist Suzanne sowieso schon halb im Nonnenstift – oder zumindest auf dem besten Weg zu einem Sitz in der ersten Reihe inmitten der Herde von Right Reverend Bishop Fulton J. Sheen, dem unmöglichsten aller Fernsehhelden meines Vaters. Suzannes höchst katholische und ziemlich mysteriöse Anwesenheit unter uns erzeugt auch eine Art sensationsgeilen Klatsch: der Kopf von Mutter Cabrini persönlich, so wird uns glauben gemacht, ist in der Lobby der nach ihr benannten Institution in einem mit Formaldehyd gefüllten, aquariumartigen Glasbecken ausgestellt – und jeder kann sich's anschauen, oder zumindest jeder, der den Mut hat, durch die Drehtüren dorthin zu gehen.

Doch keiner von uns, die wir die mit Schuld und Angst besetzte Überzeugung verinnerlicht haben, dass es die Juden waren, die Jesus Christus getötet haben, hat die Nervenstärke, das zu tun. Und so lernt Suzanne ruhig und fleißig vor sich hin – eine einsame Katechetin zwischen jüdischen Kiddusch-Betenden und Shiva-Sitzern – und liefert sich mit dem das Lexikon auswendig lernenden Buchhaltersohn Warren Goldfarb ein Kopf-an-Kopf-Rennen um den Platz des Klassenprimus'; erst dann folgt, mit ziemlichem Abstand, Chris Ijima und unglaublich weit entfernt als Vierter, ich.

Dann gibt es noch einen, dessen Name angesichts des Berufs seines Vaters ironischerweise bestens zu ihm passt und der auch ein Allesfresser ist: Sidney Salmon, der in dem großen pinkfarbenen Hochhaus in der Fort Washington Avenue wohnt und der uns bei jeder Gelegenheit unter die Nase reibt, dass sein Vater *reich* ist – genauso wie er es eines Tages auch sein wird, der älteste Sohn und zukünftige Erbe von S. Salmon & Söhne, Fleischgroßhandel, und in seiner gewaltigen und stinkreichen Erhabenheit über uns schweben wird. Sidney ist, anders als Chris, eine Art Nachwuchs-Fettleibiger und *dumm*, doch wenn er seine ganze jugendliche

Masse in einen Baseballschlag hineinlegt, hebt das Ding wirklich ab – meist noch über den Zaun des Schulhofs und die Fort Washington Avenue hinaus; und dann muss eine der Nieten wie ich den Ball wiederholen.

Am schlimmsten von allen aber ist Johnny Jacoby, ein frühreifer, großer und sommersprossiger Typ, der in der Klasse irgendwie immer wieder zu meiner Linken sitzt und diese strategisch günstige Position – und meine kaum einschüchternde physische Präsenz – ausnutzt, um meinen linken Arm zu seinem Punchingball zu machen. Ich mag Johnny eigentlich ganz gerne und ich glaube, er mich auch, nur was ich *nicht* mag, ist, dass mein linker Arm mir dauernd wehtut, ich aber eine Scheißangst habe, ihm auch nur einen Schlag zurückzugeben.

Verglichen mit Mark Abramowitz – der in der ersten Reihe sitzt und mit seiner Lieblingsbeschäftigung zu einer lebenslangen Legende für uns werden wird – bin ich allerdings höchst beliebt und habe dazu noch einen Körper wie Sonny Liston.

Mark, der selbst in der sechsten Klasse kaum mehr als 35 Pfund wiegt, hat die Angewohnheit (nein, eigentlich kann man es schon nicht mehr Angewohnheit nennen, es ist eine Obsession), wenn er *en plein air* in der Nase bohrt, die kleinen geronnenen Rotzkügelchen auf den ersten Knöchel seiner linken Hand setzt und sie dann, wenn er denkt, dass keiner hinguckt, mit dem energisch schnippsenden Zeigefinger seiner rechten Hand und einem »Hi-yo, Silver! Aw-a-ay!« wie kleine verklebte Schleimpatronen durch das Klassenzimmer schießt.

Irgendjemand *guckt* natürlich immer, und es dauert nicht lange, bis der kleine Mark gnadenlos geächtet wird, so dass sogar Herr Orange, in der fünften Klasse unser Klassenlehrer und ein Mann ohne erkennbares menschliches Mitgefühl, allmählich dieses arme Wesen bemitleidet, während doch *mein* linker Arm dank Johnny Jacobys ausdauernder Fürsorge zusehends anschwillt.

Der Klassenkamerad, der mich, Freund der Goy, am meisten interessiert, ist *Frankie Morris*. Was für ein Name! Ich flüstere ihn ununterbrochen vor mich hin: Frankie Morris. Frankie ist nicht nur sportlicher als ich und sieht in dieser zutiefst amerikanischen Clark-Kent-Art *besser* aus als ich, sondern er ist in seiner Reserviertheit und seiner eingebildeten, selbstherrlichen Art schon so »anders« als der Rest von uns hyperaktiven Juden, dass ich sehr schnell ihn und nur ihn als Freund haben will. Außerdem lebt Frankie in einem Wohnhaus auf der Fort Washington, das gemeinhin als »nicht-jüdisch« bekannt ist, hat eine Mutter, Frau Morris (mir bleibt jedes Mal die Spucke weg, wenn ich sie sehe), die tatsächlich *jung* und *hübsch* ist ... und noch dazu tadelloses Englisch spricht, und einen Vater – und das gibt mir wirklich den Rest –, der wie Superman *aussieht* und als Krönung auch noch ein *Bulle* ist!

Obwohl ich unentwegt um ihn buhle, will Frankie aber mit mir oder meinesgleichen nichts zu tun haben, und eines Tages – als ich ihm, dem angebeteten Helden, von der Schule nach Hause folge – dreht er sich einfach um und sagt es mir: »Du bist nicht mein Freund.« Er nennt die Dinge beim Namen, und das heißt eben: *Ich bin nicht sein Freund.* Aber immerhin bin ich auch kein Mark Abramowitz. Und mein linker Arm fängt langsam wirklich an wehzutun.

Heute frage ich mich, was denn einen kleinen Jungen so traumatisieren kann, wenn er sich an einem ganz normalen Schultag von seiner Mutter trennt? Vielleicht, kommt mir in den Sinn, weiß ich etwas, was bis jetzt noch niemand weiß:

Vielleicht weiß ich ja schon, dass ich mich bald für immer von ihr trennen muss.

3 Die acht Tage

»Ich erinnere mich an den langen Spiegel; mit Schubladen auf beiden Seiten; und den Waschtisch; und das große Bett, auf dem meine Mutter lag. Ich erinnere mich sehr deutlich daran, wie ich, selbst als ich an das Bett geführt wurde, bemerkte, dass eine der Krankenschwestern schluchzte, und mich ein Verlangen zu lachen überkam, und ich zu mir selbst sagte, wie ich es seitdem oft in Momenten der Krise getan habe, »Ich fühle überhaupt nichts.« Dann beugte ich mich hinunter und küsste das Gesicht meiner Mutter. Es war noch warm. Sie war erst einen Moment zuvor gestorben. Dann gingen wir nach oben in das Spielzimmer.«

Virginia Woolf, »Die Feder wittert die Fährte: Eine Skizze der Vergangenheit«

Die alten 8-mm-Filme, die mein Vater in den Jahren von 1949 bis 1959 gemacht hat, liegen immer noch in ihren metallenen Originalbehältern mit ihren inzwischen vergilbten Originaletiketten: MICKI LERNT LAUFEN, 1950. FAMILIENPICKNICK, GOLDENDAYS, 1952, MOHANSEE PARK, 1954. VINELAND: AMOS, JUDIT, OMA & MAMA, 1956. LEBEN AUF DER FARM, 1956. DER LETZTE FILM VON UNSERER LIEBEN MAMA, 1959.

Wenn ich sie mir ansehe, muss ich leider sagen: Die Personen sind fast immer abgeschnitten, zerstückelt durch die schlechte Kameraführung des Kameramanns, mit hektischen Schwenks von einem Ort zum anderen und einer Szene zur nächsten. Es ist weiß Gott nicht zu erkennen, dass hier irgendetwas zusammenhängend erzählt werden soll: alles scheint zusammengewürfelt und willkürlich. Menschen tauchen eine Sekunde lang auf und dann nie wieder. Wenn es irgendeine konsequente Logik gibt, dann die, dass sich bestimmte Szenen immer wiederholen: noch eine kurze Sequenz von meiner Mutter und Großmutter, wie sie Arm in Arm im Fort Tyron Park spazierengehen; noch andere Aufnahmen von mir mit Ohrenschmerzen, ein weiteres Hallo und Auf Wiedersehen auf der Hühnerfarm meiner Tante und meines Onkels in Vineland.

Der Einzige, der in seiner Wesensart wirklich getroffen zu sein scheint, ist der Kameramann selbst, mein Vater eben, und zwar in jenen seltenen Szenen, in denen ein anderer, die Kameraführung hat, der ruhiger und konzentrierter ist. Das, was bei ihm immer gleich bleibt – das, was zumindest eine Art »Porträt meines Vaters als Mann mittleren Alters« darstellen könnte – ist, dass er ständig in Bewegung ist: Er ist aufgedreht, läuft, hebt irgendetwas hoch, singt, spielt Mundharmonika, schwenkt sein weißes Taschentuch. Er ist – jedenfalls wenn ich mir, jetzt selber ein Mann mittleren

Alters, dessen Blick auch ruhiger geworden ist, das heute anschaue
– ein menschlicher Wirbelsturm: Er umschmeichelt, küsst, umarmt
und unterhält jeden, den er zu fassen kriegt, unfähig, irgendeine
Aktion (oder besser Nicht-Aktion) zuzulassen, die er nicht beherrschen
könnte. Nicht einmal wenn er melancholisch ist, kommt er
zur Ruhe, sondern agiert so gnadenlos und wild entschlossen inmitten
seiner Freunde und Verwandten, dass man schon vom Zusehen
erschöpft ist, bückt sich gelegentlich, um mich in die Luft
zu heben und wieder abzusetzen, bevor er sich gleich der nächsten
Person zuwendet.

Wenn es wirklich so ist, wie ich heute glaube, dass er seine Aufmerksamkeit
nicht allen seinen Mitmenschen mit der gleichen Intensität
zukommen ließ, dann wendet er sich tatsächlich weniger
intensiv der melancholisch, aber freundlich aussehenden Frau mit
dem schwarzen Taschenbuch zu, die sich fast immer etwas abseits
des Trubels hält. Irgendwie wirkt sie wie ein Mädchen, das er zur
Party mitgebracht hat, wobei er sich aber um andere kümmert, als
es ums Tanzen geht. Manchmal sieht sie weg, und ich könnte
schwören, dass ich kurz einen leicht genervten, aber dennoch geduldigen
Blick in ihrem Gesicht erkenne, einen Anflug von Müdigkeit
und Langeweile. Und sie ist unter all den extrovertierten,
ziemlich schönen Schwestern meines Vaters auch tatsächlich die
Frau, die am wenigsten heraussticht.

Aber warum sollte sie auch genauso schön oder genauso fröhlich
sein? Schließlich wird sie nicht mehr lange zu leben haben. Sie ist
die Frau meines Vaters, meine schon zum Sterben verurteilte Mutter.

Das Wort *Krebs* – oder auch das Wort *sterben* – kommt mir im
letzten Lebensjahr meiner Mutter niemals über die Lippen. Doch
dann geht meine Mutter in meinem zehnten Lebensjahr, nachdem
wir von unseren üblichen zwei Wochen Urlaub in Pine Hill nach
Washington Heights zurückgekehrt sind, im Herbst für einige
»Untersuchungen« ins Krankenhaus.

Was genau untersucht wird, sagt mir keiner. Aber als ich am
nächsten Morgen meinen Vater frage, warum sie dort ist, sehe ich,
wie die Tasse in der Hand meiner Großmutter plötzlich zittert, sie

in Tränen ausbricht, und wie mein Vater sie sanft unter dem Tisch gegen das Bein tritt.

»Warum bist Du so traurig?« frage ich meine Mutter in den nächsten Monaten immer wieder, wenn sie im elterlichen Schlafzimmer über die Biedermeierkommode gebeugt steht und ihre Haare bürstet. »Was ist denn los?«

»Ich bin nicht traurig«, antwortet sie mit eindeutig gespielter Fröhlichkeit. »Nichts ist los.«

Und so gibt es auf alle meine Fragen keine Antworten, während Ärzte kommen und gehen, meine Mutter in verschiedene Krankenhäuser verschwindet und wieder zurückkommt und die Tasse meiner Großmutter weiterhin in ihrer Hand zittert, sodass Stückchen von kaffeegetränktem Challah-Brot über den Tisch schwappen. Ich habe nur einzelne Wörter – beiläufig hingestreute, fremdartig klingende, englische Wörter wie *pleurisy* – die mir ein paar Hinweise geben: Krankenhäuser mit merkwürdigen, manchmal scheinbar aus einer anderen Welt stammenden Namen wie Doctors' Harkness Pavilion, St. Lukas, Mount Sinai –, aber ich habe auch etwas von der unheimlichen Fähigkeit von Kindern, die Wahrheit zu riechen, egal wie viele Lügen erzählt werden, um sie zu vertuschen.

Mein Vater scheint in diesen Monaten irgendwie komplett abwesend zu sein – eine Art mythische Gestalt, die kommt und geht, Pelze und verschiedene Feinkostartikel von Horn & Hardarts anschleppt, die Hände seiner Kundinnen küsst und den Verkehr schtoppt. Es sind tatsächlich nur meine Großmutter Johanna und die allgegenwärtige Helen und noch ein paar andere sich immer besorgter gebende Mütter in unserem Haus, die jetzt eine Umgebung beleben müssen, die plötzlich vereinsamt, weil meine Mutter sich zunehmend zurückzieht und immer depressiver wird.

»Wo *ist* mein Vater in diesen Monaten?« frage ich mich. Auf der einen Seite ist er immer da, doch auf der anderen Seite als Mensch mit Gefühlen fast komplett aus meinem Gedächtnis gestrichen, sodass ich mich nicht erinnern kann, dass wir zwischen dem Morgen, an dem meine Mutter erstmals ins Krankenhaus kam, und der Nacht ihres Todes zwölf Monate später, über irgendetwas gesprochen hätten.

Vielleicht, so stelle ich mir heute vor, bereitet er schon eine Art »Präventivschlag« vor, um sicherzugehen, dass nicht wieder *er* das verlassene Kind sein wird, das nach der Brust seiner Mutter sucht, doch nur ins Leere greift. Vielleicht will er mir angesichts der Befürchtungen und Enttäuschungen, die er selbst schon erlebt hat, wirklich nur die goldene Regel beibringen, die ich in der Schule auch gerade lerne: Füge anderen zu, was sie Dir zufügen; verschwinde, bevor der andere verschwindet – bevor jemand, der dich verzweifelt braucht, weiß, wie er sich an dich klammern kann.

Meine Mutter, die der Krebs dahinsiechen lässt, widmet sich zusammen mit meiner fast blinden Großmutter einem Hobby, das für die meisten jüdischen Holocaustüberlebenden ziemlich unkonventionell sein muss: Sie schauen sich Profi-Ringen an.

Mindestens zweimal die Woche, gelegentlich schaut mein Vater mit, sitzen wir gedrängt vor dem Schwarz-Weiß-Fernseher im Wohnzimmer und gucken, wie die Grahambrüder, ein leichtfüßiger argentinischer Dropkicker namens Antonio Rocca und der absolute Liebling meiner Mutter, ein gigantischer, über 400 Pfund schwerer Brocken namens Haystacks Calhoun, sich mit ihren verschiedenen Gegnern schlagen. Calhoun zermalmt die meisten von ihnen regelrecht, indem er seine fieseste Technik anwendet: Er wirft sie auf die Matte, stellt sich neben sie und lässt sich dann einfach auf sie drauffallen.

Aus irgendeinem Grund finden Mutter und Großmutter Haystacks' ungraziöses Auftreten nicht nur wunderbar, sondern richtiggehend liebenswert, und wir sind begeistert, dass wir unseren Helden nicht nur in Aktion sehen, sondern auch noch hören, was er in den Pausen den ABC-Reportern über seine wöchentlichen Essgewohnheiten anvertraut: um die 40 T-Bonesteaks, ein paar Dutzend Eier mit French Toast und allerlei von Protein und Kohlehydraten strotzende Köstlichkeiten.

Wir lieben Haystacks mit derselben leidenschaftlichen und unerschütterlichen Loyalität, die ich bis dahin für Helden wie Duke Snyder und Sandy Koufax aufgespart hatte, und vielleicht, so denke ich später, ist einer der Gründe, warum meine immer dünner werdende Mutter so wild auf den Haystacks ist, dass sie wohl auch das Gefühl hat, als würde das Gewicht der Welt auf sie fallen – und so ist es ja auch.

Sonntag

Sie sitzt mit meinem Vater auf dem großen Bett. Es ist Ende September. Das Laken ist von dunklem Weinrot; die Sonne schwebt wie eine Lutschtablette über der Fort Washington Avenue. Ich bin gerade den Hügel runter gekommen, vom Haus meiner Tante Erna und sitze alleine im Wohnzimmer und lese. Plötzlich höre ich aus dem Schlafzimmer ein Geräusch, das sich wie der unterdrückte Schrei eines Vogels anhört. Ich gehe auf Zehenspitzen hin und öffne die Tür.

Ich sehe sie dort auf dem Bett sitzen mit meinem Vater, der ihre Hand hält. In der anderen Hand hat er einen weißen Eimer. Es ist derselbe Eimer, den meine Großmutter zum Pinkeln benutzt. Doch jetzt dient er meiner Mutter, die ihren Kopf wie einen Wasserhahn über das weiße Porzellan hält. In ihren Augen ist ein merkwürdiges Glitzern. Dann erbricht sie sich.

Ich will nicht hinschauen und bin doch eigenartig fasziniert von dem, was ich sehe. Das Erbrochene ist dunkelgrün, wie Erbsensuppe. Ich muss einfach da stehen bleiben und zuzusehen, wie sich die Kehle meiner Mutter wie ein verstopfter Gartenschlauch über dem Eimer verkrampft. Plötzlich schaut mein Vater auf und sieht mich; ich möge meiner Mutter doch ein Pfefferminzbonbon bringen. Ich gehe raus ins Wohnzimmer; die Pfefferminzbonbons sind da, wo sie immer sind, auf einem kleinen Silbertablett neben den Kiddusch-Bechern, in einem der Biedermeierschränke, die meine Eltern aus Deutschland mitgebracht haben. Sie sind weiß, genau wie der Eimer.

Ich nehme das Tablett und gehe zurück ins Schlafzimmer. Meine Mutter muss sich nicht mehr übergeben, aber das Erbrochene ist immer noch im Eimer. Sie lächelt und nimmt einige Pfefferminzpastillen aus meiner Hand. »Danke, mein Liebling«, sagt sie. »Danke, Liebling.«

Sie spricht Englisch.

Ich drehe mich um und will aus dem Zimmer gehen. Sie sitzt immer noch auf dem Bett und hält die Hand meines Vaters. »Danke, mein Liebling«, sagt sie noch einmal. »Danke.« Es ist das letzte Mal, dass ich sie aufrecht sitzen sehe.

Montag

Die Männer kommen früh am Morgen – zwei von ihnen sind schwarz und weiß gekleidet. Sie rollen das große Bett leise in eine Ecke des Zimmers. Dort steht es wie ein riesiger, weißer Saurier, stumm wie der Schlaf. Es steht an genau dem Ort, an dem ich als Kind geschlafen und vom Fallen geträumt habe. Doch jetzt fällt meine Mutter – und sie fällt in die frischen Laken, die so weiß wie der Eimer, so rein wie der Schnee sind.

Plötzlich füllt sich das Haus mit Menschen, Fremde in dunklen Anzügen, die kleine schwarze Taschen tragen, Verwandte, die ich ewig nicht gesehen habe. Ich gehe in das Zimmer, ein Komma zwischen den Nebensätzen in der langen Reihe von Phrasen aufdringlicher Menschen, die den ganzen Morgen über in der Wohnung ein und aus gehen. Ich möchte die große Kurbel am Fußende des Bettes drehen und so den Kopf meiner Mutter wieder anheben. Irgendwie macht es fast Spaß, so zu drehen, als ob man Wasser aus einem tiefen Brunnen nach oben hievt, ihm hilft hochzukommen.

Doch meine Mutter wird nicht hochkommen. Es sieht so aus, als könnte nichts mehr in ihr hochkommen, sie liegt nur da – ein alter Boxer, der zu müde ist, um nach dem letzten K.O. wieder aufzustehen. Trotzdem drehe ich die Kurbel und kurbele ihren Kopf hoch, bis sie mir fast in die Augen sieht.

Draußen, auf der Fort Washington Avenue, fallen die Blätter von den Bäumen. Es ist Montag, der 21. September im Jahre des HErrn 1959.

Dienstag

Ich wache auf und denke an sie und fühle mich hundeelend. Ich stehe auf. Mein Körper scheint ein einziges Fieber zu sein, und ich gehe noch mal in ihr Zimmer. Sie liegt einfach nur da, vollkommen bewegungslos; ein großes Spinnennetz aus Schläuchen kommt überall aus ihr heraus wie Kabel, die zu einer himmlischen Batterie führen.

Ich stehe an der Tür und starre hinein, als würde ich den Himmel nach einer Galaxie absuchen. Ich warte und warte, aber nichts wird sichtbar. Nur ein kleines Geschwader Blasen steigt in einer Glasflasche auf, die neben ihr hängt. Sie steigen in die trübe Flüssigkeit auf wie der letzte Atem eines ertrinkenden Schwimmers, wie Worte, die sagen wollen: »Ich bin noch hier, Sohn. Ich bin noch hier.«

Mittwoch

Noch Wochen, nachdem sie gestorben ist, frage ich jeden, der in diesen letzten Tagen in ihrer Nähe war, wann er das letzte Mal ihre Stimme gehört hat. Ich ahne schon, dass die Stimme die Harfe des Herzens ist, und ich möchte wissen, welcher Akkord wirklich ihr allerletzter war.

Ich habe auch das Bett hüten müssen – Grippe. Den ganzen Tag lang atmen wir beide unsere Krankheiten in die fiebergetränkte Luft. Jetzt ist es Nacht. Den ganzen Tag lang habe ich es wie sie gemacht und bin im Bett geblieben. Aber jetzt stehe ich auf, öffne die Tür zum Schlafzimmer und stehe nur da, schaue. Ich fühle mich, als würde ich an der Schwelle zu etwas völlig Unbekanntem stehen. Ich fühle mich, als wäre ich *ihre* Mutter, als wäre ich selbst eine Frau. Sie liegt mit halbgeöffneten Augen einfach nur auf dem fast ganz runtergekurbelten Krankenbett.

Ich gehe ins Zimmer und stelle mich neben sie. Ich kann ihren Atem unter der Decke heraufsteigen hören wie den eines verwundeten Tieres. Ich kann ihren ausgestreckten rechten Arm sehen, der die Infusion mit der Zuckerlösung aufnimmt. Ich lege meine kleine Hand auf ihren Arm. Ihre Lider flattern. Ich flüstere so leise, wie ich kann, als ob ich sie nicht wecken wollte: »Gute Nacht, Mama.«

Es folgt eine langanhaltende Stille. Es scheint, als ob meine Worte irgendwohin, sehr weit weg verschwinden. Sie öffnet ihre Augen, als wäre sie plötzlich von irgendwoher zurückgerufen worden, wo sie unbedingt noch gerne hinwollte. Ich fühle, wie sich zwei Finger nur ganz leicht mit meinen eigenen verschränken.

Erst sagt sie gar nichts. Dann, in einer heldenhaften Anstrengung, beginnen ihre Lippen sich zu bewegen. Eine Stunde scheint zu vergehen, bevor sie endlich etwas sagt. »Gute Nacht, Liebling«, höre ich sie sagen. »Gute Nacht, Liebling« – Worte, die noch jahrelang in meinem verstummten Leben widerhallen werden.

Donnerstag

Den ganzen Morgen über flehe ich alle an, mich in das Zimmer zu lassen. »Später«, sagen sie immer wieder. »Später, später.« Den ganzen Morgen über höre ich das Geräusch der Schlafzimmertür, die sich öffnet und schließt, öffnet und schließt. Ich kann sie alle hören, wie sie über sie herfallen – die Nachbarn, ihr Bruder Berthold, die Schwestern meines Vaters, eine Armee von Ärzten mit ihren kleinen, schwarzen Taschen, der Rabbi mit seinen *brochas*, den ausgewählten Segenssprüchen. Unser Haus ist ein Nest des Todes, und wie Bienen, die Pollen sammeln, sind sie alle gekommen, um sich um sie zu versammeln.

Nachdem ich den ganzen Morgen gebettelt habe, auch rein zu dürfen, kommt jemand – ich weiß nicht mehr, wer – und führt mich zur Schlafzimmertür. Ich schaue auf die Uhr im Flur. Es ist zwei Uhr nachmittags. Als ich die Tür öffne, sehe ich das weinrote Laken wieder. Erst habe ich Angst, mich diesem großen Gespenst von Bett, in dem sie liegt, zuzuwenden.

Schließlich drehe ich jedoch meinen Kopf. Und was ich sehe, schockiert mich: Ihre Augen sind glasig, wie von einer Lackschicht bedeckt, und stehen weit offen, starren zu mir hoch. Jahre später, als ich der vermeintlichen Sinnhaftigkeit von Metaphern nachspüre, beobachte ich zwei Chinesen, wie sie einen Hecht aus dem St. Lawrence Fluss ziehen, und im Todeskampf dieses riesigen Fisches sehe ich wieder diese Augen, die ich hier sehe. Aber jetzt habe ich noch nichts zum Vergleichen. Als würde ich in einen tiefen Brunnen ohne Boden blicken, blicke ich zum ersten Mal dem Tod ins Angesicht und nenne ihn Mutter.

Doch sie antwortet nicht. Wie eine gefangene Fliege, die sich im Spinnennetz auflöst und mit ihm eins wird, liegt sie da, und stumme Silben aus einer schon anderen Welt fließen aus ihr heraus. »Mutter!« Ich rufe wieder und wieder. »Mutter!« »Mutter!«

Freitag

Ich wache von dem aufgeregten Treiben der Rabbis und dem Geruch des Sterbens auf. In der Nacht hat sich der Tod durch den Flur geschlichen und ihr wie eine Schlange den Atem abgewürgt. Jetzt ist sie zu ihrer natürlichen Unschuld zurückgekehrt und ist wieder nur noch Körper, und ich werde überwältigt von dem Verlangen, sie zu küssen. Ich möchte in das Zimmer gehen, in dem ihr Körper liegt. Ich möchte sie noch ein letztes Mal halten, meinen Mund auf den ihren legen und ihr mit meinem Atem das Leben zurückgeben.

Ich gehe auf das Zimmer zu. Hände halten mich zurück. Stimmen sagen: »Noch nicht. Noch nicht.« Was kann ich tun? Ich warte, lausche den Geräuschen von Türen, die sich öffnen und schließen, von Rädern, die den Flur entlangrollen, von flüsternden, fremden Stimmen. Ich weiß, was sie tun, aber ich kann es nicht glauben. »Warte«, sagen sie mir. »Warte einfach. Wir lassen Dich dann schon rein.«

Niemand weiß, was sie tun. Keiner weiß, wie lange ein Mann stumm um die dem Kind versagte Trauer trauert. Plötzlich hört das kleine Konzert der Räder und Türklingeln auf. Das ganze Haus wird schrecklich still. Jemand kommt in mein Zimmer, um mich zu holen. Es ist Kurt, der Vater meines Freundes Raymond, unser Buchhalter. Ich weine. »Du kannst jetzt reingehen«, sagt er mir. »Du kannst jetzt reingehen.«

Langsam drehe ich den Griff der Schlafzimmertür. Ich sehe das weinrote Laken, und meine Augen suchen die Stelle, an der ich meine Mutter zu finden hoffe. Das Krankenbett ist noch da. Nur sind die Laken strahlend weiß, als ob nicht einmal der Tod sie habe beflecken können. Aber sie ist weg. Sie haben sie weggebracht, während sie mich in meinem Zimmer gefangengehalten haben. Jetzt ist sie nicht einmal mehr ein Körper.

Samstag

Den ganzen Tag lang schaue ich mir im Fernsehen die Baseball-Meisterschaften an. Kleine Trauerprozessionen hallen wie Werbespots im Haus wider. Die niedrigen Hocker werden aus ihren Schränken geholt, als seien sie die Ersatzspieler. Monatelang habe ich meine Traurigkeit bei meiner Mutter abgeladen. Aber jetzt, wo sie ihren Körper weggebracht haben, will ich keine Toten mehr betrauern. Ich will nur noch an Strikeouts und präzise Würfe denken, an die lebendigen Baseballstars und ihre echten Heldentaten.

Als die Spiele zu Ende sind, ruft mich mein Vater noch in der Nacht in das Zimmer, in dem sie gestorben ist. Mit gesenktem Blick stehe ich vor der Biedermeierkommode; dann beugt sich mein Vater runter und macht die unterste Schublade auf. Darin liegt – ordentlich zusammengefaltet, als würde es immer noch auf ihren Körper warten – ihr rosa Nachthemd. Ich sehe es wie einen Laib Brot in den zitternden Händen meines Vaters aufgehen und sich auf mich zu bewegen.

Mit Bedacht nimmt mein Vater das Nachthemd und führt es an seine Lippen. Er flüstert einen hebräischen Segen. Dann hält er mir, anstelle des Körpers, den ich so gerne geküsst hätte, das leere Nachthemd vors Gesicht und flüstert auf Deutsch: »Gib uns're Mama einen letzten Kuss.« Starr vor Schreck schließe ich meine Augen und ahme das schmatzende Geräusch eines Kusses nach, als ich die kalte Seide an meinen Lippen fühle.

Sonntag

Es ist ein wunderschöner Tag. Ich bin bei meinem Freund Raymond, zu dem sie mich zum Spielen geschickt haben. Ich kann die Kirchenglocken durch die Fort Washington Avenue läuten hören. Vom Fenster aus sehe ich eine lange Schlange schwarzer Autos am Straßenrand und eine Prozession pelzumhüllter Schultern darin verschwinden. Ich kann den Blick nicht von der losfahrenden Kolonne wenden; ich versuche, in jedes Autofenster zu blicken. Ich will ihren Körper nicht noch einmal verpassen.

Dann finde ich mich auf einmal wild lachend neben Raymond auf dem Boden wieder. Ich lache und lache, bis mir der Bauch wehtut, aber ich kann nicht aufhören. »Deine Mutter ist gerade gestorben«, sage ich mir. »Wie kannst Du nur so lachen?«

Alles andere von jenem Tag habe ich vergessen, obwohl ich jahrelang versucht habe, mich daran zu erinnern. Ich habe vergessen, wann sie nach Hause kamen, was sie sagten, ob der Rabbi mich wieder in mein Zimmer brachte und mir sagte, dass das alles für mich gewesen sei oder nicht. Aber ich erinnere mich immer wieder an dieses lange, wilde, schmerzende Lachen und die lange Schlange schwarzer Autos, und noch jahrelang frage ich mich, ob mir die lange Zeit des stummen Weinens erspart geblieben wäre, hätte ich stattdessen damals wirklich geweint.

Und dann frage ich mich, ob ich, wenn ich damals geweint hätte, wirklich echte Tränen geweint hätte.

4 Malheur

Es ist fast Nacht
als dich die Freuden dieses Lebens
endlich wiederfinden:

sie suchen Tulpen unter dem Eis.

»Melancholie« aus: »Days we would rather know«

An dem Morgen, an dem meine Mutter stirbt, gehe ich, nachdem ich die Schlafzimmertür geöffnet und das leere weiße Krankenbett gesehen habe, in die Küche und setze mich an den Tisch.

Im Haus herrscht Unruhe, Leute kommen und gehen, und ich frage mich – obwohl es für mich zu diesem Zeitpunkt keine wirkliche Frage ist: Was mache ich denn jetzt? Was soll ein Junge tun, nachdem der tote Körper seiner Mutter aus dem Haus getragen worden ist?

Also tue ich, was meine Familie schon immer in Zeiten übermäßiger Trauer oder Wut getan hat: *Ich esse*. Vanillebabybrei, den ich schon immer geliebt habe. Ich kann mich nicht an die Marke erinnern, aber er ist cremig (die tröstende Verbindung von Sahne und Eiern) wie der Reispudding von Horn & Hardart, den mein Vater immer aus dem Textilviertel mit nach Hause bringt.

Ich weiß nicht mehr genau, wer mit mir am Tisch sitzt, während ich esse, aber ich bin ziemlich sicher, dass es Helen, mein Onkel Berthold und meine Großmutter sind. Ich rühre lange, lange im Brei, bevor ich ihn esse. Ich höre das Zischen der Luft, die aus dem Glas entweicht, als ich den Deckel öffne, und beobachte das Kreisen des Löffels beim Rühren. Der Brei schmeckt so wahnsinnig gut, dass ich – in Momenten der Trauer, auch vierzig Jahre später – immer noch Sahnepudding esse.

»Sie war so jung«, sage ich, schon jetzt ein Archivar von Äußerungen, ein wenig später zu meinem Onkel, während ich versuche, mich an die letzten Worte meiner Mutter zu erinnern. »Sie war erst zweiundvierzig.«

»Nein«, korrigiert mich mein Onkel, »sie war zweiund*fünfzig*. Sie hat Dir über ihr Alter nicht die Wahrheit gesagt. Sie dachte, Du würdest sie lieber haben, wenn sie jünger sei.«

Zwei Gedanken stürzen gleichzeitig auf mich ein: der erste ist, dass – durch einen wundersamen Zungenschlag meines Onkels – meiner Mutter zehn zusätzliche Lebensjahre geschenkt wurden. Die harte Ungerechtigkeit, dass eine Frau so jung aus dem Leben gerissen wurde, ist dadurch irgendwie gemildert und weniger schmerzhaft. Die Stimme, so wird mir klar, kann Geschenke machen.

Und dann, dem ersten dicht auf den Fersen, kommt der zweite Gedanke: Wie erschreckend wenig sicher muss sich diese Frau meiner Liebe gewesen sein, die mich mit ihrem eigenen Körper nicht nähren konnte, die sich ihres von Narben bedeckten und dem todgeweihten Körpers zu sehr schämte, um mir auch nur einen einzigen Blick darauf zu gestatten. Sie muss gewusst haben, dass das, was enthüllt worden wäre, einen neunjährigen Jungen traumatisiert hätte.

»Ich habe Helen lieber als dich!« Ich erinnere mich an die Worte, die ich in einem Anflug von Ärger einmal gesagt hatte. Heute denke ich, dass sie mir geglaubt haben muss – sie muss geglaubt haben, dass ich diese andere Frau, diese Frau mit intaktem Körper, diese Frau, die Kinder gebären konnte, diese Frau, die offensichtlich nicht schon zu den Sterbenden gehörte, lieber hatte als sie. Und vielleicht, denke ich, war es auch so.

Also sitze ich am Küchentisch und esse meinen Sahnepudding und denke darüber nach, was sie mit ihrem Körper gemacht haben – wo ich ihn wohl finden und ihm einen Abschiedskuss geben, ihn ein letztes Mal anfassen könnte; ich erinnere mich so gut wie nicht, diesen Körper je angefasst zu haben, außer wenn ich an ihrem Rockzipfel hing.

Wenn ich dann meinen Pudding gegessen habe und noch mal am Schlafzimmer vorbeigegangen bin, um mich zu vergewissern, dass sie ihren Körper in einem Moment der Reue, einem Moment der Gnade nicht doch zurückgebracht haben, was mache ich dann? Was *macht* ein zehnjähriger Junge, nachdem der Leichnam seiner Mutter aus dem Haus getragen wurde? Rausgehen und Baseball spielen? Die Baseball-Meisterschaften im Fernsehen anschauen? Ein Stück Kaugummi an eine Schnur kleben und nach Münzen unter den Gitterabdeckungen der U-Bahn fischen?

Nein, er macht nichts dergleichen. Was er macht, ist, nach Mitgefühl suchen, nach jemandem, der ihm die Wahrheit sagt und der ihn trauern lässt.

Ich erkenne jetzt, was mir schon immer klar gewesen sein muss, was ich schon immer gewusst haben muss, wie eben ein Kind das Unsägliche und Ungesagte weiß: dass unser Haus kein Ort der Wahrheit war, kein Ort der Aufrichtigkeit. Ich muss sehr früh gewusst haben, dass meine Familienmitglieder – besonders mein Vater, dieser Küsser der Frauenhände, dieser Schmeichler der Frauenkörper – nicht wirklich meinten, was sie sagten, oder sagten, was sie meinten, dass der Ort der Pelze ein Ort der Unwahrheit war. Und ich muss mich sehr früh dazu entschlossen haben, unter allen Umständen ein Mann zu sein, der das, was er *sagt*, auch so *meint*.

Was also mache ich, nachdem ich meinen Sahnepudding gegessen habe, nachdem ich noch einmal nach dem Körper meiner Mutter gesucht habe, nachdem ich mich angestrengt habe, mir die letzten Worte, die ihr über die Lippen kamen, ins Gedächtnis zurückzurufen, nämlich »Gute Nacht, Liebling«, die sie mir an jenem Mittwochabend von ihrem Sterbebett aus zuflüsterte? Was also mache ich? Ich steige die Treppe zum sechsten Stockwerk unseres Hauses hoch, zur Wohnung Nummer 61, in der mein Freund Ronnie Berger wohnt, und klingele an der Tür.

Monate vorher – als noch niemand auch nur ein Wort zu mir gesagt hatte, was meiner Mutter wirklich fehlte, als noch niemand mir gesagt hatte, dass sie bald sterben würde – hatte Ronnies Mutter Molly mich gefragt, wie es ihr ginge. Und weil ich es *wusste* – weil ein Kind, in den Tiefen seines Herzens und seiner Seele, es *immer* weiß –, fiel ich ihr schluchzend in die Arme. Und so wurden Molly Bergers Wohnung, ihre Arme, ihr Körper für mich zum Inbegriff der Wahrhaftigkeit und Aufrichtigkeit, nach der ich mich immer gesehnt hatte.

Noch etwas anderes muss die Wohnung der Bergers so ungeheuer attraktiv für mich machen, etwas, das mir das Gefühl gibt, dass ihr Zuhause, auch wenn es nicht meines ist, der Inbegriff der Wahrhaftigkeit ist: Es ist Herr Berger, ein Mann ohne jeden Liebreiz. Tatsächlich ist er, wie ich später scherzhaft von einigen meiner Wissenschaftlerkollegen sagen werde, fürchterlich »ernsthaft«. Als Journalist, der für einen Klassiksender im New Yorker Radio eine wöchentliche, deutschsprachige Musik- und Talkshow moderiert, ist er ein Mann der Worte. Worte, das begreife ich, bedeuten etwas. Worte verkörpern eine Art von Aufrichtigkeit. Worte können Leben geben.

David Bergers Arbeitszimmer ist, so kommt es mir vor, voll von schrecklich komplizierten Kassettenrekordern und Audiogeräten. Ich verbinde mit seiner Arbeit ein Gefühl von Einsamkeit, die Vorstellung, dass sie – was mich zugleich ängstigt und anzieht – in einer Männerwelt stattfindet, in der Hände nicht geküsst und Frauen nicht verführt werden. Und doch weiß, dass hier ein Mann mit seiner Frau schläft und es nicht nötig hat, Fremde für sich einzunehmen oder Frauen zu beeindrucken oder der beliebteste Mann im Pelzviertel zu sein. Ich denke: Dieser Mann ruht in sich. Er arbeitet allein. Er verschwendet keine Worte. Er liebt seine Frau. *Das* ist ein richtiger Mann. Und diese Gedanken faszinieren und ängstigen mich.

An Molly Berger nehme ich auch etwas wahr: nämlich dass sie sowohl mütterlich als auch ganz Frau ist. Sie ist eine Frau, die die Wahrheit verträgt. Und deshalb gehe ich in dem Moment, in dem ich von der Wahrheit schlicht überwältigt worden bin – erst die Wahrheit über die lange Krankheit meiner Mutter und jetzt die Wahrheit über ihr Sterben – zu Molly Berger. Ich breche aus der theatralischen, verwirrenden, charmeverpesteten, todverpesteten, vollgefressenen Enge meines eigenen Zuhauses aus und gehe nach oben.

Molly Berger macht mir auf, steht in der Tür und schaut mich einige Sekunden lang stumm an. Ihr Blick drückt Mitleid und respektvolle Distanz aus. Während ich so dastehe und sie anstarre, wird mir klar, dass sie schon weiß, was geschehen ist.

»Ist Ronnie zu Hause?«, frage ich in mehr oder weniger beiläufigem Ton.

»Klar, komm rein. Er ist in seinem Zimmer.«

Ich gehe den Flur entlang zum Zimmer meines Freundes, vorbei an David Bergers Arbeitszimmer, wo ich ihn in wie üblich mit den verschiedenen Knöpfen der in die Wand eingelassenen Stereogeräte und Kassettenrekorder hantieren sehe.

»Hallo, Herr Berger«, flüstere ich.

»Hallo, Michael«, antwortet David Berger. Er scheint mir gegenüber nur einen Tick aufmerksamer zu sein als sonst, wie üblich in seiner Traumwelt vor den Rekordern und Mikrofonen versunken. Im Hintergrund singt ein Bariton etwas auf Deutsch.

»Möchtest Du Milch und ein paar Kekse?« ruft Molly Berger mir aus der Küche nach.

»Nein, danke«, antworte ich und gehe weiter auf das Zimmer meines Freundes zu. Plötzlich bemerke ich, dass ich eigentlich nicht weiß, warum ich zu Ronnie hochgegangen bin. Ich will gar nicht weinen. Vielleicht möchte ich nur bemitleidet werden.

»Hallo«, sage ich schüchtern.

Als ich eintrete, blickt Ronnie Berger vom Fußboden auf, wo er ein U-Boot-Modell zusammenklebt. »Hallo. Willst Du das hier mit mir zusammen machen?«

Ich weiß eigentlich nicht, *was* ich wirklich will. Aber Ronnies Vorschlag scheint mir so passend wie jeder andere. Und so sitze ich an jenem Morgen im späten September meines zehnten Lebensjahres, während der Leichnam meiner Mutter aus unserer Wohnung die Fort Washington Avenue hinunter zu den belebten Hallen der Riverside Memorial Chapel an der Ecke Amsterdam Avenue und 76. Straße gebracht wird, auf dem Boden in Ronnie Bergers Wohnung im sechsten Stock und klebe kleine Stückchen eines U-Boot-Rumpfs aus dem Zweiten Weltkrieg zusammen.

In jener Nacht nach dem Tod meiner Mutter, als ihr rosa Nachthemd in den Händen meines Vaters auf meine Lippen zukommt, was denke ich da?

Da ich seitdem vor Hunderten von lebendigen Frauen meine Augen geschlossen habe, stellte ich mir diese Frage immer dann, wenn ich mich von ihnen abgewendet und sie nicht mehr angeschaut habe.

Ich erinnere mich daran, wie sich die unterste Schublade der großen Biedermeierkommode öffnet. Ich sehe, wie mein Vater im blauen Flanellpyjama in die Schublade greift und das Nachthemd auf seinen Handflächen hochnimmt wie eine alte Beduinenfrau Stroh, das sie über die Felder trägt. Ich sehe, wie er es erst an seine Lippen führt, einen sanften, feminin wirkenden Kuss auf die Seide drückt und es dann wieder sinken lässt.

Ich erinnere mich, wie mich ein plötzliches Grauen überkommt. Das Bild des leeren Bettes, aus dem an diesem Morgen der Körper meiner toten Mutter weggebracht wurde, blitzt in meinen Gedanken auf. Ich erinnere mich, dass ich mich ausweglos fühle, als sei ich in diesem Raum zusammen mit einem Mann, der gar kein Mann ist, mit einem, der Frauen liebt, der Frauen aber nicht wirklich lieben kann. Ich erinnere mich an das Grauen und ich erinnere mich an die Abscheu und ich erinnere mich an den schrecklichen Anblick dieses rosa Nachthemds, das sich in den Händen meines Vaters auf meine Lippen zubewegt.

Und ich erinnere mich an das fürchterliche, abgründige Gefühl, in eine Falle gelockt worden zu sein, von einem Mann, dem seine Gesten mehr bedeuten als sein Sohn, ein Mann, der nicht in der Lage ist, mit seinen Augen und Lippen und seinem Herzen Kontakt zu einer lebendigen Frau aufzunehmen, ein Mann, der nur den toten Stoff küssen kann, der den entstellten Körper seiner Frau bekleidet hatte, ein Mann, dem in seiner eigenen Kindheit das Trauern zu oft versagt blieb, als dass er mich, seinen Sohn trauern lassen könnte – obwohl ich, noch ohne es zu wissen, *nicht* sein Sohn bin.

Aber ich will das leblose Nachthemd eines toten Frauenkörpers nicht küssen. Ich will eine lebendige Frau küssen, eine sterbende Frau – ja, sogar die tote Frau, die an diesem Morgen heimlich aus der Wohnung geschafft wurde. Was ich ganz sicher *nicht* küssen will, ist das tote Nachthemd der toten Frau. Ich will nicht, dass meine lebendigen Augen in das Gesicht dieses doppelten Todes schauen.

Doch der Kuss, den ich geben möchte, wurde mir schon versagt. Und jetzt, als das rosa Nachthemd in den Händen meines Vaters aufersteht, überkommt mich Ekel und Ärger und Abscheu und Scham. Und meine Augen werden sich nicht öffnen, und meine Lippen werden sich nicht zu einem Kuss formen, und als ich fühle, wie sich die kalte Seide gegen mein Gesicht drückt, schwört etwas in meinem zehnjährigen Herzen Rache gegen diesen vom Kummer heimgesuchten, sich seines Tuns nicht bewussten Mann neben mir.

Am Tag nach dem Tod meiner Mutter kommt unser Rabbi, ein tief religiöser Mann mit graumeliertem Bart namens Dr. Hugo Stransky, um mit mir zu sprechen.

»Das ist nicht gut für dich, wenn Du zur Beerdigung gehst«, teilt er mir mit. »Wenn Deine Mutter noch lebte, würde sie es auch nicht wollen.«

Die Vorstellung, dass meine Mutter mich nicht dabeihaben wollte, um mich von ihr zu verabschieden, wenn sie in die Erde hinabgesenkt würde – genau wie die Vorstellung, dass sie nicht gewollt hatte, dass ich mich von ihr verabschiede, bevor sie am Morgen zuvor aus dem Zimmer gebracht wurde –, ist ein Schock für mich.

»Aber ich *will* hingehen!« jammere ich. »Sie war meine Mutter.«

»Ja«, antwortet der Rabbi. »Ich weiß ... Aber Du wirst ihr Andenken besser bewahren, wenn Du hier bleibst.«

»Aber dann werde ich sie nie wiedersehen«, beharre ich.

»Ja, das stimmt«, antwortet Dr. Stransky. »Du wirst sie nie wiedersehen.«

Aber nie, soviel weiß ich schon, ist eine schrecklich lange Zeit. Nie ist zu lang, um in einer Welt zu leben, in der das Lustige und das Ernste, die Lebenden und die Sterbenden dauernd getrennt sind. Nie ist eine zu lange Zeit, um einer toten Frau nicht einmal ins Gesicht blicken und ihr Auf Wiedersehen sagen zu können. Nie ist zu lang, um einer Frau nicht in die Augen blicken zu können.

Zum zweiten Mal in meinem noch jungen Dasein (die Schwester meines Vaters, Clemmie, war 1957 auf dem Flug von Cleveland nach Miami an den Folgen eines Herzinfarktes gestorben) werden die Hocker für die Totenwache aus den Schränken geholt und im Halbkreis im Wohnzimmer verteilt. Ich weiß es noch nicht, aber – mein Vater ist das jüngste von zehn Geschwistern und alle seine Schwestern haben bedeutend ältere Männer geheiratet – diese Stühle sind auf dem besten Wege, zur dauerhaften Möblierung unserer Wohnung zu werden: Wie Erwachsene, die mit Puppenstuben spielen, sitzt meine Familie da und trauert. Aber ich, der nicht zum Begräbnis meiner Mutter gehen durfte, muss auch diesem Teil des Rituals fernbleiben: Ich darf mein Zimmer nicht verlassen.

Einige Wochen später betrete ich gerade den langen Flur unserer Wohnung zwischen dem Raum, in dem mein Vater seine Pelze aufbewahrt und dem Zimmer, das ich mit meiner blinden Großmutter teile. Da kommt mir plötzlich – als ich aus dem Badezimmer komme und mein Vater aus seinem Zimmer voller umgemodelter Häute – der Gedanke, ihn etwas zu fragen, das mich schon seit Langem beschäftigt.

»Papa«, sage ich, »wenn Du immer darüber sprichst, mich ›in Vineland abgeholt‹ zu haben, was meinst Du damit?« Ich hatte kürzlich angefangen, mich zu fragen – zweifellos veranlasst durch den Tod meiner Mutter –, wie und wo genau ich in Vineland ›abgeholt‹ worden war. In einem Supermarkt? In der Synagoge, deren Vorsitzender mein Onkel Berthold war? In der Vineland High School, auf die meine Cousins Amos und Judy gingen?

Ich muss es wissen. *Abgeholt?* Was konnte dieses Wort nur bedeuten?

»Tja«, beginnt mein Vater langsam auf Deutsch. »Als Du in Vineland geboren wurdest, hatten Berthold und Nelly schon zwei Kinder, Deinen Cousin Amos und Deine Cousine Judy. Sie waren gerade aus Israel gekommen, und ich habe ihnen die Hühnerfarm gekauft, also mussten sie sehr, sehr hart arbeiten und hatten nicht so viel Zeit oder Geld, um sich noch um ein anderes Baby zu kümmern.«

»Deine Mama«, fährt er fort und bezieht sich dabei nicht mit ein, »wollte immer so gerne ein eigenes Baby haben, und sie erholte sich doch gerade von ihrer Krankheit. Also sagte ich zu ihr: ›Betzele, lass uns diesen süßen kleinen Jungen nehmen‹. Deshalb fuhren wir nach Vineland, als Du gerade erst acht Tage alt warst, und holten Dich ab. Du warst unser Hauptgewinn und Du hast so viel Glück in Betzeles Leben gebracht.«

Was bedeutete das alles? War meine tote Mutter nicht mehr meine Mutter? Mein lebender Vater nicht mehr mein Vater? War meine »Tante« Nelly – diese Frau, die ich immer schon mehr oder weniger abgelehnt habe und die mich, das spürte ich, auch nie besonders leiden konnte – jetzt wie durch Zauberhand meine *Mutter*? Mein »Onkel« Berthold mein Vater? Meine »Cousins« Amos und Judy mein Bruder und meine Schwester? Sollte ich meine tote Mutter jetzt weniger lieb haben? Meine lebende Tante dafür mehr? Warum hat meine Mutter nicht einfach »ein eigenes Baby« *bekommen*?

»Du warst unser Hauptgewinn«, wiederholt mein Vater und holt mich aus meinen Träumen. »Und Du hast Deiner lieben Mama, möge sie in *Frieden* ruhen, etwas gegeben, für das sie leben konnte.«

Ungefähr eine Woche nach dem Tod meiner Mutter treffe ich zufällig die Mutter meines Freundes Frankie Engel, Toni, und seinen kleinen Bruder Jerry am Fahrstuhl.

»Wo ist Deine Mutter?« fragt mich der gerade mal sechs Jahre alte Jerry unschuldig, während seine Mutter puterrot wird.

»Sie ist im Urlaub«, antwortet Frau Engel, bevor ich etwas sagen kann.

»Ja«, pflichte ich ihr bei. »Sie ist im Urlaub.«

»Kommt sie *bald* zurück?« Jerry ist ein neugieriger Bengel und, da ich weder Gelegenheit hatte, mich von meiner Mutter zu verabschieden, noch ihren toten Körper oder ihre Beerdigung gesehen habe, ruft seine Frage in mir eine Wunschvorstellung hervor, die ich seit ihrem Tod immer wieder hege: Sie wird zurückkommen. »Ja.« Wieder nimmt Frau Engel meine eigene, unsichere Antwort vorweg. »Sie kommt sehr bald zurück.«

Sie kommt sehr bald zurück. Die Worte kreisen in meinen Gedanken und finden Widerhall in meinem Herzen, nicht wie eine erzwungene Erklärung einem Kind gegenüber, sondern wie eine sehr reale Vorstellung: *Sie kommt sehr bald zurück.* Ab jetzt, und das wird Monate und Jahre noch so sein, beginne ich kindlich, ungläubig, immer hoffnungsvoll, mir alle möglichen Szenarien auszumalen: Ich komme eines Morgens an den Frühstückstisch und – *wumm!* – sie ist da. Ich gehe in das Schlafzimmer, in dem mein Vater jetzt alleine schläft, um gute Nacht zu sagen, und – welch Zauberwerk! – sie liegt wieder neben ihm im Bett. Ich biege auf dem Weg von der sechsten Klasse nach Hause auf der Fort Washington Avenue um die Ecke, und – Wunder über Wunder! – sie ist da, als wäre sie nie weggeholt worden.

Aber das lebhafteste aller Gedankenspiele, das meine weltlichen Vorstellungen mit meinen tiefsten religiös erfüllten Hoffnungen vereint, ist eines à la Moses und der brennende Busch, denn keine meiner anderen Hirngespinste von ihrer Auferstehung ist Wirklichkeit geworden. Zu meiner Bar Mitzwah wird sich das Wunder ereignen: Der Vorhang der Bundeslade wird sich für Rabbi Stransky und Kantor Kornfeld (und mich!) teilen, damit sie die Torahrollen holen können und – dem Himmel sei Dank – da ist sie.

Doch bis zu meiner Bar Mitzwah sind es leider noch Jahre – und zahlreiche unerwartete Begebenheiten liegen noch vor mir. Wie Frost muss ich noch meilenweit gehen, bevor ich schlafen kann ... und muss noch viel ertragen, bevor mir meine liebe, verstorbene Mutter glücklicherweise zurückgegeben wird.

Mein Vater – mit einem schwachen Herzen, einem trauernden, zehnjährigen Sohn und einer blinden Schwiegermutter im Schlepptau – gehört plötzlich zu den frisch Verwitweten. Und ich, anscheinend schon so etwas wie ein angehender Dichter und der ewig ergebene Sohn, begrüße seinen ersten Geburtstag als Witwer mit den folgenden Versen:

> Wenn jeder Vater auf dieser Erde
> nur halb so gut, wie du bist, wäre
> bliebe Gott mit all seinen Engeln
> nichts mehr zu tun.
>
> Wenn jeder Vater so viel täte,
> um seinen Kindern beizustehn,
> müsste kein Mädchen
> und kein Junge mehr weinen.
>
> Lieber Vater, nun kommt der Tag,
> an dem du dich einmal ausruhen musst.
> Und immer wenn ich an dich denke,
> dann denke ich an das Beste.
>
> Dass du heute zu Hause bist,
> das freut mich sehr.
> Und noch eins möchte ich dir sagen:
> »Alles Gute zum Geburtstag, Papa!«
>
> Dein dich liebender Sohn Micky

Mein Vater scheint, zusammen mit seinen stets hilfsbereiten Schwestern, anderes im Sinn zu haben, als mir »beizustehen«. Von dem Moment an, in dem der krebsbefallene, zweifach brustamputierte Körper meiner Mutter in der Erde versenkt ist, machen sich die sechs überlebenden Schwestern, die Sirenen in dieser Geschichte, die befürchten, dass sie ihrem zehnjährigen Neffen (der ja schließlich nicht *wirklich* ihr Neffe ist) und seiner blinden Großmutter jetzt unter die Arme greifen müssen, auf die fieberhafte Suche nach einer Frau für ihren verwitweten Bruder.

Plötzlich kommt eine Armada von Plastikspielzeug, Kinderbüchern, Poloshirts und Modellbaukästen per Post bei uns an, von jemandem mit dem mysteriösen Namen »die Witwe Kahn«, der gegenüber ich – als sie schließlich einige Wochen später in mein Leben tritt – von Anfang an tiefste Abneigung verspüre.

Wollte man Alice Kahn *geborene Bernheimer frühere Guggenheim* als eine Frau bezeichnen, die nicht gerade leicht das Herz eines Zehnjährigen einnehmen kann, der gerade seine Mutter verloren hat, wäre das gelinde gesagt eine Untertreibung. Bucklig, mit ständig tiefem Stirnrunzeln und einem japsenden, übergewichtigen, zwölf Jahre alten englischen Foxterrier mit dem unpassenden Namen Ami, hatte ihr zweiter Ehemann Fritz (der wie ihr erster am Tag des Erntedankfests an einem Herzinfarkt starb) sie gerade wieder zur Witwe gemacht. Fritz war ein deutsch-jüdischer Handschuh-Industriemagnat, der es vom Verkäufer billiger Arbeitshandschuhe, die er aus einem Schuhkarton heraus vertrieb, zum Besitzer eines Miniimperiums in seinem schummrigen Keller in Jackson Heights gebracht hatte.

»Ich glaube, beide Ehemänner starben freiwillig«, sage ich zu meinen Freunden über meine potenzielle Stiefmutter, »nur um zu vermeiden, noch länger mit ihr verheiratet sein zu müssen.«

Alice Kahn ist in der Tat für jeden trauernden Jungen der Inbegriff der bösen Stiefmutter. Sie – todbringend, Angst einflößend und knauserig bis zum Gehtnichtmehr –, ist so offensichtlich unfähig, so etwas wie menschliches Mitgefühl zu zeigen, dass schon ihre Anwesenheit – dass allein die Vorstellung, dass sie *möglicherweise* meine freundliche, liebevolle, so lange dahinsiechende Mutter ersetzen könnte, mich in so heftige Angst und Niedergeschlagenheit versetzt, dass ich, wäre mir nicht klar, dass ich meinen Vater und meine blinde Großmutter nicht verlassen kann, mir vorstellen könnte, in die hühnerdreck- und flohverpestete Abgeschiedenheit von Vineland zu fliehen, wo wenigstens (wie ich jetzt weiß) mein eigen Fleisch und Blut wohnt und mich hoffentlich nicht im Stich lassen wird.

»Wen hättest Du am liebsten, dass ich heirate?« fragt mich mein Vater. »Helen« – er ist klug genug, mit dem Namen meiner erst kürzlich verwitweten ersten Wahl zu beginnen – dann »Gisela«, seine seit Langem kränkliche, nie verheiratete Schneiderin, die ich immer schon mochte, »*oder* Frau Kahn«, zweifach verwitwete, bewusst kinderlos gebliebene Käuferin von Kinderspielzeug, deren Interesse an mir, wie ich sofort intuitiv bemerke, nur darin besteht, ihr die Tür zum verletzten Witwerherzen meines Vaters zu öffnen, die sie durchschreitet und dann gleich wieder zuschlägt.

»Helen oder Gisela«, antworte ich und beziehe mich auf die beiden Frauen, die ich schon verlässlich in mein Herz geschlossen habe. Die dritte Alternative möchte ich nicht einmal beim Namen nennen.

Ich weiß nicht mehr was oder ob mein Vater überhaupt geantwortet hat. Aber eines *weiß* ich sicher: am 5. Oktober 1960, gerade mal ein gutes Jahr, nachdem meine Mutter unter die Erde gebracht worden war – diese todkranke Frau, der ich von einem Mann, dessen eigene Mutter im Kindbett gestorben war, anvertraut wurde –, stellt mir genau dieser Mann, der mit einer Stiefmutter gesegnet war, die ihn nie gewollt oder geliebt hat, die dritte Mutter in meinem Leben vor.

Und die heißt Alice Kahn.

Obwohl es mir zu diesem Zeitpunkt noch nicht klar ist: Mit dem Tod meiner Mutter und dem Auftauchen meiner Stiefmutter war meine Kindheit und damit jegliche Glückseligkeit zu Ende. Ohne dass die Frau, die meine biologische Mutter ist, auch nur Piep gesagt hätte, aber mit ihrer stillschweigenden Zustimmung aus den hühnerdreckverpesteten Mauern von Vineland heraus, beginnt die Welt meiner Kindheit langsam zu zerbröckeln.

Meine Großmutter ist natürlich die Erste, die gehen muss, gefolgt von Helen, weil meine Stiefmutter mit der Macht der psychisch Gestörten sich hinter dem Rücken meines Vaters mit seinen Schwestern verbündet, um beide hinauszuwerfen. Eines Abends, als die Situation in der sonderbaren Wohngemeinschaft auf eine Eskalation zutreibt, kommt mein »Onkel« Berthold, der jeden Montag in unserer Wohnung übernachtet, wenn er seine Eier ausliefert, auf sein gewohntes Acht-Uhr-Bier bei uns vorbei. Doch diesmal hat er ein frisches, ordentliches Veilchen unter seinem linken Auge.

»Was ist passiert?« Wir versammeln uns um ihn herum und erwarten eine weitere Horrorgeschichte aus unseren zunehmend bunt »gemischten« und gefährlichen Straßen der Innenstadt. Diesmal jedoch ist das Geschehen etwas intimerer Natur: Mein Onkel war anscheinend kurz vorher mit der Schwester meines Vaters, Tina, einer Schneiderin, die drei Stockwerke unter uns, in der Wohnung 25 lebt, allein im Fahrstuhl. Und offenbar sah Tina, Teil der Kampagne meiner Stiefmutter gegen meine Großmutter, ihre große Stunde gekommen: Sie knallte meinem Onkel eine ordentliche Rechte ins Gesicht und befahl ihm kurz und bündig, »Deine gottverdammte Mutter aus dem Haus meines Bruders« zu bringen.

Der rechte Haken, den meine Tante Tina direkt auf Onkel Bertholds Wange landet, reicht anscheinend aus, die Sache zu erledigen. Ungefähr zwei Wochen später wird das Hab und Gut meiner Großmutter in vier antike Koffer gepackt und zusammen mit der Besitzerin in den Chevy-Lieferwagen meines Onkels und nach Vineland verfrachtet.

Meine ist jetzt aus dem Haus, sitzt alleine im abgedunkelten Wohnzimmer meines Onkels und meiner Tante in Vineland, mitten im Hühnerdreck. Wann immer ich die nötigen Schekel durch meine Arbeit bei der Reinigung Strauss und durch Freischaufeln von Autos zusammenkratzen kann, nehme ich freitags nach der Schule den Expresszug zum Port Authority Busbahnhof, steige in den Nachmittagsbus, der auf dem New Jersey Turnpike durch die blühenden Metropolen Camden, Bordentown und Millville fährt, und besuche sie.

Mein Cousin Amos geht schon aufs College in Rutgers und Judy arbeitet als Sekretärin in Philadelphia. Mich erwartet also die Aussicht auf ein Wochenende, an dem ich zwischen meiner niedergeschlagenen Tante, die es *hasst*, dass ihre Schwiegermutter bei ihr lebt, und meiner Großmutter, die in diesen »privat« mit mir verbrachten Stunden meistens weint, hin und hergerissen bin. Nach drei so herrlichen Tagen stehe ich dann am Montagmorgen um fünf Uhr früh mit meinem Onkel auf und fahre mit ihm nach New York in die prestigeträchtige Bronx High School für Naturwissenschaften, und er liefert seine Eier aus.

»Was zum Teufel ist eigentlich mit diesen Frauen *los*?« frage ich mich, wenn ich im Wohnzimmer meiner Tante und meines Onkels sitze. Warum so viel Hass? Warum solche Lieblosigkeit? Warum ein so todbringender Mangel an Freude? Warum kann keine von ihnen – ausgenommen natürlich meine blinde, hilflose Großmutter und die gutherzige Helen, die mein Vater nicht heiraten wollte – so sein wie Frau Berger oder die Mutter meines Freundes Leslie, Frau Millett? Oder auch wie meine verstorbene Mutter? Warum weint diese arme, alte Frau? Warum bringt ihr diese jüngere Frau, ihre Schwiegertochter, keine Liebe entgegen?

Mir wird klar, dass es offensichtlich keine Antworten auf diese Fragen gibt. Aber um eine der unumstößlichen Lebensweisheiten weiß ich zum Glück noch nicht: Am Ende – und daran gibt es keinen Zweifel – müssen stets die Falschen büßen.

Kurz nachdem mein Vater meine Stiefmutter geheiratet hat, sitzen er, Helen und ich wie drei, die sich zu einem heimlichen »Rendezvous« im RKO Coliseum an der Ecke 181. Straße und Broadway verabredet haben, im Kino und sehen uns ein kitschiges Remake von Marcel Pagnols gleichnamigen Theaterklassiker »Fanny« an, später einer der absoluten Lieblingsfilme meines Vaters. Die fürchterliche amerikanische Version kann durchaus mit einem weiteren Favoriten meines Vaters, »The Sound of Music« konkurrieren. Eine der Hauptrollen spielt darin einer seiner großen Musikhelden: der sentimentale französische Chansonnier Maurice Chevalier.

Chevalier spielt die Rolle des ältlichen Herrn Panisse, ein – stell Dir vor! – *impotenter* Herr, der sich in eine wesentlich jüngere Frau verliebt und sie heiratet: Fanny. Fanny, gespielt von Leslie Caron, ist jedoch bereits von ihrem jüngeren Liebhaber Marius, gespielt von Horst Buchholz, schwanger, der sie verlassen hat, um sich irgendwo seinen Segelabenteuern zu widmen. Eine gewisse Ähnlichkeit zu seiner eigenen Biografie hat mein Vater überhaupt nicht bemerkt, sein Bewusstsein hat das zweifellos fantastisch verdrängt; so wie auch ich das ungefähr 40 Jahre lang machen werde, bis ich anfange, dieses Buch zu schreiben.

Ich denke mal, dass mein Vater und Helen den Film schon mehrere Male gesehen haben, denn diese Vorstellung, erklärt mein Vater, findet *mir* zuliebe statt. Ich werde ihn mögen, versichert er mir. Und ich *habe* tatsächlich meinen Spaß, bis zu jener fatalen Stelle:

Ungefähr eine halbe Stunde nach Beginn des Films kommt eine Szene, in der Herr Panisse und zwei andere Männer, einer von ihnen von Charles Boyer gespielt, beschließen, den Spaziergängern auf der Strandpromenade von Marseille einen Streich zu spielen. Sie legen einen alten Zylinderhut mitten auf die Straße – eine klare Herausforderung für jeden Passanten – mit einem großen Stein darunter. Als Erster kommt ein einheimischer Werftarbeiter auf ihn zu, nimmt die Herausforderung an und prellt sich schmerzhaft die Zehen – das ist natürlich zum Lachen. Dieser Vorfall löst bei meinem Vater aber einen solchen Lachkrampf aus, dass einer der herbeigerufenen Platzanweiser ihn zu beruhigen sucht, während sein peinlich berührter Sohn in seinem Sitz zusammensinkt.

Der Platzanweiser schafft es tatsächlich, meinen Vater kurz zu beruhigen, bis auf der Leinwand ein Priester dieselbe Straße entlanggeht. Während Panisse und seine Kumpane sich vor Schreck die Hände vors Gesicht schlagen, kickt seine Heiligkeit auch gegen den Tretminenhut und katapultiert meinen Vater wieder in so lautes und herzhaftes Lachen, dass er Bauchschmerzen bekommt und ihm die Tränen über die Wangen laufen.

Wieder kommt der Platzanweiser – mit einem »Wenn Sie sich nicht unter Kontrolle haben, mein Herr, müssen wir Sie bitten, das Theater zu verlassen« – zu unserer Reihe hinunter, während die meisten Besucher in unserer Nähe entweder selbst anfangen, laut zu lachen, sich wegsetzen oder beim Management beschweren.

Vielleicht ist es meinem und Helens fieberhaftem Bemühen zu verdanken, dass mein Vater sich ein, zwei Minuten lang fängt, bis ihn die Erinnerung an den Priester, der mit seinem rechten Fuß den Stein weggekickt hat, wieder einholt: Mit einer Fülle und Kraft, die die Lautstärke seines ersten Ausbruchs bei Weitem übertrifft, krümmt er sich auf seinem Sitz Sekunden später wieder vor Lachen. Während Helen ihn am Arm hält und ich mein Gesicht zu verbergen suche, falls irgendjemand, den ich kenne, unter den Zuschauern ist, werden wir nur wenige Minuten später ohne viel Aufhebens vom Platzanweiser den Gang hoch und wieder raus auf den Broadway gebracht.

Jahre später frage ich mich: War der Lachanfall meines Vaters während der Vorstellung von »Fanny« so etwas wie mein eigener

Lachanfall am Tag der Beerdigung meiner Mutter? Könnte es sein, dass sein Lachen nur eine andere Art zu weinen war?

Vom ersten Tag an, nachdem meine Stiefmutter bei uns eingezogen ist – sie war aus des seligen Fritz Kahns Haus in Jackson Heights ausgezogen und hatte diesem Umzug nur unter großem Gejammer zugestimmt, nachdem ich meinen Vater davon überzeugen konnte, dass ich durch einen Umzug nicht auch noch meine Freunde verlieren muss, wo ich doch gerade erst meine Mutter verloren habe –, wird mir klar, dass sie sich übertrieben hingebungsvoll dem Beten widmet. Sie sitzt fast jeden Morgen in einer Ecke unserer Wohnung und hat ihr kleines, schwarzes, deutschhebräisches Gebetbuch deutlich sichtbar auf der Seite »Morgengebet einer unglücklichen Ehefrau« aufgeschlagen.

Ich hätte nie geglaubt, dass die jüdische Religion so sehr auf die speziellen Wünsche ihrer Anhänger zugeschnitten ist. Doch täglich, sogar mehrmals täglich ruft sie den Gott Abrahams, Isaaks und Jakobs an und schildert ihm in allen Einzelheiten ihre Situation, aber sobald sich die Tür hinter meinem Vater und ihrem japsenden Foxterrier geschlossen hat, bedenkt sie mich mit ihren Sticheleien und Anschuldigungen, als habe ich, der trauernde kleine Störenfried, Schuld daran, dass sie ihr Zweizimmer-Minischloss in unmittelbarer Nähe zum La Guardia-Flugplatz verlassen musste.

Wenn ich anfange zu schluchzen, kniet sie nieder, schlingt beide Arme beschwörend um meine Schienbeine, und unter Tränen, die in dicken Tropfen über ihre mit Sommersprossen übersäten Wangen laufen, *fleht* sie mich an, nichts meinem Vater zu erzählen, damit er sie nicht aus dem Haus jagt. Und *natürlich* sage ich nichts. Ich habe schon längst erkannt, dass die Rolle meines Vaters in meinem Leben im Wesentlichen die eines Verräters ist, und ich will nicht noch schneller im Waisenhaus landen, indem ich sein sowieso schon krankes Herz noch weiter aufrege.

Doch als mein Vater und der kleine Ami aus dem Pelzviertel zurückkommen, ist meine Stiefmutter ganz von selbst wieder über mich in Rage geraten, und es dauert gar nicht lange, da wirft mein Vater mit deutschen Schimpfwörtern um sich, zittert, hat sich nicht mehr unter Kontrolle und ist so fürchterlich wütend, dass ich das Gefühl habe, ich muss mich, tränenüberströmt, flehentlich zwischen meine inzwischen fast hysterisch gewordenen Eltern stellen, verzweifelt an meines Vaters Hosenbeinen zerren und hoffen, ihn soweit bändigen zu können, dass nicht auch noch der Leichnam eines weiteren Elternteils, diesmal für alle sichtbar, durch die Tür unserer Wohnung geschleppt werden muss.

Als der Tumult zu Ende ist und meine Stiefmutter mit ihrem Gebetbuch in einer Ecke kauert, während mein Vater sich den Speichel mit einem kölnischwassergetränkten Taschentuch von den Lippen wischt, ist das Malheur schon passiert. Und meistens ist es nur eine Frage von Tagen, bis ich, im reifen, subtilen Alter von zwölf Jahren, mit meinem Vater die Praxis des Kardiologen Dr. Leon Werther aufsuche und geschockt zusehen muss, wie ein großes Netz von kleinen Metallplättchen auf der Brust meines Vaters angebracht und an den Elektrokardiografen angeschlossen wird.

Gelähmt von Ehrfurcht und Trostlosigkeit sehe ich, wie die kleine, elektronische Nadel hüpft und taumelt und Spitzen und Täler und Geraden aufzeichnet, die den sich ständig verschlechternden Zustand des Vierkammerorgans meines Vaters dokumentieren. Nachdem uns gesagt worden ist, dass bei meinem Vater nicht unbedingt »ein Herzinfarkt, wohl aber eine wesentliche Verschlechterung des Elektrokardiogramms« festzustellen sei, sind wir schon zwanzig Minuten später wieder zu Hause, wo mein Vater sofort ins Bett gesteckt wird und seine schluchzende Frau ihn mit ihrem Gebetbuch in der Hand umschwirrt, das ganz gewiss an der Stelle »Gebet einer angehenden Witwe« aufgeschlagen ist.

Da ich mir absolut sicher bin, dass jede nächste Nacht die letzte für meinen Vater sein könnte, renne ich jeden Morgen als Erstes zur Schlafzimmertür meiner Eltern und horche – noch bevor ich weiß, ob die Sonne schon aufgegangen ist –, ob das schwach tröstliche Atemgeräusch meines Vaters zu hören ist.

Auch rückt meine Bar Mitzwah näher, die immerhin, wenn auch nur indirekt, eine Bestätigung meiner Existenz ist. Meine Stiefmutter sieht auch diesem Anlass mit demselben humorlosen Verdruss entgegen, mit dem sie auch alle anderen Beweise für meine

Existenz zur Kenntnis nimmt, und deutet das Fest einfach um zu einer »Investitionschance« (was sie immer macht, wenn es für einen Menschen etwas zu feiern gibt); und damit bekommen Festivitäten für sie eine einleuchtende Bedeutung und machen sie zu einem der begehrten Anlässe, bei dem religiöse Erlösung und Profit unter einem Dach Platz haben.

Die vielen Freundinnen meiner Stiefmutter (»die lustigen Witwen«, wie mein Vater sie nach seiner Lieblingsoperette nennt) und andere Freunde der Familie und Verwandte wollen natürlich wissen, was sie mir denn anlässlich meines Eintritts in das jüdische Erwachsenenleben schenken könnten – und fragen wie immer in so einem Fall meine Stiefmutter. Und sie, die große Gebieterin über die Freuden der Kinder, beantwortet die Fragen gern.

Daher überrascht es mich auch nicht, dass sich auf dem Prä-Bar-Mitzwah-Geschenktisch statt der Schecks, Bücher und Sportausrüstungen, die es normalerweise zu diesem Anlass gibt, jetzt elektrische Mixer, Küchengeräte, Büttenbriefpapier, Parfums mit zweifelhafter Geschlechtszuordnung und andere Dinge stapeln, sodass man gelinde gesagt glauben könnte, meine Eltern stünden entweder an vorderster Front einer präfeministischen jüdischen Avantgarde oder aber hätten eine Tochter, die ihre Bat Mitzwah feiert.

Nachdem also der Tag vorbei und Kassensturz gemacht ist, bin ich stolzer Besitzer einer Handvoll Schecks und mehrerer Ausgaben von Max Dimonts »Was ist ein Jude?« während sie sich mit einer tragbaren Schreibmaschine, einer Armada von Mixern und Entsaftern, einer Schublade voller Parfums, einem neuen Bügeleisen und einem für mehrere Jahre reichenden Vorrat an Briefpapier für ihre voluminöse Korrespondenz mit AT&T, Ohio Edison, Phillips Petroleum und der deutsch-jüdischen Diaspora der lustigen Witwen davonmacht.

»Solch ein goldiger Junge«, sagen alle Witwen, die mir der Reihe nach gratulieren, und zwicken mich in die Wange wie Milton Berle. »So ein süßer Junge. Mazel tov!«

Aber am Tag meiner Bar Mitzwah ereignet sich etwas viel Schlimmeres als der Verlust einiger hypermaskuliner Geschenke. Als es so weit ist, die Bundeslade zu öffnen und die Schriftrollen herauszunehmen – dieser Augenblick, den mein ewig hoffnungsvolles, ewig ungläubiges Herz jetzt fast drei Jahre lang herbeigesehnt hat –, als der Vorsitzende der Gemeinde, Dr. Simon, den Vorhang beiseite zieht und ich, weniger aus Angst als in Erwartung des lang ersehnten Wunders Gottes, mit klopfendem Herzen hinstarre, sehe ich *nicht* meine Mutter in ihrem langen Rock, wie ich sie mir so sehr herbeigewünscht habe, sondern lediglich die verschiedenen braun und golden eingewickelten Torarollen, die fünf Bücher Moses, von denen keines den Namen meiner Mutter enthält und von denen keines mir auch nur das Geringste sagt – einem Jungen, dessen Glaube an die Auferstehung soeben für immer zerstört worden ist.

Der Geiz meiner Stiefmutter, der Silas Marner wie einen Menschenfreund aussehen lässt, herrscht jetzt, nachdem alle Rivalen im Kampf um die Zuneigung meines Vaters ausgeschaltet sind, über unseren Haushalt, und sein Treibgut begegnet mir auf Schritt und Tritt. Wenn ich mich waschen will, treibt im Waschbecken stets eine Art Post-Holocaust-Flotte aus den Kadavern gebrauchter, aber ungestempelter Briefmarken, denen meine Stiefmutter, die erste große amerikanische Recycling-Immigrantin, zu einem zweiten Leben verhilft.

Wohin ich mich auch zurückziehe, die *Belle Dame Sans Merci* ist mir auf den Fersen und verlangt, dass ich die drei übriggebliebenen Tropfen Orangensaft in meinem Glas austrinke oder den Rest aus dem leeren Milchglas auslecke oder das Licht ausschalte, oder sie überprüft die Telefonrechnung auf Ferngespräche, die ich geführt haben könnte.

Wenn ich mit einem Vierteldollar losgeschickt werde, um auf der andern Straßenseite einen Kopfsalat für 22 Cents zu kaufen, werde ich so gewissenhaft an meine Schulden von drei Cents erinnert (die ich zugegebenermaßen oft mit zwei meiner eigenen Cents aufstocke, um mir ein Päckchen Baseballkarten zu kaufen), dass ich, von dem ganzen Vorgang angeödet, oft mit vollen zehn Cents kontere und so meiner Stiefmutter, ganz im Sinne ihrer geliebten Investitionstradition, einen zwanzigprozentigen Ertrag auf ihren ursprünglichen Einsatz beschere.

Obwohl sie die Welt um sich herum kaum wahrnimmt, hat sie immerhin nichts dagegen, wenn ich ihr täglich aus der »New York Times« vorlese.

»Phillips Petroleum?« ruft sie aus der Küche.

»Achtundfünfzig drei Viertel«, antworte ich.

»Bethlehem Steel?«, kommt als Nächstes, in doppelten Trochäen.

»Neununddreißig fünf Achtel.«

»Oh je! Schlimm! Ohio Edison?«

»Siebenundzwanzigeinhalb.«

Und so fort. Anscheinend habe ich meiner Großmutter die Nachrufe im »Aufbau« nur vorgelesen, um hier wieder weiterzumachen.

Am allermeisten fürchte ich jedoch jene seltenen Restaurantbesuche, wo meine Stiefmutter als treue Anhängerin der psychologischen »Mach-sie-fertig«-Theorie darauf besteht, dass ich die ganzen monatealten Gratis-Gürkchen esse, die auf dem Tisch stehen, und die »Milch« aus dem kleinen Silberkännchen – meistens eine chemisch veränderte, sicherlich krebserregende Substanz namens ›Coffee Light‹ – in mich reinkippe.

Auch die Finanzen meiner Eltern werden mit der Machtübernahme meiner Stiefmutter nach einem sehr einfachen Prinzip geregelt: alles was ihr gehörte, bleibt ihr Eigentum; alles was meinem Vater und meiner Mutter gehörte (und damit mutmaßlich eines Tages mir) geht sofort in das Eigentum von Julius und Alice Blumenthal über. Die gemeinsamen Lebenskosten werden mit seltenen Ausnahmen aus *seinem* Einkommen bestritten; ihre üppigen Dividenden und Neuinvestitionen laufen jedoch auf *ihren* Namen. Warum sollte ein Mann mit gesundem Menschenverstand und einem Kind, der gerade eine »reiche Witwe« geheiratet hat, so einer Besitzverteilung zustimmen? Viele Jahre später werde ich es herausfinden.

Meinem Vater muss man zugestehen, dass er versucht, der erdrückend aggressiven Macht seiner zweiten Frau zu widerstehen – aber ohne Erfolg. Wie eine psychologische Dampfwalze, die alles auf ihrem Weg plattmacht, ersticken ihre ständigen Litaneien, ähnlich den »Gott liebt Dich« und »den Verkehr schtoppen« meines

Vaters, jeglichen Versuch des Widerstands. Letztlich ist es anscheinend immer einfacher aufzugeben, als zu kämpfen.

Ich verstehe langsam, dass mein Vater und ich jetzt in einem gewissen, sehr realen Sinn in ein und demselben Boot sitzen.

Neben ihren Anflügen von Sadismus und Masochismus sind mein Vater und meine Stiefmutter auch ganz klar Meister so genannter »freudscher Fehlleistungen« – komische, immer unterhaltsame Ausrutscher und Missgeschicke, die gelegentlich zu peinlichen Situationen führen.

»Du wirst nicht glauben, was *mit* uns passiert ist, lieber Sohn«, teilt mir mein Vater mit, als meine Eltern eines Sonntags gegen Ende meiner High School-Zeit in unsere Wohnung zurückkehren.

»Jawohl«, unterstützt ihn meine Stiefmutter. »So einen schrecklichen Fehler zu machen … ich bin im ganzen Gesicht rot geworden.«

»Was ist denn passiert?«

»Wir saßen im Bestattungsinstitut Hirsch«, beginnt mein Vater, »und ich sagte zu Alice, dass überraschenderweise anscheinend niemand von der Familie da ist.«

»Und Dein Vater stellte sich allen vor und sagte ihnen, was für eine wunderbare Frau Frau Katzenstein war und möge sie in Shalom ruhen – das macht er ja immer so«, unterbricht ihn meine Stiefmutter.

Ich nenne das hirschsche Bestattungsinstitut, das im Schnellverfahren ihre Beerdigungen, so wie gewisse ortsansässige jüdische Caterer ein Catering nach dem anderen ausführen, ihre Beerdigungen durchführt, immer »die Bar-Mitzwah-Fabrik vom anderen Ende«. An jedem Sonntag finden einige Dutzend Beerdigungen – meist deutsch-jüdischer Flüchtlinge mit Namen wie Dingfelder, Strauss, Baumgartner, Berger, Schwartzschild und Fromm – zu gleicher Zeit in den wechselnden Trauerkapellen statt. »Das ist für meine Eltern«, erkläre ich meiner damaligen Freundin (die stets erstaunt ist, dass jedes Mal wenn ich sie anrufe, meine Eltern anscheinend gerade von einer Beerdigung zurückkommen), »das Fußballspiel am Montagabend – ihre Art, sich im Alter zu beschäftigen.«

»Jawohl«, fährt mein Vater fort. »Und dann steht der Rabbiner auf einmal auf und hält die Predigt und spricht von der Familie und spricht von der ›verstorbenen Gretel Lisberger‹. Und wir bemerkten plötzlich, dass wir auf der falschen Beerdigung waren.«

»So ein Schlamassel!« Meine Stiefmutter sagt das jiddische Wort für Unglück. »Die Katzensteins waren so gute Kunden.«

Und dann war da die kalte Nacht, in der meine Eltern und ich nach einer Reihe hektischer, spätabendlicher Telefongespräche zum Hauptpostamt an der Ecke 33. Straße und Eighth Avenue in Manhattan eilen, um das schon fertige Kondolenzschreiben meines Vaters an Hugo Baumgartner zurückzuholen.

Mein Vater hatte an eben jenem Morgen gehört, dass Hugos Frau Lotte, die 56jährige Freundin meiner Eltern, die einen erfolglosen Kampf gegen den Brustkrebs führte, dem Tod nahe sei, und verfasste auf der Stelle das absolute Topprodukt seines literarischen Repertoires, das Kondolenzschreiben.

»Mein lieber Hugo«, begann der Brief:

Ich kann Dir gar nicht sagen, wie geschockt und betrübt meine Frau und ich sind vom Hören dieser schrecklichen Nachricht von dem Tod Deiner lieben und geliebten Frau und unserer großartigen Freundin Lotte.

Wir wissen natürlich was Du und Deine Familie erlitten habt in den Monaten der Krankheit Deiner lieben Frau und sie war jeden Tag in unseren Gebeten und Gedanken. Gerade diesen vergangenen Sabbat sagte ich ein besonderes Gebet für sie und Deine Familie in der Synagoge, in der Hoffnung dass der liebe allmächtige Gott unsere Gebete erhören und ihr und Dir Erlösung in eurem Leiden bringen möge.

Wie Du weißt ist es gerade etwas mehr als ein Jahr, seit ich mein liebes Betzele verloren habe, auch an diesen fürchterlichen Krebs, also weiß ich vom Grunde meines Herzens auf, welches schreckliche Leiden Du erlebt hast und bete für Dich, dass sie in Frieden ruhen möge. Es ist nur gut, dass sie von Gott in ihrem Leben mit zwei so wunderbaren Kindern wie Deine beiden Jungs gesegnet wurde, die wie ich weiß aufwachsen werden in liebender Erinnerung an ihre liebe, geliebte Mama Lottchen.

Und ich weiß – so wie es mit meiner geliebten Betzele war, die vor mehr als einem Jahr verstarb 25.9.59 – dass Du in Deinem Herzen siehst, was für ein guter und liebender Ehemann Du für sie warst, möge Gott sie segnen und beschützen, und was für zwei wunderbare Jungs sie in die Welt gebracht hat um sie im Gedächtnis behalten werden.

Meine Frau und mein Sohn begleiten mich beim Aufsagen des Kaddisch in Erinnerung an Deine liebe Frau und unsere geliebte Freundin Lotte, an die wir uns nur mit den besten und liebevollsten Gedanken erinnern, möge sie in Frieden ruhen, und für die wir an diesem Sabbat ein besonderes Hallelujah sagen werden, dass ihr Leiden endlich vorüber ist, und für die guten Erinnerungen und die besonderen Freunde, die sie in dieser Welt gelassen hat.

Unsere Gedanken und Gebete sind mit Dir in Deiner Trauer. Gott liebt Dich, und wir Dich auch.

Mit allen unseren Segenswünschen
Julius Blumenthal & Familie

Ich werde nie den Ausdruck im Gesicht meines Vaters vergessen, als ein Weilchen später an diesem Abend eine Nachbarin ganz nebenbei bemerkte, dass sie gerade von einem Besuch bei Lotte Baumgartner zurückgekommen sei, der es schon viel besser ginge. Ebensowenig werde ich die dann einsetzende hektische Such-und-Rettungsaktion vergessen, bei der wir drei uns ins Auto quetschten und das Hauptpostamt ansteuerten.

Noch nie hatte ich so viele Postsäcke an einem einzigen Ort gesehen. Diesen kleinen weißen Umschlag mit der fast hieroglyphischen Handschrift meines Vaters, adressiert an »Herr Hugo Baumgartner & Familie«, darin finden zu müssen, schien ein Ding der Unmöglichkeit. Doch nachdem wir stundenlang Tausende Briefe nach der Postleitzahl 10033 durchsucht hatten, fanden wir ihn.

Später dann habe ich mir einfach vorstellen müssen, wie es für eine noch lebende Frau wohl gewesen wäre, ein Kondolenzschreiben zu ihrem noch gar nicht eingetretenen Tod zu lesen. Ich frage mich, warum mein Vater in seinem Übereifer eine Frau für tot erklärt hatte, in der die Flamme des Lebens noch loderte.

Wenn ich meiner Stiefmutter nicht gerade die Börsennotierungen vorlese oder in die Schule gehe, nutze ich jede freie Minute, um zu überlegen, wie auch ich etwas von dem gesetzlichen Zahlungsmittel verdienen kann, das sie so beharrlich für sich beansprucht.

Unglücklicherweise kann ich meinen Unternehmereifer nicht weiter ausdehnen als bis zum Schaufenster von Julius Strauss' Reinigung in der 181. Straße, für die ich, immer verzweifelt bemüht, genug Geld für das College aufzutreiben, jeden Nachmittag zwischen vier und sechs Uhr Kleidung in die verschiedenen Wohnhäuser um die Fort Washington Avenue und den Cabrini Boulevard ausliefere.

Zwischen diesen Gebäuden, die sich majestätisch über die grasbewachsenen Ufer des Hudson erheben, stehen fünf hochgeschossige rote Backsteinhäuser, Castle Village, und alle wissen, wie unwillkommen hier die deutsch-jüdischen Kaufleute als Nachbarn sind (die sich im übrigen die Gegend auch nicht leisten können). Eingeschüchtert vom bloßen Anblick der elegant gekleideten Portiers und von Namen wie Welch, Fox und Crane an den Summern (ganz zu schweigen von den üppigen Trinkgeldern, die über die Türschwelle gereicht werden), eile ich geschäftig die 181. Straße hinunter und halte öfter, um mir in Anbetracht der zu erwartenden Ausbeute unterwegs ein Malzbier und ein Päckchen Baseballkarten zu gönnen.

Am erstaunlichsten bei all dem sind vielleicht die Frauen; sie sind es, die meistens die Tür aufmachen, um ihre frischgereinigte Kleidung in Empfang zu nehmen, und von denen viele so gar nichts mit ihren Geschlechtsgenossinnen gemein haben, die mir bisher unter die Augen gekommen sind. Sie sind großgewachsen, blond, tragen am hellichten Nachmittag lange, pastellfarbene Nachthemden und Schmuck – jawohl, Schmuck! –, verströmen Duftwolken von Parfum, und mit ihren blendend weißen Zähnen, ihrem Ozzie-und-Harriet-Lächeln und ihrem perfekten Englisch lösen sie in mir den so starken Wunsch aus, ein Amerikaner und normal – jawohl, normal! – zu sein, dass ich auf dem Rückweg den Hügel zur Fort Washington Avenue wirklich betend hinaufsteige, ich möge sterben und irgendwo im nicht allzuweit entfernten East Hampton als ein Berkeley oder Gardner wiedergeboren werden.

Bis dahin hat sich das Ideal der goldenen Schickse natürlich nur über die großen, üppigen, sauber riechenden Frauen mittleren Alters – alles Mütter! – in meinem Bewusstsein festgesetzt, die wie eine Horde von Rapunzeln mir im noch exklusiveren Wohngebiet Hudson View Gardens ihre Münzen und frisch gedruckten Dollarscheine in meine erwartungsvollen Hände drücken.

Es sind wohl ganz allein diese Münzen und Dollarscheine, die einem Jungen wie mir, der immer noch auf der Suche nach seiner verlorenen Mutter ist, die Tür zum Herz seiner Stiefmutter öffnet. Und als ich in die Abschlussklasse der High School komme, habe ich durch meine Sommerjobs, durch das Ausliefern für Julius Strauss' Reinigung und das Freischaufeln aller möglichen eingeschneiten Autos genug Geld zusammen für *nahezu* das ganze erste Jahr am College der staatlichen Universität, auf das ich gehen werde.

Und so empfinde ich größte Freude, von der Erleichterung mal abgesehen, als ich eines Nachmittags zu Hause einen Brief von der örtlichen B'nai B'rith vorfinde, die mich aufgrund meiner schulischen Leistungen mit einem Stipendium über vierhundert Dollar auszeichnen will, seinerzeit die volle Jahresgebühr für die Staatsuni. Der Scheck, so lese ich, wird mir in Kürze per Post zugestellt. Es werden mir Glückwünsche für meine guten akademischen Leistungen ausgesprochen und für die große Hoffnung, die man in der Zukunft in mich und die jüdische Gemeinde setzt.

Da ich mit einer Stiefmutter gesegnet bin, die mich mit einem Vierteldollar losschickt, um einen Salatkopf für zweiundzwanzig Cents zu kaufen, und dann den Rest zurückverlangt, versetzt mich der Gedanke an vierhundert *frei* zur Verfügung stehende Dollar, die plötzlich auf mich herabregnen – Dollar, die mich von allen weiteren *Dankeschöns* gegenüber einem Vater befreien, der »alles für Dich geopfert hat« – in einen Dankbarkeitstaumel, und ich flüstere den unnahbaren und undurchschaubaren Gottheiten Segenssprüche zu, während ich darauf warte, dass die wertvollen Schekel auf mich niederkommen und mich von dem dunklen Schrein, in dem Dow Jones und Elektrokardiogramm aufbewahrt werden, befreien.

Aber monatelang kommt – zu meinem Erstaunen und wachsenden Argwohn – keine Post für mich, abgesehen von den üblichen

Aufforderungen zur Erneuerung der Abos für das Reader's Digest und die Briefmarken aus aller Welt. Schließlich, gerade mal ein paar Wochen bevor meine Studiengebühren fällig werden, komme ich eines Nachmittags nach Hause und treffe meinen Vater alleine an.

»Papa«, sage ich, »Du hast nicht zufällig den Scheck gesehn, den die B'nai B'rith für mein Stipendium schicken sollte?«

»Ach der«, antwortet mein Vater, ohne zu zögern. »Jawohl. Der kam und ich habe ihn zurückgeschickt.«

»Du hast was?« Für jemanden, der inzwischen an Verrat gewohnt sein müsste, habe ich mir eine beachtliche Naivität bewahrt.

»Ja.« Ich kann einen Anflug von Stolz in der Stimme meines Vaters hören. »Ich habe ihn an die B'nai B'rith zurückgeschickt.«

»Warum um Himmels willen hast Du denn *das* getan? *Ich* habe das Geld mit meinen guten Leistungen in der Schule verdient. Welches Recht hast *du*, es zurückzuschicken?«

»Kein Sohn von Julius Blumenthal wird Almosen annehmen.« Jetzt verströmt mein Vater eine Art grimmige, ungezügelte Feindseligkeit. »Und überhaupt«, fährt er fort und küsst mich ein wenig zu zärtlich, als dass es angenehm wäre, auf den Mund, »mit einem Vater wie mir, der alles für dich opfern würde, wozu in aller Welt, brauchst Du da die B'nai B'rith?«

Wie kann ich sie loswerden, die Herrscherin des Dow Jones und der liturgischen Gebete? Ich träume, ich flehe stumm, ich liebäugele mit Gedanken an Muttermord und Verstümmelung; ich rufe Nacht für Nacht die wankelmütigen Götter an, mich von meiner und meines Vaters Quälerei zu erlösen.

Es gibt genau genommen keine Grausamkeit, die ich meiner verrückten Stiefmutter nicht antun könnte. Zitternd vor Wut und meine Fäuste unter der Decke ganz fest geballt, male ich mir aus, wie ich sie an einen Küchenstuhl fessle und ihr dann so hart und oft ins Gesicht trete, dass es als Brei über die mit Plastik und Stoff bedeckten Möbel spritzt, die sie so ehrfürchtig vor der Entweihung durch menschliche Hände bewahren möchte.

Ich stelle mir vor, dass ich über den Postversand einen Revolver bestelle, ihr ein paar Dutzend Kugeln in verschiedene Körperteile jage und dann zusehe, wie sie langsam verblutet, während ich eine Zigarette rauche und mir – wie mein Lieblingsdetektiv Mike Shayne – genüsslich einen Schnaps reinziehe. Oder ich könnte ihr in Abwandlung der Ödipussage die Augen ausstechen und sie zu einem Leben verdammen, in dem nicht einmal die kleinen Staubflocken, nicht einmal die fünf Tropfen Orangensaft, die in meinem Glas zurückbleiben und für die sie lebt, ihre Aufmerksamkeit von der Unterwelt abziehen könnten, in der ihr verschrecktes, buckliges Bewusstsein zweifellos weilt.

Mein Vater ist meiner Meinung nach selbst nur ein Opfer: Er hat sie nie geliebt. Er wollte sie nicht heiraten. Er wurde schlicht von seinen übereifrigen Schwestern, den Sirenen, manipuliert und zur Heirat mit einem Pfennigfuchser gezwungen, die uns die ganze *joie de vivre* geraubt hat, die es geschafft hat, die Erkennungsmelodie für unseren Haushalt »Oh, was für ein wunderbarer Morgen« durch das berühmte Lied von Schumann »Ich grolle nicht, und wenn das Herz auch bricht« zu ersetzen.

Und so frage ich die Götter: Hat er nicht schon genug gelitten, mein armer Vater? Eine Mutter tot, bevor auch nur seine Lippen an ihrer Brust saugen konnten; eine Stiefmutter, die ihn verabscheute; Julius Streicher und die SA, die durch die Straßen seiner Stadt patrouillierte; seine wahre Liebe irgendwo weit weg in Chile; mit dreiunddreißig im Exil in einem neuen Land; eine Ehefrau, die an Krebs starb, bevor er fünfundfünfzig war? Ich will ihn retten, ihm noch einmal zu seinem Leben mit Kreuzfahrten und Gesang, mit Mundharmonika und Mario Lanza verhelfen … »Golden Days«.

Ich male mir dann noch etwas anderes aus – etwas Sichereres, das zwar weniger befriedigend ist, dafür aber auch weniger Sauerei macht. Ich werde das Miststück erst vergiften, das geht schnell, verursacht aber hoffentlich auch Schmerzen. Dann werde ich sie in einem Loch in ihrem geliebten, drei Quadratmeter großen Garten – der, wollte man ihren überschwänglichen Lobpreisungen Glauben schenken, dem Garten von Versailles in nichts nachsteht – vergraben, Erde schaufelweise auf ihr schmollendes, sommersprossiges Gesicht werfen, während die letzten Japser, bevor sie erstickt, ihre Züge verzerren.

Ich stelle mir im Fall des Entdecktwerdens die Gerichtsverhandlung vor: Ich würde mich natürlich selbst verteidigen. Ich würde einfach erklären, wer ich und mein Vater sind, was sie uns angetan hat, wie sie unser einst relativ glückliches Zuhause in ein Verlies mit gedämpften Lichtern und Gebeten einer unglücklichen Hausfrau verwandelt hat. Kein Geschworener, stelle ich mir vor, könnte mich je verurteilen, mich, ein unschuldiges Kind, dessen Leben ungerechter- und zufälligerweise mit dem Leben dieser Frau verbunden wurde, so wie es Hänsel und Gretel passiert ist, als sie von dem schönen, weißen Vogel zum Pfefferkuchenhaus geführt wurden.

Ich träume, ich fantasiere, ich hoffe und hasse, aber ich *tue* nichts, ich *kann* nichts tun. Zerrissen zwischen Rache und Unentschlossenheit laufe ich wie ein junger Hamlet auf und ab und ärgere mich, weine und schimpfe, träume und hoffe. Könnte nicht irgendein gütiges Naturereignis, eine dramatische Fügung von oben sie aus unserem Leben schaffen? Die Guten – und das sind doch meine Mutter, auch die Mutter meines Vaters – sterben so jung und so leicht. Warum können denn die Bösen nicht genauso untergehen?

Da ich ein vom Hass eines Mannes erfülltes Kind bin, wüte und fantasiere ich also, warte ich und überlege. Und in meiner Wut – wie jede Wut, die nicht ausgelebt wird, wie jeder Killerinstinkt, der sein rechtmäßiges Ziel nicht finden kann – kenne ich nur einen Ort, an den ich den niederträchtigen, gepeinigten Körper meiner Stiefmutter schaffen möchte: *unter die Erde.*

5 Musen

Sie weiß, dass die Dunkelheit
nur der Weg ist
von Licht zu Licht,
dass die Glyzinie
sich wirklich hochrankt
am Haus und die Lust
nur wildgewordene Zärtlichkeit ist

am falschen Ort.
Sie ist die immer Fruchtbare
selbst in mageren Zeiten,
die mit dem silbernen Haar,
die eine Kerze
durch den langen Tunnel trägt.
Sie ist Alkyone,
die die Wogen glättet
nach all meinen Toden;
sie ist Eurydike,
die sich weigert, zu entschwinden
wenn ich hinter mich blicke.
Sie ist es, die mich
in ihren Armen hält
wenn sie erwacht
wenn ich alleine erwache.

aus: »Die Frau in mir« in: »Days we would rather know«

Der erste unbekleidete Frauenkörper, den ich zu sehen bekomme, ist der meiner blinden Großmutter Johanna. Ich sehe ihn nackt im Mondlicht des Schlafzimmers, das ich mit ihr teile. Ihre enormen Fleischfalten hängen herunter wie bei einer alten Schildkröte, wenn sie aus dem hohen, knarzenden Bett in der Ecke des Zimmers aufsteht und in den verrosteten Nachttopf pinkelt. Mit dem reinen, noch unverdorbenen Blick eines Dreijährigen schaue ich auf die gespenstische nackte, schlaffe Person, die vor mir steht, und denke: Das also ist eine Frau.

Sie kann natürlich nicht wissen, dass ich ihr zuschaue – dieses blinde, benommene, tastende, verwirrte Wesen, das sich zu dem klimpernden Crescendo der vom Nachttisch fallenden Haarnadeln aus dem Bett erhebt, mit einem Arm ihr fleckiges Nachthemd hochzieht und mit dem anderen ausgestreckten im nur vage erkennbaren Raum Halt sucht, um so ihre Notdurft zu verrichten. Sie kann nicht wissen, dass ich jede Nacht beobachte, wie sie das kleine grüne Fläschchen mit den weißen Pillen gegen ihre chronische Verstopfung aufmacht; wie sie die Nadeln aus dem Dutt an ihrem Hinterkopf löst, sodass sich ein grauer Wasserfall aus Haaren über ihren Rücken ergießt und sie in meinen neugierigen Augen eine Art altes, todgeweihtes Mädchen wird, ein als Aufziehpuppe verkleideter Leichnam, der den Darm entleeren und pinkeln kann.

Und ich kann nicht wissen, so wie sie mitten im Zimmer steht, fünf Stockwerke über den Straßen von Washington Heights, dass ich den nackten Körper des Todes anstarre – einen Körper, über den ich viele Jahre später als Erwachsener schreiben werde – gesehen durch das fahle Mondlicht der frühen Kindheit:

Kinderaugen:
sie sehen in dir ein Gespenst
das wie zähflüssiger Teig
über das knarrende Bett quillt,

In der Nacht
hängen die Schenkel herab
wie Krepppapier,
dein Haar müdes Lametta
an einem Baum, der seine Schuldigkeit getan hat.

Du gingst pinkeln
den Nachttopf zwischen deinen zitternden Beinen,
ein müder alter Klempner,
eine Aufziehpuppe
bei ihrem letzten Tanz.

Der Urin
plätscherte
wie Regen
gegen die Wände
weckte mich auf ...
Die erste Frau,
die ich
nackt sah,
die erste Frau, die ich
liebte.

Statt deiner Augen
sahen deine Fingerspitzen
tasteten,
um mich zu sehen,
beharrten darauf,
dass das Auge der Seele im Herzen liege,
dass die eine Dimension der Welt Dunkelheit sei,
dass Berührung das Licht sei,
die Sinne das Fenster.

Und jetzt noch
deine Lektion:

Nur wer mich berührt, kann mich sehen,
nur wer nicht sieht, wird hören ...

Nur dem Blinden gelingt es,
mich zu finden.

»Johanna«

Und dann ist da noch der Körper meiner Mutter, den ich niemals wirklich gesehen habe, den ich hauptsächlich mit dem kleinen Stoffkissen in Verbindung bringe, das ich manchmal in ihrem Büstenhalter auf dem elterlichen Bett sehe. Als ein weißes Omelett aus falschem Fleisch lässt es mich an etwas denken, das weder Fragen erlaubt noch Antworten gibt.

Doch ich weiß, dass der Körper meiner Großmutter und der nie-gesehene-aber-bekanntermaßen-missgebildete Körper meiner Mutter – die Körper dieser beiden todgeweihten Wesen – das Bild von »Frau« ausmachen, das ich meine gesamte Kindheit hindurch in mir trage.

Sodass auch später noch, immer dann, wenn mir der atmende lebenshungrige Körper einer jüngeren, gesunden Frau vertraut wird, die schrecklichen und entstellten Körper dieser beiden erstgeliebten Frauen ihre hässlichen Köpfe wieder aufrichten und ich in Angst und Schrecken aufschreie: »Nein!«

Es gibt im Haus aber noch den Körper einer dritten Frau – der tatsächlich fast perfekt ist, abgesehen von seinem knubbligen Messingkopf und dem Unterkörper aus Maschendraht und Stahlgeflecht. Immer wenn in regelmäßigen Abständen die endlose Parade von Stolen, Mänteln und Boas von ihren Schultern genommen wird, schaue ich gebannt lange und intensiv auf die festen, sauber genähten Brüste der Schneiderpuppe meines Vaters, die ich Lucretia nenne. So oft ich kann, stehle ich mich in den Raum mit den Pelzen, um diese kalte, starre, doch irgendwie anscheinend perfekte Kreatur zu umarmen. Ich stelle mich auf die Zehenspitzen, um den langen Messinghals zu küssen, der in meinen wilden Fantasien auf die Zuwendungen meiner Lippen und meiner Zunge wie eine reife Avocado reagiert. Ich denke: Ja, vielleicht gibt es irgendwo einen Frauenkörper wie diesen – ein standhaftes, unbeflecktes Etwas, das nichts ausscheidet, mit lebendigem Gesicht und lebendigen Augen.

Immer wenn ich höre, dass die Wohnungstür hinter meinen Eltern zuschnappt, gehe ich schnurstracks in den Pelzraum, beuge Lucretias Körper und nehme ihn von den Messingrädern, die mit ihrem unteren Torso aus Stahlgeflecht verbunden sind. In dieser Position lege ich sie mit dem Rücken auf den Teppich vor dem mannshohen Ladenspiegel meines Vaters und werfe mich mit heißem Verlangen auf ihren Körper von Stoff und Metall.

An einem dieser Nachmittage, nicht lange nach dem Tod meiner Mutter, als ich nicht älter als elf bin, spüre ich plötzlich ein seltsam unbekanntes Prickeln an zentraler Stelle meines Körpers. Es fühlt sich an, als würde ich pinkeln, aber irgendwie anders, angenehmer. Ich weiß also nicht so recht, was ich machen soll, als sich eine sonderbare, sämige, schleimige Ladung aus meinem erigierten Penis auf Lucretias vernähten Stoffbauch ergießt. Aus Angst, womöglich auf das sinnlichste Mitglied aus meines Vaters kleinem Harem zu pinkeln, renne ich ins Badezimmer, wobei ich auf meinem Weg eine Spur kleiner, dicker Tropfen hinterlasse.

Meine romantischen Stelldicheins mit der passiven, metallenen, aber doch irgendwie schönen Schneiderpuppe meines Vaters gehen die nächsten paar Jahre so weiter – mit oder (wie ich hoffe) ohne

Wissen meiner Eltern –, bis zu dem Tag, an dem ich wie geplant zum College aufbrechen muss. An jenem Morgen stecke ich meinen Kopf mit einer Mischung aus Nostalgie und fortwährendem Verlangen durch die Tür zum Pelzraum, in der Hoffnung, einen letzten Blick auf meine Geliebte zu werfen. Doch dort, an genau der Stelle, an der das Objekt meiner zärtlichsten Zuwendungen stand, sitzt jetzt nur Ami, der knurrende Foxterrier meiner Stiefmutter.

Sie hatten sie offensichtlich in der Nacht weggebracht, zweifellos in der gleichen, heimlichen Art und Weise, wie sie den Körper meiner Mutter Jahre zuvor weggeholt hatten. Ich tröste mich damit, dass sie vielleicht dachten, ich würde es in der Hektik des Aufbruchs nicht merken. Oder dass mir mein Vater vielleicht wieder nur den Schmerz eines unwiederbringlichen Abschieds ersparen wollte.

Meine Stiefmutter hat ein Problem: so sehr sie es sich und für meinen Vater auch wünscht, sich meiner allerliebsten pubertären Anwesenheit zu entledigen, würde es für sie doch bedeuten, im Leben auf das verzichten zu müssen, mit dem sie noch mehr knausert als mit Liebe.

Geld.

Ich bin vierzehn, und damit selbst für den eigentlich illegalen Sommerjob, den sie mir am Ende verschaffen wird, noch ein Jahr zu jung; und in dem Maße, wie ich von ihr weg will, will sie mir auch dazu verhelfen. In meinem Alter gibt es jedoch dafür im Sommer nur eine mögliche Lösung, egal was es kostet, und die hat einen für Flüchtlinge aus Nazi-Deutschland ominösen Klang:

Ein Lager.

Die Mutter meines Freundes Leslie Millett, eine Witwe, die ihren Sohn immerhin liebt, hat ein Camp mit dem ziemlich attraktiv klingenden Namen Farm Camp Lowy in Oxford, New York aufgetan, nicht weit vom Borscht Belt, wo ich später meine Sommerjobs absolviere. Das Wort *Farm* klingt zumindest recht vertraut. Leslie ist die vollen acht Wochen für unglaubliche 1.300 Dollar dort, eine Summe, die, in potenzielle Anteile der Ohio Edison oder Phillips Petroleum umgerechnet, die liebe Alice an den Rand eines Schlaganfalls bringen würde. Also bettele ich nur um vier Wochen zum Schnäppchenpreis von 650, meiner Ansicht nach preiswert genug, um diese unangenehmste aller Personen loszuwerden: den Stiefsohn, der nur Dreck macht und auch noch Liebe braucht.

Widerwillig und nur nach massiver Fürsprache von Leslie, Frau Millett, Ronnie Bergers Mutter und Herrn und Frau Farm Camp Lowy selbst stimmen meine Eltern zu, mir den Monat Juli zu genehmigen, wenn sie dann selbst verreist sind, um sich mit ihrem Hintern auf der berühmten »Adenauer-Bank« – so genannt zu Ehren des deutschen Nachkriegskanzlers, in dessen Regierungszeit Juden mit Wiedergutmachungszahlungen unterstützt wurden – im Zentrum von Fleischmanns, einem Dorf mit 312 Einwohnern im Staat New York, breitzumachen.

Das Camp, so stellt sich tatsächlich heraus, ist eine Farm, auf der ich den freiwilligen »Job« als Stalljunge ergattern kann, eine ziemlich männliche und ländliche Tätigkeit, bei der ich Pferdemist in einer Schubkarre von einem Haufen zum anderen transportieren, die Pferde satteln, ihnen das Zaumzeug anlegen und sie bürsten und mich von der Herrin über die Pferde, Jane Soundso, herumkommandieren lassen muss, einer Frau, die genau den Vorstellungen eines jüdischen Jungen von Annie Oakley entspricht.

Ich mag Jane und auch das Camp, doch was ich absolut *nicht* mag, ist das tägliche Schuldgefühl, das ich habe, wenn ich an die 650 Dollar denke, und auch dass ich in unserem ersten Softballspiel gegen die anderen Stockbettbewohner tatsächlich viermal versagt habe und deshalb für den Rest meines Aufenthalts in die verachtenswerte Kategorie »unsportlich« gesteckt werde. Außerdem wird jeden Morgen um halb sieben in eine Art Horn geblasen, ein Ritual, das offensichtlich unter dem Namen »Reveille« bekannt ist; ich finde es schwierig, mich für die Hörner oder die frühe Stunde zu erwärmen, in der ich lieber im Bett liegen und mir einen runterholen würde.

Unterdessen nähert sich der traditionelle Elterntag, und da erwartet man von den Eltern, die in Syosset, Far Rockaway, Hewlett Harbor, Flushing und Sheepshead Bay im Urlaub sind, dass sie mal ihre sommerlichen Freizeitvergnügungen wie Golf oder Mahjongg für eine Weile unterbrechen und einen Tag lang ihren meist an die Stadt oder Vorstadt gewöhnten lieben Kindern zusehen, wie sie ausgelassen mit Schafen, Kühen und Pferden herumtollen.

Meiner Stiefmutter jedoch, die glücklich in ihrem Liegestuhl in Fleischmanns den Dow Jones Index studiert, riecht die Vorstellung, nicht nur zahlen zu müssen, um mich loszuwerden, sondern auch noch das Benzingeld und die Energie aufzubringen, mich zu besuchen, nach Masochismus, dem sie nichts abgewinnen kann. Und deshalb fahren nicht meine geliebten Eltern mit dem Taxi vor, als sich die Tore von Farm Camp Lowy öffnen, um die gutgenährten Horden von bourgeoisen Erzeugern willkommen zu heißen, sondern zwei der lieben Schwestern meines Vaters, die hinreißend blond gefärbte Hertha und die dralle, dunkelbraune Tina, die boxende Schneiderin; sie kommen guterholt aus ihrem Urlaub im nahegelegenen Loch Sheldrake, um ihren verlassenen kleinen Neffen Mickey zu trösten.

Kurz nach meinem fünfzehnten Geburtstag – ein Alter, in dem heranwachsende Jungs nichts anderes im Kopf haben als erste heiße Nächte mit dem anderen Geschlecht – entschließt sich mein Vater, mich auf eine winterliche Kreuzfahrt auf die Bermudas mitzunehmen, an Bord eines mit Witwen und Witwern vollgestopften Schiffs der Greek Line.

»Das ist der größte Lebenstraum«, und daran hält er fest, auch wenn ich noch so sehr beteuere, dass ich lieber zu Hause bleiben und mit Judy Honigsberg und Lois Meinstein auf Flaschendrehparties gehen würde. »Eine Kreuzfahrt ... wirst Du nie vergessen.«

Mein Vater hat Kreuzfahrten schon immer geliebt. »Mein Traum«, wiederholt er ununterbrochen. »Die größte Freude im Leben.« Als er meine Stiefmutter heiratet, überredet er sie, trotz ihrer lebenslangen Seekrankheit als Hochzeitsreise eine zweiwöchige Kreuzfahrt nach Jamaica und den Jungferninseln zu machen. Bis zu den Zähnen mit einem Vorrat an Dramamin, Schlaftabletten und Beruhigungsmitteln bewaffnet, der für das ganze Leben ausreichen würde, stechen sie von einem West Side Pier in See – oder besser gesagt, sie gehen an Bord. Denn für den beschränkten Geist meiner Stiefmutter genügt es, das Deck des Sechzehnhundertbettenkreuzfahrtschiffs zu betreten, und schon tut ihr Körper sein

Unwohlsein kund, indem er in Krämpfen den Magen nach außen stülpt, sodass die halbe Schiffsbesatzung bald über Deck rennt und mit zitternden Händen Frottierhandtücher und Eimer aller Größen und Formen darreicht.

Aber es ist zu spät, um umzukehren, da mein Vater schon mehr als zehntausend Dollar in der Währung der sechziger Jahre für ihr kleines Abenteuer lockergemacht hat. Also spuckt und kübelt meine Stiefmutter ganze zwei Wochen lang eine Mischung aus Aubergine, Spinatpastete und gefüllten Weinblättern in Richtung See und verflucht die Götter, die sie in die Kreuzfahrten liebenden Arme von *Julius Blumenthal, Feine Pelze* getrieben haben.

»F. Harry Stow«, murmelt mein Vater in gebrochenem Griechisch der kleinen Armee von Stewards und Deckbediensteten zu, die nervös den nächsten Ausbruch des mitgenommenen Magens seiner Frau erwarten. »Gott liebt Euch, und ich Euch auch.«

Doch diesmal, ungefähr drei Jahre später, bin ich Vaters Kabinengenosse und mein Magen macht dem von Käpten Ahab Konkurrenz, und anstatt mich, wie ich es mir vorstelle, auf dem zuckenden Körper von Judy Honigsberg oder Linda del Casino herumzuwälzen, wende ich meine ganze physische Energie dazu auf, *nicht* von dem einen Meter breiten, oberen Stockbett unserer Schnäppchenpreis-Kajüte auf den Körper meines herzkranken, diabetischen Vaters zu plumpsen.

»F. Harry Stow«, grüßt mein Vater jeden, der auch nur annähernd griechisch aussieht. »Das ist mein lieber Sohn Michael, der eine Kreuzfahrt mit seinem Papa unternimmt ... Gott liebt Sie, und ich Sie auch.«

Wie ich es erwartet hatte, gibt es an Bord, mit Ausnahme der Crew, keinen anderen Menschen unter fünfundsechzig. Und als wir uns am ersten Abend zum Dinner hinsetzen, werde ich, und das erstaunt mich jetzt gar nicht mehr, mit einer Gruppe faltenhalsiger Witwen und Jungfern mit Namen wie Lisbeth, Emma, Molly und Friedel bekannt gemacht, die um unseren halskettenförmigen Tisch herum wie zweitklassige Perlen auf einer Schnur aufgereiht sitzen.

»Was für ein gutaussehender junger Mann!« begrüßen mich alle der Reihe nach und streichen über die schicke Krone meiner pomadeverstärkten Haartolle. »Und was für ein glücklicher Vater, der so einen gutaussehenden Sohn hat.«

»F. Harry Stow«, antwortet mein Vater jeder Einzelnen von ihnen. »Ich habe ihm gesagt, dass er diese Kreuzfahrt sein Leben lang nicht vergessen wird.«

Nach vier Tagen mit mindestens sechs Mahlzeiten am Tag und ohne jede körperliche Betätigung, außer dass ich mit einem pensionierten Juwelier namens Alfred Mendel aus Poughkeepsie, New York, Shuffleboard spiele, kommen wir auf den Bermudas an; zu diesem Zeitpunkt hat meine ablehnende Haltung meinem Vater gegenüber – oder eher mein Schuldgefühl, dass ich, der undankbare Sohn, kein Vergnügen mehr empfinde – so epische Ausmaße angenommen, dass ich lebhaft mit dem Gedanken an Vatermord spiele. Als wir endlich an Land gehen, rette ich mich in die Vorstellung, mit einem jungen, attraktiven, athletischen Vater zusammen zu sein, der eine Harley-Davidson mietet und mit mir in die Bars und Diskotheken rauscht, wo wir ein paar gutgebaute Blondinen aufreißen und uns gemeinsam die Nacht um die Ohren schlagen.

Doch mein Vater, der seine »F. Harry Stows« und »Gott liebt Sie« nach links und rechts verteilt, wie jemand, der den Tauben Krümel hinwirft, kauft uns stattdessen zwei Tickets für einen Touristenbus nach Paradise Island, wo er sich einen Liegestuhl mietet, in eine dicke Schicht Decken einwickelt und am Strand einschläft – er kann nicht schwimmen –, während ich das bisschen männlichen Mut, den ich noch habe, zusammenkratze und dem Horizont entgegenschwimme.

Von klein auf schon wasserscheu – während meiner Schwimmstunden im Hotel Paris in New York an der Ecke West End Avenue und 97. Straße hatte ich nämlich mit regelmäßigen Asthmaanfällen zu kämpfen und brach deshalb auch den Schwimmunterricht ab –, gucke ich zurück und stelle plötzlich fest, dass ich weiter vom Ufer entfernt bin, als ich angenommen hatte, gerate in größte Panik und fange an, wild um mich zu schlagen, um ins Flache zurückzukommen.

»Papa!«, schreie ich der schlafenden Person am Ufer zu. »Papa! Rette mich! Ich ertrinke!« Ich muss mir einen Moment lang vorgestellt haben, dass mein Vater wie die legendäre Figur des bekannten Zeitungsreporters Clark Kent plötzlich seine Brille runterreißt und sich wie eine Art Flüchtlings-Johnny-Weißmüller ins Wasser stürzt, um mich, seine Jane, zu retten. Aber mein Vater kann meine verzweifelten Schreie gar nicht hören, selbst wenn er wach wäre, und kann mir auch gar nicht helfen. Ich bin mir mittlerweile sicher, dass ich hier, zweitausend Meilen entfernt von Knutschpartys, Chubby Checker und den lange gehegten Hoffnungen, meine Jungfräulichkeit zu verlieren, gleich meinem Schöpfer begegnen werde, und gehe immer wieder unter und schlucke Salzwasser, das meine schon übervollen Lungen noch mehr füllt, während mein Vater an Land weiterschnarcht und von seiner verlorenen Jugend und seiner Angina Pectoris träumt.

Gerade als ich denke, dass ich zum letzten Mal ans Licht und zur Luft dieser Erde auftauche, nach Luft schnappe und fast schon dankbar bin, dass mir die Rückreise in Gesellschaft von Emma, Lisbeth, Friedel und Molly erspart bleibt, fühle ich etwas Weiches, aber dennoch Festes unter meinen Zehenspitzen. Ich habe schon angefangen, das Kaddish des Trauernden anlässlich meines eigenen Untergangs aufzusagen, als ich plötzlich eine bekannte Bodenbeschaffenheit fühle – Sand! Ich lasse meine wild strampelnden Füße durch ihr eigenes Gewicht nach unten sinken und komme in Wasser zu stehen, das gerade mal einen Meter tief ist.

Offensichtlich sind die Götter noch nicht gewillt, mich zu sich zu rufen, hier auf Paradise Island, in der die Einsamkeit fördernden Gesellschaft meines Vaters; daher gehe ich langsam und ziemlich beschämt ans Ufer zurück. Mein Vater ist gerade aus seinem Nickerchen aufgetaucht, als ich zu seinem Liegestuhl komme. »Na, Junge«, fragt er, als er sich aufsetzt und aufs Meer hinausblickt. »Bist Du schön geschwommen?«

»Klar, Papa«, antworte ich mit unbewegter Miene. »Das Wasser ist umwerfend.«

Und das war dann auch schon das ganz große Abenteuer in den Ferien auf den Bermudas mit meinem Vater – außer natürlich, dass ich Alfred Mendel auf der Heimreise noch einmal im Shuffleboard geschlagen habe. Als wir drei Tage später wieder in New York sind – ich habe mindestens fünfzehn Pfund zugenommen und passe in keine meiner Sachen mehr –, liegt meine Stiefmutter in der Wohnung tränenüberströmt im Bett, eine Krankenschwester, die der jüdische Familienservice besorgt hat, an ihrer Seite. »Lieselein!« schreit mein Vater und läuft zu ihr. »Was ist denn los?«

»Ich hoffe, ihr beiden hattet eine gute Zeit.« Meine Stiefmutter hebt ihren Kopf vom Kissen und starrt uns mit schmerzverzerrtem und ärgerlichem Gesicht an. »Ich habe die ganze Woche mit schrecklichen Schmerzen hier gelegen ... Du hättest mich nie alleine lassen sollen.«

»Was ist passiert?« frage ich an der Türschwelle.

»Sie scheint sich einen Wirbel gebrochen zu haben«, erklärt die Krankenschwester.

»Wie hat sie denn *das* gemacht?« Ich bin immer noch naiv genug, das Leben meiner Eltern in kausalen Zusammenhängen zu sehen. »Ist sie gestürzt?« »Nein«, sagt die Schwester. »Es ist sehr merkwürdig – sie scheint ihn sich gebrochen zu haben, ohne dass sie wirklich irgendetwas getan hätte.«

»So ein Schlamassel«, mischt sich meine Stiefmutter ein.

»Ein Wunder«, sagt mein Vater. Ich schwöre, dass ich Tränen über seine Wangen laufen sehe.

Mein Vater, der schon die Reader's Digest Auswahlbücher und die National Geographic Sammelbilder mit Naturmotiven zu meiner intellektuellen Erbauung abonniert hat – neben den zahlreichen Exemplaren von Max Dimonts »Juden, Gott und Geschichte«, die er mir gekauft hat –, ist immer auf der Suche, was er Gutes für das Gemüt seines trauererfüllten Sohnes tun kann.

Als er eines Tages seine Pelze aus dem Pelzviertel nach Hause und zum Fahrstuhl schleppt, sieht er unsere Nachbarin, Frau Engel, mit einem Buch, das mich seiner Meinung nach interessieren könnte: Harold Robbins »Die Unersättlichen«. Am nächsten Tag liegt das Buch – mit der üblichen Widmung »Für meinen lieben Sohn Mikey, etwas *sehr* Interessantes für Dich. In Liebe, Papa« – schon auf meinem Schreibtisch. Als ich das Buch aufschlage, bin ich alles andere als enttäuscht.

Richtig interessant wird es für mich irgendwo in der Mitte des Romans, im Kapitel »Die Geschichte der Rina Marlowe«. Rina Marlowe, so stellt sich bald heraus, ist ein dreizehnjähriges, sexuell ziemlich frühreifes Mädchen, das gerne ihren Badeanzug und andere Kleidungsstücke vor den lüsternen Augen (und, wie man sehen wird, *Händen*) ihres Adoptivbruders Laddie auszieht.

»Ein dumpfer Schmerz pochte in ihren Brüsten«, beginnt eine gewisse Stelle, die meine rechte Hand sofort zwischen meine Beine greifen lässt, »und sie ließ ihre Blicke an sich herabgleiten. Ihr Brustwarzen zeichneten sich deutlich unter ihrem schwarzen Badeanzug ab. Sie hob den Kopf und sah, dass die Jungen sie jetzt ganz unverhohlen anstarrten.«

Laddie, ein Bursche, der mehr Glück hat als ich und noch dazu ein Zimmer oben an der Treppe, genau gegenüber dem seiner Schwester, die ihn damit quälen will, dass sie ihre Tür halb offen lässt, kann das *sehen*, was mir schon allein beim Lesen zur Qual wird:

Rina hatte das Zimmer eben durchquert und stand vor dem Spiegel, mit dem Rücken zur Tür, und hatte nur einen Büstenhalter und einen Schlüpfer an. Während er zusah, griff sie hinter sich und hakte den Büstenhalter auf, machte dann eine Halbwendung und zog den Schlüpfer aus. Sie behielt ihn in der Hand, durchquerte das Zimmer und kam einen Augenblick später mit einem Badeanzug zurück. Wieder blieb sie vor dem Spiegel stehen und zog sich den Anzug an. Langsam zog sie ihn über ihre Brüste hoch und richtete die Schulterträger.

Diese Szene ist zu viel für mich – sie ist schuld daran, dass ich tatsächlich umgehend nicht nur meine Unterwäsche, sondern auch die jungfräulichen, *echt deutschen* Laken meiner Stiefmutter beflecke – und einige Seiten später geht es Laddie genauso:

Er packte sie an den Beinen und nagelte sie gegen das Bett, indem er sich auf sie kniete. Er lachte wie toll. ›Und jetzt, mein liebes Schwesterchen, hat die Spielerei ein Ende.‹
›Ein Ende‹, hauchte sie und sah ihn an. Er beugte sich über sie und presste seinen Mund auf ihre Lippen. Langsam gab sie nach.

Ein heftiger, schneidender Schmerz durchfuhr sie. Sie schrie auf. Seine Hand legte sich über ihren Mund, und immer wieder zerriss sie der Schmerz.

Ich kann weder mein unglaubliches Glück fassen noch die plötzlich grundlegende Verbesserung des literarischen Geschmacks meines Vaters. Denn das – *das* – ist besser, als mit Suess angeln zu gehen. *Genauso* sollte sich ein Vater um seinen Sohn kümmern! Und vor allem, was für eine Erkenntnis: Wenn ein Mann mit einer lumpigen Schreibmaschine mich schon zu so etwas bringen kann, was kann dann – ich kann es mir nur ausmalen – erst eine echte *Frau* tun? *Das* muss Herr Canell, mein Englischlehrer, damit meinen, wenn er von der »Macht der Literatur« spricht.

Gerade als »Die Unersättlichen« – und Rina und Laddie treiben es jetzt auf fast jeder Seite miteinander – auf dem besten Wege sind, meinen scheinbar für unerschöpflich gehaltenen Vorrat an jugendlichem Sperma völlig zur Neige gehen zu lassen, ist die Herrlichkeit vorbei: An dem Nachmittag, an dem ich in der wieder einmal schlaflosen Nacht zuvor ein Eselsohr in die Seite 271 gemacht hatte, komme ich aus der Schule und muss mit äußerster Wut und Fassungslosigkeit feststellen, dass das Buch weg ist: Frau Engel, die noch in der Woche zuvor meine Muse gewesen war, hat mich offenbar mit dem Buch unter dem Arm auf der Straße gesehen und meinem Vater unmissverständlich klargemacht, dass dieses Buch ungeachtet guter Absichten »auf keinen Fall ein Buch für Kinder« sei.

Und so ist jetzt – genau wie der Körper meiner Mutter – auch mein geliebtes Buch ohne ein Wort der Erklärung weg. Dieses Mal jedoch will mein Vater es wieder gutmachen: Als ich am nächsten Tag aus der Schule komme, liegt – mit der Widmung »von Deinem Dich liebenden Papa« – eine brandneue gebundene Ausgabe von Max Dimonts »Juden, Gott und Geschichte« auf meinem Schreibtisch.

Über die wechselnden Konstellationen beim Flaschendrehen in der Junior High School hinaus ist Margot Eisenberg aus dem östlichen New Yorker Teil Brooklyns die erste Frau aus Fleisch und Blut, die ich tatsächlich küsse.

Wir sind im Jahr 1964. Ich begegne Margot zum ersten Mal auf einer Schlittschuhbahn in Lakewood, New Jersey, wo früher meine Tante Rosel und mein Onkel George ganz in der Nähe wohnten und wo meine Eltern wie üblich eine Woche Winterurlaub in einem Hotel verbringen, das vorwiegend von Diabetikern, Arthroseleidenden und Herzpatienten wie meinem Vater bevölkert ist. Obwohl meine Stiefmutter absolut dagegen ist und in einem fort schmollt, hat mich mein Vater, weil ich mich schon nach zwei Tagen in diesem Zauberberg des Stress und der hohen Cholesterinwerte zu Tode langweile, zu Lakewoods einziger Quelle des Vergnügens für die unter Fünfundsechzigjährigen geführt: in die Eislaufhalle.

Dort gleitet Margot Eisenberg – unter der strengen Aufsicht ihrer Mutter, einer ehemaligen Kundin meines Vaters, in einem kurzen, pinkfarbenen Eislaufröckchen und mit engem, im Nacken gebundenem Top, das ihre frühreif schwellenden Brüste wie kleine mit heißer Luft gefüllte Ballons aussehen lässt – in halsbrecherischer Geschwindigkeit über das Eis, während ich mir unter Aufbietung aller Willenskraft, zu der ein Vierzehnjähriger fähig ist, größte Mühe gebe, mir meine gefährlich verdrehten Fußknöchel nicht zu brechen, und hangele mich an der Bande in halbwegs aufrechter Position entlang.

»Gnädige Frau Eisenberg«, sagt mein Vater, zieht seinen Sohn, dem es die Sprache verschlagen hat, auf die andere Seite der Bahn und beugt sich zu Frau Eisenberg, um ihre Hand zu küssen. »Was für eine simcha, Sie wiederzusehen! Erinnern Sie sich an mich? Julius Blumenthal – Sie haben vor ein paar Jahren einen wundervollen Blackgama-Nerz bei mir gekauft, der den Verkehr schtoppte. Das hier ist mein lieber Sohn, Mikey ... Und was haben Sie für eine wundervolle, junge Tochter. Gott liebt Sie, und ich Sie auch.«

Natürlich erinnert sich Frau Eisenberg, wie könnte sie das auch vergessen?, und zur Freude meines Vaters stellt sich heraus, dass sie und ihre Tochter in genau demselben Hotel wohnen, in dem sich meine Eltern mit mir eingenistet haben. Bis zum Abend ist mein Vater schon mit dem Maître d'hotel übereingekommen, dass sich die Eisenbergs zu uns an den Tisch setzen, wo ich die nächsten drei Tage lang praktisch wortlos Margots einladende Vollmondbrüste anstarre.

Es grenzt an ein Wunder, dass Margot und ich uns in der letzten Nacht küssend hinter dem Aufzug des Hotels wiederfinden – und zwar ohne dass ich mich groß anstrengen muss; und ich kehre mit ihrer auf ein Stück Papier gekritzelten Telefonnummer in der Tasche meiner Baumwollhose nach Washington Heights zurück und bin zuversichtlich, dass ich, Michael C. Blumenthal, gerade mal ein Jahr nach der Bar Mitzwah, die mich eindeutig zum Mann erklärt hat) jetzt unwiederbringlich den heiligen Passierschein in die Pubertät besitze: eine Freundin.

Wieder zu Hause widme ich mich meinem neuen Unterfangen mit religiösem Eifer. Ich fahre schon bald – zwar gegen die die massiven Einwände meines Vaters, aber zum nicht laut geäußerten, doch offensichtlichen Entzücken meiner Stiefmutter, die zweifellos hofft, dass mir etwas zustoßen wird – jeden Samstagabend mit dem ersten Zug in die Innenstadt, steige an der Haltestelle New Lots Avenue aus, nehme dann – als einziger weißer Junge inmitten all der, wie man sie damals noch nannte, »niggers«, »spics« und »chinks«, den Bus durch den gefährlichsten Teil von Brooklyn, bis ich in der New Lots Avenue 228 auf den Klingelknopf 14F starre, von dessen kleinem Metallschild der Name »Eisenberg« wie ein Heiliger Gral lockt, der Lust verspricht.

Zu dieser Zeit läuft jeder Jugendliche der westlichen Welt mit dem Beatles-Hit »I want to hold your hand« auf den Lippen durch die Straßen. Aber ich will überhaupt nicht Margot Eisenbergs *Hand* halten, sondern diese tollen, verlockenden, mich anstachelnden Brüste – diese schon fast berauschend anmutenden, enormen Titten. Und so presse ich Margot Wochenende für Wochenende, kaum dass ihre Mutter zu Bett gegangen ist, gegen die Wand im Esszimmer, schiebe ihr meine zitternde Schlange von Zunge bis fast ganz in den Rachen, während ich, wie ein Schiffbrüchiger auf der Suche nach einem Rettungsfloß, nach dem stahlumrandeten Schutzwall ihres D-Körbchen-BHs greife.

Doch außer einem nur Sekundenbruchteile dauernden »dry feel«, wie wir das damals nannten, kriege ich bei allem Bemühen meiner wild grabschenden Rechten und Linken kaum mehr als

Polyesther zu fassen und nur ein zurückweisendes, eisernes »Noch nicht«. Müde und frustriert, weil ich die Doppelobjekte meiner Begierde wenigstens einmal von Nahem sehen will, schlage ich Margot schließlich vor, an einem Sonntagnachmittag in das Highbridge-Freizeitcenter, in der Nähe der Wohnung meiner Eltern in Washington Heights, zum Schwimmen zu gehen.

Ich stelle mir vor, dass Margot, wenn sie erst mal durch die erfrischenden Wasserfluten in und um die verschiedenen Öffnungen und Wölbungen ihres Körpers angeregt und hin und weg von mir in meinem neckischen kleinen Badehöschen mit eingearbeitetem Suspensorium ist, dann nicht mehr in der Lage sein wird, meinen nicht lockerlassenden stürmischen Bemühungen in der hoffentlich leeren Wohnung meiner Eltern zu widerstehen.

Alles geht genau nach Plan, bis wir in der Schwimmhalle sind, wo Margot in einem lavendelfarbenen Bikini aus der Damenumkleide kommt, dessen Oberteil verlockend ein Paar Brüste umschließt, die bedeutend größer sind, als ich sie mir in meinen wildesten Träumen vorgestellt habe. Natürlich ist ihr klar, dass ich inzwischen einen erotischen Kitzel spüre, der ausreicht, mich um den Verstand zu bringen, und Margot entschließt sich, meine erotische Unterwerfung bis zum Äußersten zu treiben. Affektiert geht sie zum Sprungbrett, stellt sich drauf und federt mindestens eine volle Minute lang leicht auf ihren Zehenspitzen in die Luft, sodass ihre Brüste im Zwielicht lustig hüpfen und ich mit offenem Mund am flachen Ende des Beckens auf sie warte.

Nachdem sie anscheinend genug davon hat, aus mir ein pulsierendes Etwas zu machen, geht Margot schließlich mit drei entschlossenen Schritten an das Ende des Brettes, stößt sich leicht in die Luft ab – führt dann etwas aus, das meinem wasserscheuen Blick vorkommt wie ein Schwanensprung, der Aphrodite selbst alle Ehre machen würde – und verschwindet unter der sich sauber teilenden Wasseroberfläche.

Ich bin kurz vor meinem ersten wirklichen Orgasmus und warte atemlos, dass Margot Eisenbergs schimmernder Körper wieder in das beseligende Licht taucht. Doch was da – zu meinem größten Erstaunen und zum wilden Vergnügen all derer, die um den Pool herumstehen – aus den Tiefen aufsteigt und wie Raketen himmelwärts schießt, ist nicht das üppige, begehrenswerte Fleisch meiner kurz bevorstehenden Eroberung, sondern sind zwei vergilbte, mir unheimlich bekannt vorkommende Schaumgummikissen, die auf der Wasseroberfläche des Schwimmbeckens schaukeln und tanzen wie kleine, runde Bötchen.

Kurzzeitig bin ich natürlich geschockt, ja fast schon betäubt von dem, was ich sehe, und bin echt der Letzte am Beckenrand, der kapiert, was da gerade passiert ist. Mit an Entsetzen grenzendem Erstaunen, mit einem Gefühl, betrogen worden zu sein, das peinlich und vertraut zugleich ist, wird mir plötzlich klar: Das, was da friedlich wie zwei Sonnenbadende auf den Beckenrand zutreibt und mich an das erinnert, was ich von meiner verstorbenen Mutter kenne, sind die demaskierten, leblosen Stoffbrüste von Margot Eisenberg.

Nur eines tut meine Stiefmutter jederzeit gerne für mich: mir bei der Jobsuche helfen.

Sie ist darin wirklich so gut – und lässt sich selbst von den Gesetzen gegen Kinderarbeit nicht abschrecken –, dass sie es schafft, mir im Sommer meines fünfzehnten Lebensjahres die sehr begehrte sieben-Tage-die-Woche, vierzehn-Stunden-am-Tag-Stelle als Kellner, Aushilfe im Restaurant, Page, Servicekraft am Pool, Mädchen für alles und Anwalt der Kinder in einem florierenden Dreißigbettenkurhotel in Hunter, New York zu verschaffen, bekannt unter dem Namen Lustig's Lodge.

Der Job bringt sechzig Dollar die Woche bar auf die Hand, und unter den missgünstigen, aufseherhaften Blicken der Freunde meiner Stiefmutter, Irma und Alfred Lustig, arbeiten ich und die einzige weitere Angestellte des Hotels, eine fünfundzwanzigjährige, mit üppigen Reizen ausgestattete Deutsche namens Ursula Kalwa, auch sie illegal, weil ohne Arbeitspapiere angestellt und deren Job sich am besten mit irgendetwas zwischen Köchin, Zimmermädchen, Spülerin und überhaupt Mädchen für alles beschreiben ließe, und wir genießen die wenigen freien Momente, wie sich leicht denken lässt, angenehm miteinander.

Es fängt natürlich völlig harmlos an – mit Gesprächen zu später Stunde über den Sinn des Lebens, über die begrenzten Möglichkeiten der Nächstenliebe und natürlich über die Nazis, über die Ursulas denkwürdigster Kommentar der ist, wie aufgebracht ihre Eltern über die Wiedergutmachungszahlungen an die Juden sind. Sie ist ein Mädchen aus einer Kleinstadt, einem winzigen Fleck auf der Landkarte namens Dangensdorf, der irgendwo zwischen Hamburg und Hannover liegt, und hat diesen nach ein oder zwei Gläsern Wein leicht unsicheren Gang, der sie zu einer attraktiven Beute für die alliierten Armeeangehörigen aus der Kaserne ganz in ihrer Nähe hat werden lassen. Sie ist nicht zu prüde, mir ein ziemlich anzügliches Foto von sich mit einem von ihnen zu zeigen, das sie in ihrer Geldbörse aufbewahrt.

Fast jeden Abend gehen wir – ich mit einem gefälschten Militärausweis und einem unerschütterlichen Ständer in der Hose – am dunklen Friedhof vorbei in die einzige Bar von Hunter, das Dog's Tooth Inn, wo ich mit aller Weltgewandtheit und Wichtigtuerei, die ich aufbieten kann, den einzigen Drink bestelle, dessen Namen ich kenne, einen Old Fashioned, und so geduldig darauf warte, dass Ursula den ersten Schritt macht, mit mir bittebittebitte *Eine kleine Nachtmusik* zu veranstalten. Ich bin mittlerweile durch meine geheimen Treffen mit Margot Eisenberg, mit meiner wachsenden Leidenschaft für obszöne Literatur so aufgegeilt, dass ich mittags in ihr Zimmer einfalle, wenn sie gerade woanders die Betten macht, und wie ein Jagdhund auf der Fährte eines Fuchses mit langen, tiefen, berauschenden Atemzügen das Duftgemisch aus Schoß und Hintern einsauge, das mit seiner erregenden aphrodisierenden Macht aus ihrer getragenen Unterwäsche aufsteigt.

Wochen vergehen und viel mehr passiert nicht, bis eines Nachts Ursula, die ich offensichtlich durch meine neuesten Einsichten zum ethischen Imperativ gegenüber Kranken und Sterbenden in einen Zustand der Hitze versetzt habe, mir auf der Bank hinter dem Hotelpool ihre große, speicheltriefende Zunge in den Mund schiebt, und – *wumm!* – ehe ich mich versehe, habe ich sie tatsächlich in meiner Hand – *kein* Stück Stoff, *kein* gepolsterter Teenie-Büstenhalter, sondern hundertprozentig echtes Fleisch – eine wirkliche Brust!

Ich bin verzückt. Obwohl meine Stiefmutter sich so sehr bemüht hat, sich an den Nazis zu rächen, indem sie mich in Lustig's Lodge, das durchaus mit einem Arbeitslager zu vergleichen ist, eingekerkert hat, habe ich es geschafft: Ich habe hier, in meiner eigenen Hand das gehalten, was selbst mein überängstlicher, pelzbesessener Vater nicht zu fassen kriegte ... eine echte, verbürgte, lebensspendende, *deutsche* Titte.

Vor lauter Glück möchte ich weinen, und im Laufe des nächsten Monats – während ich immer irgendwie auf den »nächsten Schritt« warte, der aber nicht kommt – massiere ich wild und ausdauernd die kräftigen Brüste von Ursula Kalwa. Überall knutschen und stöhnen und fummeln Ursula und ich – in der Küche, im Heizraum, sogar im noch nicht bezogenen Bett des immer dort wohnenden Hotelgastes, des berühmten Psychoanalytikers Theodor Reik –, bis ich mir sicher bin, dass ich, wenn auch noch nicht den Gipfel, so doch sicher einen der Höhepunkte sexueller Genüsse erreicht habe.

Dummerweise findet jedoch eines unserer Stelldicheins eines Nachmittags in der Hotelküche statt, als wir fälschlicherweise davon ausgehen, dass unsere tyrannischen Chefs sich schon in ihre Gemächer zurückgezogen haben. Keine vier Stunden, nachdem Irma uns entdeckt, marschieren mein Vater und meine Stiefmutter in Lustig's Lodge ein, befehlen mir, meine Sachen zu packen und – meine Stiefmutter murmelt etwas auf Deutsch über das viele Geld, das ich hätte verdienen können, wenn ich nicht so sexbesessen wäre – fahren mit mir, ohne dass ich meine Jungfräulichkeit verloren habe, nach Pine Hill, wo ich den Rest des Sommers verbringe und wieder die Börsennotierungen der »New York Times« laut vorlese.

Mein Vater, der zweifellos geschockt ist und den mein Versuch, seine erfolglose Liebe zu Claire Haas nachzuahmen, verstört hat, unternimmt ganz aufgeregt alles Menschenmögliche, ruft verschiedene deutsche Botschaften und Konsulate im ganzen Land an, um Ursula Kalwa wegen unzüchtiger Verführung seines Sohnes ausweisen zu lassen, jedoch ohne Erfolg.

Fast ein Jahr später sehe ich sie noch einmal, am Port Authority Busbahnhof in New York City, als sie gerade wieder aus Deutschland angereist ist und in einen Bus steigen will, der sie zu ihrem Sommerjob in das Concord Hotel in Kiamesha Lake bringen soll. Sie hatte mir in diesem Jahr immer wieder mal geschrieben, aber als ich sie an diesem Tag kurz treffe, hat sich die Hitze des letzten Sommers schon längst zugunsten meines neuen Schwarms Judy Honigsberg verflüchtigt und ich fühle die heißen Säfte, die im Sommer zuvor durch meinen fünfzehnjährigen Körper geschossen waren, jetzt nur noch lauwarm.

»Oohhh, Baby.« Ich spüre, wie eine Hand zwischen meinen Beinen hindurch an meine Eier fasst. »Warum kommst Du nach dem Mittagessen nicht rauf in mein Zimmer? Der alte Manny wird Dich ordentlich einfetten und soooo glücklich machen.«

Wieder einmal arbeite ich, aber dieses Mal in einer anderen Lodge – Round Hill Lodge in Washingtonville, New York, um genau zu sein. Stimme und Hand gehören zu Manny, dem schwulen philippinischen Koch, der mehr als bloßen Gefallen an dem findet, was er sieht: einen geschlechtsreifen sechzehnjährigen hellhäutigen Jungen in engen schwarzen Hosen.

»Warum setzt Du Dich nicht hier rein, Baby«, sagt er mir fast täglich und macht mit seinen Händen eine einladende Bewegung von der Hüfte zu seinem Schwanz, »und drehst Dich dreimal drauf?«

Manny ist ungefähr fünfundsechzig und wohnt mit Peter, dem muskulösen, griechischen Hilfskoch, im oberen Stockwerk. Dass es in dem Hotel einen Vorgeschmack auf die bevorstehende sexuelle Befreiung gibt, ist dem Hotelbesitzer René Goldmann, einem rotgefärbten Sechzigjährigen, zu verdanken, der an dem Nachmittag im Frühjahr, als er mich in seiner Wohnung am Waverly Place zum Vorstellungsgespräch empfing, gerade aus seinem Schlafzimmer kam und den Reißverschluss an seinem Hosenstall zuzog. Abgesehen von der Gruppe von Wochenendgästen aus dem West Village besteht seine Kundschaft zumeist aus deutschen Juden mittleren Alters aus Forest Hill und Riverdale, deren Hauptbeschäftigung, vom Essen einmal abgesehen, es ist, Bridge und gelegentlich ein komisches Tennis zu spielen. Dieses Mal hat gar nicht mal meine Stiefmutter mir den Job verschafft sondern mein Cousin Amos, der letzten Sommer dort als Page, wie mir schien, einen Haufen Geld verdiente und jetzt im Harvard des Borscht Belts, dem Grossinger's arbeitet.

Unter den Gästen, die ihren Tisch in meinem Zuständigkeitsbereich haben, ist ein ziemlich attraktives Ehepaar mittleren Alters, die Masters, deren fünfzehnjähriger Tochter der Ruf eines erblühenden Sexkätzchens mit einem Körper, der den Verkehr bestimmt zum Schtoppen brächte, vorauseilt, und die am Labor Day-Wochenende von irgendeinem teuren Sommercamp hierher kommen soll. Herr Masters, ein Gebrauchtwagenhändler aus Forest Hill, stolziert über das Hotelgelände wie eine deutsch-jüdische Mischung aus Norman Mailer und Enrico Caruso und hat ein knappes blaues Badehöschen an, aus dem seine Eier wie Minipampelmusen an die Luft des Orange County drängen. Frau Masters indessen ist eine stattliche Blondgefärbte, die vor langer Zeit einmal eine Schönheit gewesen sein muss; sie trägt einen Badeanzug im Leopardenmuster mit einem großen, schwarzen Netzeinsatz in der Mitte, in dem ihre früher zweifellos festen, jetzt aber von der Schwerkraft besiegten Brüste ihren Weg zum Bauchnabel suchen.

Bei all meinen begrenzten Erfahrungen mit Eiern und Brüsten – und obwohl Manny scharf auf mich ist und ich am Ende auf die junge reife Tochter der Masters, Ivy – besetzen weder Manny noch Ivy meine Vorstellungswelt, sondern mein Kellner, Renés junger sexy Neffe, Robbie Bodenheimer. Natürlich bin ich schon auf dem besten Weg, ein gesunder, normaler, onaniegeplagter Heterosexueller zu werden, aber Robbie hat was, wie er mit nichts weiter an als seiner engen, weißen BVD-Unterwäsche hemmungslos fast jede Nacht eine der anderen Aushilfen oder Kellner aufreißt, was meine lustvollen Fantasien fesselt, oder um es ganz offen und deutlich zu sagen, mich einfach höllisch anmacht. Ich würde auch gern Mitreiten und Mitbesteigen und Mitringen, aber ich fürchte, dass ich mich auf Robbies schöner, noch unbehaarter Brust blamieren würde.

Also begnüge ich mich, als die so großartig angepriesene Ivy Masters endlich da ist, mit nächtlichen Besuchen in ihrem kleinen Zimmer, das genau neben denen der männlichen Angestellten liegt, und versenke meine gierigen Finger in ihren Vaginalsäften und presse mein Gesicht zwischen ihre Schenkel, bis sie ziemlich entschieden – und bis heute verstehe ich nicht, warum – immer wieder dasselbe Lied anstimmt »Bitte, leck' mich nicht.« (Ich glaube, sie empfindet das, was zu den wunderbaren Vergnügungen im Leben zählt, als irgendwie unappetitlich).

Ich werde wohl mein Leben lang den verpassten Gelegenheiten dieses Sommers nachweinen und mich fragen, wie Robbie es geschafft hat, sich bei all diesen Jungs und Mädels, die er so freudvoll bestiegen hat, nicht zu blamieren. Aber für mich scheinen die Würfel sehr zu Mannys Kummer schon zugunsten der Weiblichkeit gefallen zu sein, und so befeuchte ich meine trockenen Hände weiterhin an Ivy Masters' saftiger Vagina und fülle meine Taschen mit den Dollarnoten der Masters, der Fahrers, der Guttmanns, der Katzs und der Loebs, Gott segne sie alle.

6 Eier

Was Henne und Ei anbelangt,
sage ich, das Ei kam zuerst. Das Ei ist perfekt.
War es schon immer.

Das Huhn kam, wie die meisten Kinder, erst später.

Stephen Dunn, »Eier« in »Not Dancing«

Immer schon habe ich eine starke Zuneigung zu Eiern gespürt.

Soweit ich mich zurückerinnern kann, gab es immer schon Eier – in der größten Kälte des Winters, in der drückenden Schwüle des Sommers, in Zeiten der Trauer und in Zeiten der Freude.

Ich erinnere mich an die schwarze Sortiermaschine in dem feuchten, schimmeligen Keller der Hühnerfarm meiner Tante und meines Onkels; an das permanente Summen des kleinen Motors; an das monotone, gedämpfte Geräusch, wenn die Eier auf das leicht geneigte Laufband aus Gummi purzelten, ans Ende rollten und in Pappbehälter und Kartons verladen wurden.

Ich erinnere mich noch an die ganz kleinen Eier, die normal großen, die mittel- und die riesengroßen, die braunen und die weißen, an den stecknadelgroßen, gebündelten Lichtstrahl, der wie ein Laser aus dem Durchleuchter kam, um das mysteriöse Innere aus Eiweiß und Dotter sichtbar zu machen, und an dieses so seltene vierblättrige Kleeblatt unter den Eiern, den Doppeldotter. Ich erinnere mich auch an den noch selteneren Fund eines kalklosen Eies, das ohne Schale, die das Ei ja eigentlich zusammenhält, aus der Henne kam. Manchmal fühlte ich mich wie *dieses* Ei – ohne harte Schale, ohne wirkliches Gleichgewicht, um stabilen Halt zu finden – weich, verletzlich, schutzbedürftig.

Ich erinnere mich, wie warm sich die Eier anfühlten, die die Hühner gerade gelegt hatten, und an den vertrauten süßlichen Geruch von Hühnerkacke. Ich erinnere mich an die Eierauktion und die Eierpreise auf dem Titelblatt des »Vineland Times Journal«. Ich erinnere mich an die schmierige, gelbliche Hühnerkacke auf den abgetragenen Stiefeln meines Onkels. Ich erinnere mich, dass zweimal pro Jahr Hunderte von irrsinnig piepsenden, gelben Küken ankamen; an das sexprotzige Herumstolzieren der Hähne; die riesigen in der Scheune gestapelten Säcke mit Hühnerfutter, die meinen Cousin und mich in eine Wolke aus Staub hüllten; die hellen, vollgesaugten Zecken, die wir aus dem struppigen Fell der Farmhunde Mickey und Fips herausholten und in kleinen Blutexplosionen auf der Veranda zerplatzen ließen.

Ich erinnere mich auch noch, wie wir Karton um Karton voller Eier in den Lieferwagen meines Onkels schichteten, um ihn für die dreistündige Fahrt nach New York fertig zu machen, wo er dann am nächsten Morgen von Tür zu Tür ging, um sie zu verkaufen. Irgendwie hat es gepasst, dachte ich später, dass mein Onkel – »Leben! Leben!« rufend – Eier in dieselben Wohnhäuser voller Flüchtlinge in Washington Heights lieferte, durch die auch mein Vater seine Nerz- und Robbenhäute und seine toten Boas aus Chinchilla und Lamm schleppte.

Und doch muss etwas in diesen frühesten Erinnerungen an meine Tante und meinen Onkel mir gesagt haben: *Das sind Mann und Frau, das ist Leben und Tod, das ist körperliche Arbeit.* Ich muss schon gewusst haben, dass *hier* mein wahres Blut floss, dass *dieser* Mann, der Eier austrug und *nicht* der, der Pelze schleppte, mein wirklicher Vater war. Ich muss die ganze Zeit gewusst haben, dass ich mit dem lebendigen Ei und nicht mit dem toten Nerz zum Ursprung meines Lebens finden würde.

Im Laufe der Jahre frage ich mich immer häufiger: Wer sind eigentlich diejenigen, die mich in die Welt gesetzt haben, mein eigen Fleisch und Blut? Schon früh haben mir die Heimlichtuerei und die geheimnisvollen Andeutungen »Gewissheit« gegeben: Diese »Tante« und dieser »Onkel« sind bestimmt mehr als Tante und Onkel. Diese »Cousine«, dieses jugendliche Mädchen, dessen hautenge Unterwäsche wie ein durchsichtiger Schleier ihr Hinterteil umhüllt und das mir zum erstenmal klarmacht, wie verlockend ein funktionsfähiger Frauenkörper sein kann. Dieser drei Jahre ältere »Cousin«, mit dem ich zwischen den Hühnerställen herumtolle, mit dem ich auf den muffigen Futtersäcken Ringkämpfe mache, mit dem ich zu den diversen Baseball- und Footballfeldern in Vineland ziehe, damit ich endlich lerne, ein richtiger Mann zu sein.

Wer ist das – diese Familie mit ihrem Haus aus Ziegeln und Schindeln, bei denen meine Eltern, Großeltern und ich mindestens dreimal jährlich »Ferien« machen, von dessen Fenstern auf dem hell tapezierten Dachboden aus ich im Morgenlicht die Konturen der schwarzen Gewehrkugel aus dem israelischen Unabhängigkeitskrieg im Trizeps meines Onkels erkennen kann, wenn er morgens seine gelbweißen Metalleimer voller Eier aus den Hühnerställen trägt.

Ich sehe mir jetzt die Filme an, die mein Vater damals gedreht hat; es sind hektisch von Gesicht zu Gesicht springende Bilder, eine schlechte, nichtssagende Bildsequenz, die so willkürlich und zusammenhanglos ist, dass sie postmodern wirkt; und es könnten Szenen aus dem Alltagsgeschehen irgendeiner »normalen« Großfamilie sein: wie meine Eltern, meine Großmutter und ich, in all unserer vergleichsweise »großstädtischen« Eleganz, aus dem kastanienbraunen 1948er-Chevy meines Vaters steigen; wie meine Tante und mein schwerfälliger, »bäuerlicher« Onkel, beide in Overalls und mit Vineland-Eierauktion-Schirmmützen, die Fliegengittertür aufreißen, um uns zu begrüßen; wie mein Cousin und meine Cousine von den Hühnerställen über den Hof rennen und ihren kleinen »Cousin« an die Hand nehmen und ungeduldig die Päckchen mit Essen oder Geschenken erwarten, die ihr relativ reicher Onkel aus der großen Stadt mitgebracht hat. Alles scheint behaglich und vertraut zu sein – und wenn ich zurückdenke, war es auch vom Gefühl her so. Wer konnte denn ahnen, was für eine merkwürdige Lesart noch unter der Oberfläche dieser Geschichten lauerte? Welche verschlungenen Pfade der Biologie und des Schicksals?

Wenn ich mir die Fotos dieser vier Erwachsenen und drei Kinder so ansehe – die Tante, die meine Mutter ist, die Mutter, die meine Tante ist, der Onkel, der mein Vater ist, der Vater, der mein Onkel ist, die Cousins, die meine Geschwister sind –, muss ich einfach sagen, dass »wir« sehr viel attraktiver sind. Mein Vater ist ein echter Hingucker – gutaussehend, vital, lebhaft, gutgebaut. Meine Mutter ist gutgekleidet, zurückhaltend, feminin, unverkennbar europäisch.

Dagegen sehen meine Tante und mein Onkel immer noch aus wie ein Paar israelischer Kibbutzniks: Hakennasig und kleinbäuerlich zeugen sie nicht von Grazie, sondern von Ausdauer, nicht von Stil, sondern von Entbehrung. Beide – besonders meine Tante – als »nicht hübsch« zu bezeichnen, wäre, gelinde gesagt, eine Untertreibung. Warum es also nicht beim Namen nennen? Beide, und besonders meine Tante, diese Frau, die mich zur Welt brachte, sind geradezu unattraktiv und könnten gut als Wanderarbeiter auf einem rumänischen Milchhof durchgehen. Aber noch bedeutsamer ist vielleicht, dass sie einem kleinen Kind nicht besonders reizvoll vorkommen – sie sehen nämlich aus wie Menschen, die es im Leben schwer hatten.

Und doch scheint angesichts der offensichtlichen Spannung, die in all diesem Miteinander geherrscht haben muss tatsächlich nur Weniges befremdend. In Sommernächten sitzen wir acht, umgeben von einem Kreis hell glühender Spiralen, die die Mücken fernhalten sollen, zusammen mit Mickey und Fips und einer wechselnden Gesellschaft von streunenden Katzen, Kätzchen und Glühwürmchen, im Vorgarten, ohne ein Wort über Todesfälle oder familiäre Auseinandersetzungen zu verlieren, und wir könnten (ja wirklich, *könnten*) eine x-beliebige Großfamilie von Einwanderern in Amerika sein – Cousins, Onkel, Großmütter, Hakennasen, andere Sprache.

Bilde ich mir das alles nur ein, frage ich mich heute, oder steckt da nicht doch mehr dahinter? Dass vor allem meine Tante immer etwas von mir will, das mich beunruhigt – will sie, dass ich *versage*? Ich glaube, es fängt mit meinen Schulerfolgen an – meine Zeugnisse, meine Prüfungsergebnisse, mein Überspringen einiger Klassen –, denn all das unterscheidet mich langsam von meinem nur fast ebenso erfolgreichen Cousin Amos. Oder hat es damit zu tun, dass ich – jetzt der »Sohn« eines wohlhabenderen, erfolgreicheren Vaters – schönere Kleidung, bessere Chancen, Gesellschaft städtischer, ehrgeiziger Freunde habe? Ich frage mich, ob sie vielleicht manchmal das Gefühl hat, »den Guten« weggegeben zu haben? Könnte es sein, dass diese Frau, die mich mit ihrem Körper, aus einer Liebesbeziehung heraus zur Welt gebracht hat und die folgerichtig der einzige Mensch auf der Welt sein sollte, der unvoreingenommen auf meiner Seite ist, genau genommen nicht *will*, dass ich glücklich bin?

Auf alle Fälle mag ich sie nicht, diese Tante, die eigentlich meine Mutter ist, diese Frau, die mir, aus welchen mysteriösen Gründen auch immer, erst das Leben schenkte und mich dann weggab. Manchmal, wenn ich mit ihr in dem kalten, klammen Keller neben der Eiersortiermaschine eingesperrt bin, fühle ich mich irgendwie in Gefahr, unwillkommen – ungeliebt. Und was lösen meine Cousins nach all den Jahren, in denen wir uns besucht und umarmt haben, als lebhafteste Erinnerung aus? Nur dies: Mein Cousin Amos ist auf einen Baum im Vorgarten geklettert und schaut auf mich, der ich mich nicht traue, herab, spornt mich an. Plötzlich sehe ich, wie er sein Gesicht nach vorne beugt – ganz ähnlich, wie ich einige Jahre später das Gesicht meiner Mutter sich über den weißen Eimer beugen sehe –, und dann spuckt er mir in hohem Bogen mitten auf die Stirn. Ich erinnere mich, wie ich mir die Spucke abwische.

Ich erinnere mich, wie nass, wie schleimig, schmierig und kalt sich das anfühlte. Ich erinnere mich, dass es mir vorkam, als ob jemand sagte: *Das ist nicht Dein Zuhause, Dein Leben, Deine Familie. Das ist nicht Dein Fleisch und Blut.*

Ich gehöre ganz einfach zu niemandem. Ich gehöre eigentlich nicht zu meinem Vater – wie mir meine Stiefmutter immer wieder auf jede erdenkliche Weise deutlich macht. Ich gehöre ganz sicher nicht zu meiner Stiefmutter – nicht einmal rechtlich, da sie darauf bestand, mich nicht zu adoptieren. Ich gehöre eigentlich auch nicht zu meiner Tante und meinem Onkel, die mich weggegeben haben und deren Namen ich nicht mehr trage. Ich gehöre wirklich zu niemandem. Ich bin Stückwerk, zerstückelt, verstreut, meine Väter geteilt, meine Mütter – oder das, was ich über sie weiß – verstorben, meine Geschwister meine Cousins. Ich bin das »einzige Kind« einer Frau, die mir immer wieder deutlich macht, dass sie nie Kinder wollte.

Ich bin ein Junge, der zwei Zuhause hat, aber zu keinem den Schlüssel besitzt.

In Vineland gibt es auch eine Diaspora von Holocaust-Überlebenden, in diesem Fall meist Hühnerfarmer, die Edelmuth, Tänzer, Mayer, Hönig, Wolf, Gern oder so ähnlich heißen. Und es gibt auch eine kleine Synagoge, die Gemeinde Ha'al Shareev, die mein Onkel Berthold mitgegründet hat und deren Vorsitzender er auch die meiste Zeit meiner Kindheit über war.

Nicht ganz so eintönig und entschieden stimmungsvoller als sein Schwager, diese leiernde Schallplatte – so ein bisschen wie ein aus dem Süden New Jerseys stammendes Äquivalent zu Moshe Dayan, mit einer Kugel im Arm statt einer Augenklappe –, mit einer Art ländlichen Eloquenz führt er den Vorsitz bei den diversen Treffen der Gemeinde, den Wohltätigkeitsveranstaltungen und Begräbnissen. All das lässt mich manchmal davon träumen, meinen Vater und meinen Onkel auf ein gemeinsames Podium zu bringen – Berthold als Rabbi, Julius als Kantor: David Ben Gurion trifft Richard Tucker. Und wenn es zum Schlimmsten kommt, können Amos und ich ja die Chorknaben sein.

Unter denen, die regelmäßig zu den Treffen erscheinen, ist auch ein pensionierter Hühnerfarmer namens Hugo Marx, dem mein Cousin Amos den wenig schmeichelhaften Namen »Buh-ahh« verpasst hat. Ich gebe es ja ungern zu, aber Marx verdient diese Bezeichnung. »Hallo Jungs«, begrüßt er uns mit seinem stinkigen Zwiebelatem in der vordersten Bank des Gebetraums, auf der auch wir sitzen. »Und wie« – plötzlich atmet er tief aus – »buh-ahh, geht es euch?«

Außer der Synagoge und dem Durchleuchten der Eier bietet Vineland noch andere Vergnügungen, zu denen wir normalerweise von Amos' Freunden Mike Wolf, Eddie Brown, Harold Munter und Norbert Woolf begleitet werden. Eddie, der Goy, der genau auf der anderen Straßenseite der Sherman Avenue wohnt, ist der beste Sportler und befasst sich außerdem noch mit anderen, sehr goyischen Dingen: Zum einen züchtet er nicht Hühner, sondern Tauben, und ich – der vermeintliche Sohn von Hühnerfarmern und Pelzhändlern – kann kaum glauben, dass sich jemand damit abgibt, etwas zu züchten, das keine Eier legt und das man nicht anziehen kann. Und dazu kommt, dass um die umgebaute Scheune der Browns herum im wahrsten Sinne des Wortes überall Taubenscheiße liegt.

Norbert Woolf, ein Schrank von einem Jungen, der meistens Overalls trägt, die sogar nach Hühnern riechen, kann einen Baseball so weit und so hart werfen, dass ich mir oft unsicher bin, ob er noch in Vineland oder schon im benachbarten Millville gelandet ist. Weil er so massig ist und ich so (vergleichsweise) klein, versuche ich einen respektvollen Abstand zu ihm zu halten, weil er dazu neigt, mich à la Johnny Jacoby als Punchingball zu benutzen.

Eine Stadt wie Vineland erfreut sich auch noch anderer Segnungen: anders als in dem von den Namen Henry Kissinger – und Delmore Schwartz – beherrschten Washington Heights, ist es nicht schwer, an einem so kleinen Ort berühmt zu werden – oder sogar, wie mein Cousin Amos, Drittbester seiner High School Klasse. Nicht einmal schwer, seinen Namen genau dort, auf dem Titelblatt des »Vineland Times Journal«, genau unter den Eierauktionspreisen wiederzufinden.

»Geheimnisvolle Schüsse zerschmettern Fenster«, heißt eines Morgens die Schlagzeile, nachdem am Tag zuvor eine einzelne Luftgewehrkugel ins Dachbodenfenster des Hauses meines Onkels und meiner Tante gefeuert worden ist, wo Amos und ich gerade Monopoly spielten. Sogar der Reporter des »Vineland Times Journal« muss einen gewissen Wunsch verspürt haben, mich mit meinen biologischen Vorfahren zu vereinen: »Geheimnisvolle Schüsse zerschmetterten gestern abend ein Dachfenster im Haus von Herrn und Frau Berthold Gern in der East Sherman Avenue 1066«, schreibt er, »in dem die beiden Söhne der Gerns gerade spielten.«

Von Amos und Judy erhalte ich auch die grundlegenden Lektionen, wie man sich mit jemandem verabredet und um jemanden wirbt. Amos, der in eines der attraktivsten Mädchen seiner Klasse verknallt ist, Elizabeth Kaufmann, hat auf einen weiß linierten Schreibblock hingekritzelt, wie er die *spontane* Unterhaltung am Telefon eröffnen will, um sich mit Liz zu verabreden.

»Hallo Liz, ich bins, Amos Gern ... Stör ich Dich gerade?« beginnt das Drehbuch.

»Ich dachte, vielleicht hast Du Lust, am Samstagabend mit mir ins Kino zu gehen – natürlich nur, wenn Du nicht schon was anderes vorhast.« Und so weiter.

In meiner frühen Kindheit, als ich noch nicht weiß, dass sie meine Geschwister sind, sind die beiden immer nett zu mir, und Amos bezieht mich in die Aktivitäten mit seinen älteren Freunden ein oder bringt mir Fahrrad fahren bei. Jahre später wird er mich ernsthaft darin unterstützen, der Einberufung zum Vietnamkrieg zu entgehen, und will mich unbedingt als Trauzeuge bei seiner Hochzeit haben – heute weiß ich, dass beides eher Dinge sind, die ein Bruder tut, nicht ein Cousin.

Judy dagegen erregt kaum Aufsehen mit ihren schulischen Leistungen. Auch ist sie in einer Schülerinnenverbindung, in der vorwiegend frühreife Tussis sind, und kann mir noch so manches beibringen, wie ich eines Tages beim Schnüffeln in ihrer Handtasche feststelle.

»Bist Du schon mal unterhalb des Halses geküsst worden?« will die Delta Alpha Chi–Verbindung als Erstes in einer vertraulichen Umfrage wissen.

»Bist Du schon mal unterhalb der Taille geküsst worden?« geht der Fragebogen weiter und bringt mein jugendliches, vorpubertäres Blut zum Sieden.

»Bist Du schon mal unterhalb der Taille geküsst worden, während Du jemand anderen unterhalb der Taille geküsst hast?« Jetzt wird es wirklich zu viel für einen Jungen, der sich das Schlafzimmer mit seiner achtzigjährigen Großmutter teilt. Amos und Judy, so kommt es mir vor, haben mehr Spaß als ich, und ich vermute, nicht nur weil sie älter sind. Vielleicht, so denke ich im Nachhinein, weil sie wissen, wo sie hingehören.

Es gibt ein afrikanisches Volksmärchen, das ich schon immer geliebt habe:

Ein Jäger nimmt seinen Sohn mit auf die Hirschjagd in den Wald. Während sie durch den Wald gehen, schießt der Vater eine Ratte und gibt sie seinem Sohn. »Halte sie fest«, sagt er zu seinem Sohn, »falls wir sie später noch brauchen.«

Aber der Sohn wirft die Ratte weg. Später am Abend, nachdem sie den ganzen Tag kein anderes Wild getötet haben, kommen sie an die Stelle, an der sie ihr Nachtlager aufschlagen wollen. Der Vater macht ein Feuer und wendet sich an seinen Sohn. »Gib mir die Ratte«, sagt er.

»Ich habe sie nicht mehr«, antwortet der Sohn. »Ich habe sie weggeworfen.« Voller Wut schlägt ihn der Vater mit dem Stiel der Axt nieder und lässt ihn bewusstlos im Wald liegen.

Am nächsten Morgen wacht der Sohn auf und geht zum Haus seines Vaters zurück. Er packt seine Sachen, verlässt das Haus seines Vaters und geht in den Wald. Schließlich kommt er in ein Königreich, dessen König kürzlich seinen einzigen Sohn verloren hat. Als er das Zelt des Königs aufsucht, sagt der König zu ihm: »Von jetzt an wirst Du mein Sohn sein.« Zuerst glauben die Dorfältesten nicht, dass der Junge der Sohn des Königs ist. Aber nachdem er ein Pferd erlegt und zusammen mit den anderen Jungs einige Mädchen verführt hat, wird er vom Ältestenrat anerkannt, geehrt und ausgezeichnet.

Doch nach einigen Jahren kommt der echte Vater des Jungen, der Jäger, in das Dorf des Königs, in dem gerade ein Fest gefeiert wird. Er sieht seinen Sohn hoch zu Ross, erkennt ihn sofort und sagt, »Steige von dem Pferd! Du bist mein Sohn und musst mit mir nach Hause zurückkehren.«

Der König eilt aus seinem Zelt und – als er sieht, dass der echte Vater seinen Jungen zurückfordert – lässt seine Diener einige Pferde satteln. Der Junge und seine zwei Väter verlassen daraufhin das Dorf und reiten hinaus in den Busch. Plötzlich zieht der König ein Schwert aus der Scheide, gibt es dem Jungen und sagt: »Wen wirst Du jetzt töten – mich oder Deinen Vater?«

Und vielleicht muss auch ich mir genau diese Frage stellen: Wen von beiden würde ich töten?

Ich erinnere mich an jene Montagabende in Washington Heights, wenn mein Onkel – wie der Vater in der afrikanischen Erzählung – in unser Haus kam und während der langen Tage des Eierauslieferns in meinem Zimmer übernachtete. Ich erinnere mich, wie ich mit meinen beiden Vätern – dem Vater der Pelze und dem Vater der Eier – am Küchentisch saß und wie mein Onkel Bier aus einem großen Glas trank.

Wenn mein Onkel und ich uns zum Schlafengehen fertigmachten, nahm er immer zwei Vierteldollar aus seiner Tasche und schob sie mir hin. Und jeden Montagabend tat ich so, als würde ich die beiden glänzenden George Washingtons nicht annehmen wollen, die mir mein echter Vater zuschob. Und jedes Mal schob mein Onkel sie zurück. Bis ich schließlich nachgab und das nahm, was ich sowieso von Anfang an gewollt hatte, und damit dieses merkwürdige Ritual aus Ablehnung und Beharrlichkeit ein Ende fand.

Was er wohl diesem Ritual bezweckte? Ich frage mich, was hinter meiner beharrlichen Ablehnung steckte, hinter diesem ewig gleichen Spiel, dessen Ausgang von Anfang an klar war, dieser Wortwechsel, in dem »nein« »ja« und »nicht« »doch« bedeutete, in dem »ich will nicht« »ich will« und »nein, danke« »ja, bitte« bedeutete.

»Der Tod des Vaters«, schreibt Freud irgendwo, »ist das einschneidendste Ereignis, der entscheidende Verlust im Leben eines Mannes.« Doch das einschneidendste Ereignis meines Lebens habe ich erst noch vor mir – *nicht nur einmal, sondern zweimal* – und sowohl mein Onkel als auch mein Vater, stabil wie Buchstützen, leben noch und erfreuen sich bester Gesundheit.

»Wenn es keinen Vater mehr gibt, wozu dann noch darüber sprechen?« fragt Roland Barthes in »Die Lust am Text«. Aber was macht man, wenn es *zwei* Väter gibt? Was ist, wenn Du jemand bist, der nicht, wie Sartre, mit dem frühen Tod seines einzigen Vaters gesegnet ist, sondern der verrückterweise gleich *zwei* lebende Väter am Hals hat, wobei der erste Dich nicht anerkennen und der zweite nicht sterben will?

Möglicherweise – und das wird mir heute klar, wenn ich an jene Montagabende mit Bier und Vierteldollars zurückdenke – diente alles, was ich seitdem gesagt habe, einzig und allein dazu, dass ich mir dieses Szenario wirklich ehrlich ansehe, nämlich dass ich meinem Adoptivvater das Schwert aus der Hand nehme und es an den wirklichen Ort meiner Abstammung bringe, dorthin, wo mein Leben tatsächlich begonnen hat.

Möglicherweise dienen all die Geschichten, die ich erzählt habe, dazu, die lockende Hand mit den Eiern zu ergreifen und die Hand mit den Pelzen loszulassen. Möglicherweise sind diese Geschichten ein Versuch, das »große Nein« meiner Kindheit – wie der Dichter Cavafy schrieb – in ein »großes Ja« zu verwandeln, die Hand meines wirklichen Vaters wieder zu ergreifen und ihm die Chance zu geben, mein Leben mit klingender Münze zu segnen.

7 Der Student

»Alles eine Mesalliance.«

Robert Lowell, »Epilogue«

Es ist Zeit, dass ich mich nach einem College umsehe, und obwohl ich sehr gute Noten und ein exzellentes Abschlussexamen von einer High School habe, die weithin als die beste des Landes gilt, benehme ich mich wie jemand, der mit seinen Freunden in ein Restaurant geht, das er sich eigentlich nicht leisten kann, und zuerst auf die rechte Seite der Speisekarte schaut, auf die Preise. Dazu kommt, dass mein sogenannter Laufbahnberater an der Schule, Herr Alkali, weit mehr an den Aufschlägen und der Rückhand seiner Tennisspieler, die er trainiert, interessiert ist als an der akademischen Zukunft seiner Schützlinge.

»Sieht doch gut aus«, sagt er, als ich ihm meine Auswahl präsentiere: zwei staatliche Universitäten und aus irgendeinem merkwürdigen Grund meine »Traumschule« – die Universität von Rochester. Rochester lädt mich tatsächlich zu einem Vorstellungsgespräch ein, aber als ich mich nach den Flugpreisen von New

York dorthin erkundige – irrsinnige fünfunddreißig Dollar einfach – komme ich zu dem Schluss, dass das entschieden mehr ist, als meine Stiefmutter verkraften kann, und sage ab. Monate später bin ich ohne die Hilfe meiner Eltern oder der B'nai B'rith unterwegs zum Harpur College, dem »Elitecampus« der staatlichen Universität New York Binghamton – zum Schnäppchenpreis von vierhundert Dollar Studiengebühren pro Semester und einem Stipendium des Staates New York.

Bald wird meine Stiefmutter – zweifellos dank dem »Morgengebet einer unglücklichen Ehefrau« – meinen Vater, der seinen weinenden und verzweifelten Sohnes endlich los ist, erfolgreich von unserer angestammten Behausung in der West 181sten Straße 801 in ihr *Sanctum Sanctorum* in der Nähe des westlichen Endes von La Guardia Airport locken. Doch zuerst müssen sie natürlich mich und meinen besten Freund und zukünftigen Zimmergenossen, Siegfried Mortkowitz, nach Binghamton im Staat New York bringen – Maut, Benzingeld, *Frau* Mortkowitz und alles andere eingeschlossen.

Die Mortkowitzens, polnische Holocaust-Überlebende, die eine Reinigung in der Bronx betreiben, sind zu arm, um sich ein Auto leisten zu können, und deshalb quetschen wir uns zu fünft – mein Vater, meine Stiefmutter und ich vorne, Siggy, seine Mutter und sein ganzes Hab und Gut hinten – in den silbergrauen Chrysler New Yorker 1961 meines Vaters und fahren den West Side Highway hoch in Richtung New York State Thruway und Route 17 Richtung Westen und hoffen damit, uns gegenseitig voneinander zu befreien.

Siggy und ich amüsieren uns unterwegs köstlich und spielen verschiedene Spiele wie »Zwanzig Fragen« oder machen Scharaden, während mein Vater wie üblich mit einer Höchstgeschwindigkeit von fünfzig Meilen in der Stunde dahinzockelt. Meine Stiefmutter heftet ihren Blick unterdessen fest auf die Mauthäuschen und die Benzinanzeige des Autos, ist ziemlich nachdenklich und macht vermutlich schon Pläne, wie sie meine restlichen Habseligkeiten in ihren Besitz bringen kann, während sich Frau Mortkowitz auf dem Rücksitz ganz rechts unter einer Schicht Federbetten und -kissen zusammenkrümmt und hörbar kaum noch Luft kriegt.

Selbst hier, auf der Route 17 in Richtung Monticello, hat mein Vater sein Geschäftsgebaren und seinen Charme nicht verloren. Alle fünf Minuten dreht er sich sehr zur Beunruhigung meiner Stiefmutter um 180 Grad nach Frau Mortkowitz um, von der man kaum noch was sieht, und erkundigt sich:

»Sie sitzen doch bequem, Frau *Mos*kowitz?« worauf Frau Mortkowitz jedes Mal im immer gleichen Ton murmelt: »Ja sehr, Herr *Bloomingdale*.«

Und so halten die Bloomingdales, die Moskowitzens und ihr versammelter Nachwuchs die ganzen mehr als zweihundert Meilen in Richtung Nordwesten Kurs auf die erhoffte Walhalla von Binghamton, New York. Als wir nach einer siebenstündigen Fahrt, die ein normaler Mensch in maximal vier zurückgelegt hätte, endlich auf dem matschigen und baustellenübersäten Gelände des Harpur College ankommen, will mein Vater seiner deutsch-polnischen Mission im Staat New York noch den letzten Schliff geben, indem er einen Wachmann fragt, wie er nach »Bimming Hall« kommt – eine Adresse, die er noch das ganze nächste Jahr benutzen wird, sodass meine Post an so unterschiedlichen Orten wie Birmingham, Alabama oder Brimington, Maine ankommt statt in Bingham Hall.

Doch zu diesem Zeitpunkt schert das Siggy und mich reichlich wenig: Wir glauben, dass wir auf dem besten Weg in unsere Freiheit sind.

Mit Ivy Masters *treibe* ich es endlich richtig, in meinem Studentenzimmer in Endwell, New York, nachdem wir uns – jahrelang wie mir scheint – auf den von ihr so genannten »Minifick« beschränkt haben, eine fast chirurgische Prozedur, bei der ich meinen Penis ungefähr einen halben Zentimeter tief in ihre Vagina einführe und vor dem Erguss zurückziehe. Auf meiner Vergnügungsskala rangiert das als armseliger Ersatz für Oralsex, aber was solls?

Niemand ist anscheinend entzückter darüber, dass wir endlich Sex haben, als *Frau* Masters, die ihrer Tochter, die nicht auf Oralsex steht, nicht nur sofort die Pille verschreiben lässt, sondern – buchstäblich jedes Wochenende, wenn Ivy aus Forest Hills zu Besuch kommt – auch eine nicht gerade koschere, aber ausgesprochen phallisch aussehende Salami mitschickt, »für den Fall«, richtet mir Ivy aus, »dass Du müde wirst.«

Aber ich werde *nicht* müde – warum sollte ich auch? Ich fange doch gerade erst mit diesem Spiel an – und die Salami schmeckt meistens köstlich. Wenn ich schon nicht Ivy in Frieden vernaschen kann, so tröste ich mich, kann ich wenigstens die Salami ihrer Mutter verschlingen. Und nachdem ich mich jahrelang nach Robbie Bodenheimer gesehnt habe, nach Minificks und mich mit einem Fingerbad in Ivys vaginalen Säften zufriedengegeben habe, fühlt sich dieses *echte* Treiben verdammt gut an.

Ich bin nicht nur *in* den Sex und *ins* College *ein*gestiegen, sondern auch – ganz ohne Hilfe meiner Stiefmutter – in der Hierarchie der Borscht Belt Sommerjobs *auf*gestiegen: Ich bin einmal mehr in Amos' dollargetränkte Fußstapfen getreten und arbeite als Aushilfe bei der *Crème de la Crème*: da, wo Jenny Grossinger's berühmtes Jüdisches Roggenbrot hergestellt wird, nämlich bei Grossinger's in Kiamesha Lake, da wo sich ab und zu Leute wie Jack Benny und Mort Sahl aufhalten und auch ein 230 Pfund schwerer argentinischer Boxer namens Oscar Bonavena, der um den Weltmeistertitel im Schwergewicht kämpft.

»Ich Schwergewicht-Champion«, singt Bonavena jeden Morgen um acht, wenn er aus seinem Trainingslager in der Skihütte in Grossingers Küche einfällt, um zum Frühstück ein halbes Dutzend riesige Steaks und Mengen Orangensaft zu verdrücken. »Ich Schwergewicht-Champion.«

Bonavena ist nicht der einzige Goy, der sein Training in den *glatten*, koscheren Arealen von Grossinger's absolviert. Da ist auch noch Daphne Magnusson, eine üppige Blondine aus Westport, Connecticut, deren Großeltern wirklich Pferde auf Block Island züchten. Daphne, so besagen Gerüchte, treibt es, wie auch Robbie Bodenheimer, in allen möglichen Vor- und Nachspiel-Stellungen und ist darüber hinaus die einzige der Restaurantbediensteten, die nicht zum auserwählten Volk Gottes gehört, weswegen ich sie natürlich sofort auswählen würde.

Doch in diesem Sommer bin ich eher schüchtern und habe schlimme Akne, so dass ich mir nicht vorstellen kann, was diese

Doppelgängerin von Gidget an so jemandem wie mir, einer Mischung aus Golda Meir und Bob Dylan, finden könnte. Also begnüge ich mich die meiste Zeit des Sommers damit, dass Daphne mir zweimal täglich die für mich größte Köstlichkeit – ein Glas Aprikosennektar – an meinen Arbeitsplatz bringt und Bemerkungen macht, die mir vorgaukeln, dass ich es bin, den sie begehrt, auch wenn mir Nelly Gerns Gesicht aus dem Spiegel entgegenblickt.

Am letzten Sommerabend endlich, nach Labor Day und bevor Bonavena, der im Madison Square Garden in zehn Runden gegen Joe Frazier einstimmig nach Punkten verlieren wird, das Hotel verläßt, schaffe ich es, Daphne buchstäblich vom Motorrad eines Goy aus Liberty zu zerren und mit einem *Hiyo, Silver! Awa-yy!* in mein Bett zu verfrachten, wo wir, zu meiner ungezügelten Freude bis zur spätsommerlichen Besinnungslosigkeit ringen.

Schokolade. Schokolade. Schokolade. Schokolade. Ob ich im College oder bei der Arbeit oder sonst wo bin, immer kommen die Päckchen regelmäßig an – voll mit Estée Bitterschokolade, importiertem Marzipan, Weinbrandbohnen und Waffeln mit Schokoladenüberzug.

»Für meinen lieben Sohn, meinen Hauptgewinn«, steht stereotyp auf jeder beigelegten Karte, im üblichen zweisprachigen Gekritzel meines Vaters, »mit Liebe von Deinem PAPA.«

Schokolade, Kreuzfahrten, geheime Bankkonten, geheime Postfächer – »Schreibe heimlich Deinem Papa – warum sollte es Geheimnisse zwischen einem Sohn und seinem guten PAPA geben?« Keine Geliebte – nicht einmal Claire; wie ich vermute – wurde je so beflissentlich und gnadenlos umworben, wie ich jetzt, ein hormonell intakter, heterosexuell veranlagter Mann im späten Jugendlichenalter, ausgerechnet von meinem eigenen Vater umworben werde.

Jahre später, als ich zum ersten Mal die Einsicht gewinne, dass das Beste, was ein Mann für seine Kinder tun kann, ist, seine Frau zu lieben, und als ich zum ersten Mal Probleme habe, intime Beziehungen aufrechtzuerhalten, wird mir allmählich klar, dass zumindest ein Teil meiner Schwierigkeiten darin liegt, dass für meinen

Vater die Liebe seines Lebens nicht eine seiner Ehefrauen oder irgendeine andere Frau war, deren Hände er küsst.

Ich war es, sein einziger, adoptierter Sohn.

Da jede seiner Liebesbezeugungen in aller Heimlichkeit stattfinden muss, kann ich nicht nur Schokolade, sondern auch jene andere Süßigkeit – Geld – immer nur heimlich bekommen. Wie Onkel Berthold jeden Montagabend in Washington Heights seine beiden, von mir zunächst abgelehnten Vierteldollar mir wieder zuschob, so schiebt auch mein Vater mir Geld zu – im Keller meiner Stiefmutter, in seinem Auto, wenn ich ihn in die Stadt begleite, und über geheime Bankkonten in Form von Sparbüchern, die er mir immer wieder persönlich oder per Post zukommen lässt.

Der Arme: Er kann nicht einmal die Liebe zu seinem eigenen Sohn offen zeigen. Und sein armer Sohn: Ich *will* das Geld natürlich haben, genauso wie ich seine Liebe unbedingt haben will, aber die Art und Weise, wie er sie mir anbietet, macht aus ihr etwas Schmutziges, Verbotenes, Illegales, Dreckiges. Also mache ich es genau wie bei meinem Onkel: Ich schiebe das Geld mit einer Hand weg, während ich es mit der anderen gierig nehme wie eine Geliebte, mit der man Sex in einem billigen Motel hat.

Jahre später endet dieses finanzielle Liebeswerben zumindest einmal nicht nur unglücklich, sondern auch kostspielig. Kurz bevor ich von New York aus zu einer mehrwöchigen Reise nach Indonesien aufbreche, schiebt mir mein Vater fünf Hundertdollarscheine in die, wie er annimmt, Innentasche meines Regenmantels. Es ist aber nur das Futter, und als wir ein wenig später in aller Unschuld zu seinem Arzt gehen, zu dem ich ihn immer begleite, wird, ohne dass wir es bemerken, sein illegales Schmiergeld offenbar die Madison Avenue hinuntergeweht, einem neuen Schicksal entgegen: Es verschwindet in einem Gully oder landet vielleicht noch segensreicher in den dankbaren Händen eines Obdachlosen, der es wirklich braucht.

Im Gegensatz zu den fünf Hundertdollarscheinen geht die psychologische Lehre aus all dem nicht verloren: In gewisser Weise lerne ich gerade, dass Geld auch eine Form der Liebe ist (oder, wie Wallace Stevens sagt, »eine Art Poesie«), und ich werde wohl oder übel zu spüren bekommen, dass die Art, wie es gegeben oder zurückgehalten wird, in gewisser Weise darüber entscheidet, ob ich geliebt werde oder nicht. Und dennoch bereitet mich auch das nicht auf die Lektion in Gelddingen vor, die ich später noch lernen muss.

Es ist nicht Wallace Stevens, sondern ein irischer Dichter – ein relativ unbekannter, ständig betrunkener und für das Jahr 1968 auffallend schwuler Kompagnon des kalifornischen Dichters Jack Spicer –, der mir den Anstoß zu dem gibt, was letzten Endes Teil meines Berufs werden wird. Und dabei inspiriert mich nicht einmal Liddys Werk, sondern vielmehr die Tatsache, dass er sich in Larry, meinen neuen besten Freund verknallt hat.

Liddy ist in Harpur College Gastdichter – ein Titel, der mir zu jener Zeit so exotisch vorkommt wie Gastastronaut. Er ist das erste lebende Exemplar der Gattung Dichter, dem ich je begegnet bin, und Larry, der seine literarische Jungfräulichkeit im Gegensatz zu mir schon längst verloren hat, belegt den Kurs von »James«, wie er ihn nennt, über zeitgenössische irische Dichter. Liddys schweifender Blick – der offenbar häufig auf kaum der Pubertät entwachsenen jüdischen Jungs aus New York hängenbleibt, die Harpur besonders gerne aufnimmt –, landet schließlich auf dem sich unendlich geschmeichelt fühlenden Larry und wird durch handgeschriebene, zu mitternächtlicher Stunde unter seiner Zimmertür durchgeschobene Gedichte vervollkommnet, durch verzweifelte Telefonanrufe und kunstvoll verfasste Briefchen (»An Larry, der sich auf das sinnliche Geheimnis einlässt ...«), die zu jeder Tages- und Nachtzeit verschickt und empfangen werden, manchmal auch speziell angeliefert, und das manchmal sogar in meinem Beisein.

Auch ich habe ein Auge auf Larry geworfen, aber anders. Zum ersten Mal in meinem Leben hat mir ein Buch wirklich etwas gesagt – D. H. Lawrences »Liebende Frauen«. Aber mich interessiert nicht so sehr die Beziehung eines der beiden Pärchen, sondern die von Gerald und Birkin, diese »andere Art von Liebe«, mit deren Sehnsucht der Roman endet. Auch leben wir gerade in der Zeit des Vietnamkriegs und damit in der Zeit nächtlicher, vertraulicher Diskussionen unter männlichen Studenten, die darüber reden, was man denn tun solle, und ich – ungeachtet meiner doch recht erfolglosen Verführungskünste – spüre auch ein Verlangen nach dieser »anderen« Art von Liebe: das Verlangen nach einer Freundschaft mit einem Mann, deren Intensität hoffentlich *sowohl* das schmerzende Verlangen nach Mädchen, das ich Tag und Nacht verspüre, lindert *als auch* die Sehnsucht nach einem Vater, einem Bruder – irgendjemandem, mit dem ich wirklich eine platonische Verbindung eingehen kann.

Larry – zusammen mit unseren gemeinsamen Freunden Bobby und David – ist genau einer dieser Männer, ein potenzieller Gerald für meinen Birkin, und ich bin weder über James' spätabendliche Anrufe allzusehr erfreut noch über die romantischen Verse, die er Larry unter seiner Tür durchschiebt. Ich bin – wie soll ich es sonst nennen? – eifersüchtig, und es ist die Eifersucht, nicht die Poesie, die sich als meine Muse erweist: Zögerlich, übertrieben, unbeholfen fange ich an, etwas im Dunkeln hinzukritzeln.

Schulabschluss 1969: auf dem Podium spricht Isaac Asimov über die Möglichkeiten von Leben auf anderen Planeten, aber ich bin weiterhin ganz fest hier auf dem Boden, schaue nach oben und starre auf das bittere und gelangweilte Gesicht meiner Stiefmutter, die neben meinem Vater auf der Tribüne sitzt.

Ähnlich begeistert wie Jassir Arafat und der syrische Präsident Hafiz al-Assad an den Yom Kippur Feierlichkeiten teilnehmen würden, sind meine Eltern zu meiner College-Abschlussfeier angereist (ich bin von den 568 meines Jahrgangs der respektable, wenn auch nicht spektakuläre 147.), wie auch meine Freundin Daphne (dieselbe, die ich in der besagten letzten Nacht im Grossinger's rumkriegte) vom Oneonta State College, an dem sie ihr letztes Jahr verbringt. Daphne und mein Vater geben, wie sie so nebeneinander auf der Tribüne sitzen, ein merkwürdiges Paar ab, ein bisschen so, als hätte Elie Wiesel ein blind date mit Claudia Schiffer.

Nach Asimovs Rede und der übrigen Zeremonie, als die Mitglieder der Phi Beta Kappa einzeln namentlich aufgerufen werden, holt mein Vater meine Stiefmutter höflich aus ihren Träumereien von Phillips Petroleum und Standard Oil, und sie machen sich mit osteoporöser Vorsichtig auf den Weg von der Tribüne hinunter in die Sporthalle, wo die Eltern, Verwandten und zukünftigen Ehepartner sich versammelt haben, um zum bestandenen Examen zu gratulieren.

»Was ist denn los?«, fragt mein Vater, ganz der Mann der aufmunternden Worte, als er schließlich zu mir durchkommt. »Du warst immer so ein guter Schüler. Warum haben sie denn Deinen Namen nicht aufgerufen?«

An diesem Abend, als wir in ein nahegelegenes Steak- und Fischrestaurant namens Red Lion Inn gehen, in dem auch ich als Kellner aushelfe, wird alles nur noch schlimmer; mein Vater, der große Charmeur, sitzt in der zugegebenermaßen sehr gemischten und gar nicht zusammenpassenden Gesellschaft von Daphne, mir und meiner Stiefmutter die ganze Zeit über stumm und mit einer so starren Miene da, als sei er dem Holocaust gerade wieder entkommen.

»Dein Vater regt sich wirklich sehr auf«, sagt meine Stiefmutter zu mir, als Daphne und mein Vater aufs Klo gehen.

»Warum denn das, um alles in der Welt?«, frage ich laut. »Nur weil ich nicht unter den Phi Beta Kappa war?«

»Nein, Du blöder Junge«, antwortet meine Stiefmutter. »Er regt sich so auf, weil Du mit dieser verflugten Schickse schläfst.«

Ich mache mich nach dem Examen zu einer für 1969 typischen Rucksacktour durch Europa auf. Ich nehme mir vor, »die gottverdammte Schickse« später auf meiner Reise zu treffen und bin mir wie immer sicher, dass mein Vater sterben wird, während ich weg bin.

Und genauso hat mein Vater wie immer eines seiner »geheimen« Postfächer, dieses Mal in der yekken Sommerresidenz von Fleischmanns, New York, an das der »liebe Sohn« schreiben soll, wenn er, wie mein Vater es ausdrückt, irgendwelche »Geheimnisse zwischen einem Sohn und seinem Papa hat, von denen niemand sonst wissen soll«.

Ich habe tatsächlich ein Geheimnis – von dem ich hoffe, dass es keines ist – nämlich, dass ich ihn liebe, und ich möchte, dass er es weiß, bevor er tot umfällt und die Hexe von Jackson Heights ihn absolut davon überzeugt haben wird, dass ich ein undankbarer Taugenichts bin, der nicht mehr vom Leben will als Schicksen zu schänden und das Erbe seiner erbärmlichen AT&T-Aktien einzuheimsen. Also schicke ich den kleinen Brief an das Postfach 483 in Fleischmanns, New York 12430, bevor ich nach Europa aufbreche:

Lieber Papa,

bevor ich nach Europa losfahre, wollte ich Dir unbedingt schreiben, dass ich – entgegen allem, was Alice Dir über mich erzählt und einzureden versucht – ein liebender und ergebener Sohn bin, der dankbar für alles ist, was Du für mich getan hast.
Das solltest Du, so hoffe ich, selber erkennen können, aber ich weiß, dass Alice unentwegt alles daran setzt, Dich vom Gegenteil zu überzeugen und Dir einzureden, ich sei ein schlechter, undankbarer Mensch, der an nichts anderes denkt als an Mädchen und Vergnügungen. Aber das stimmt nicht: Ich liebe Dich und bin Dir ebenso sehr ergeben, auch wenn ich mich manchmal damit schwer tue, dass Du mit einer Frau verheiratet bist, die soviel Energie aufbringt, Dich gegen mich und alles, was ich tue, aufzuhetzen.
Deshalb – da wir nie wissen können, was die Zukunft bringt – wollte ich Dir das – wie Du vorgeschlagen hast, heimlich – sagen, bevor ich auf die Reise gehe. Ich freue mich darauf, Dich bei bester Gesundheit und guter Laune wiederzusehen, und wünsche Dir einen wunderbaren und erholsamen Sommer in Fleischmanns.

Dein Dich liebender Sohn
Michael

Doch das geheime Postfach meines Vaters hat seine eigene freudsche Geheimtür: An dem Abend, an dem er, gerade als ich über den Atlantik fliege, den Brief erhält, lässt er ihn passenderweise offen auf dem Küchentisch liegen, wo ihn meine Stiefmutter mit Sicherheit finden wird – und genau so ist es. »Solch ein undankbarer und neidischer Junge«, teilt sie ihm mit, nachdem sie den Brief gelesen hat.

Tief in seinem Inneren, so glaube ich heute, muss er wohl davon überzeugt gewesen sein, dass sie recht hat.

Wir sind zurück aus Europa (Daphne und ich leben jetzt zusammen), und ich unterrichte Deutsch an einer High School in der Nähe von Binghamton – und das macht es relativ einfach, sowohl der Einberufung, als auch der Entscheidung für eine »wirkliche« Zukunft zu entgehen. Spät in der Nacht klingelt das Telefon.

Es ist mein armer Cousin Amos – mein *Bruder*, dessen Stimme am anderen Ende der Leitung vor Unbehagen zittert und der den ziemlich fragwürdigen Auftrag erhalten hat, mich den Klauen der goldenen *Schickse* zu entreißen, mit der ich überwiegend glücklich zusammenlebe.

»Hi, Mike, wie geht's dir?« fängt er an – er ist der Einzige auf der Welt, dem ich noch erlaube, mich »Mike« zu nennen.

»Gut, Amos, und dir?«

»Mir geht's auch gut. Hör zu, ich will gleich zur Sache kommen, okay? Ernst (in der Familie riefen wir meinen Vater beim zweiten Namen) hat mich gebeten, Dich anzurufen, weil er sich Sorgen um Dich macht und dachte, dass ich helfen könnte.«

»Sorgen? Helfen? – Was meinst Du damit, Amos?« Ich kann das Unbehagen meines armen Cousins am anderen Ende der Leitung immer deutlicher spüren.

»Hör zu, Mike, ich wollte Dich nicht anrufen und es ist mir wirklich peinlich, glaube mir, weil es mich nichts angeht, aber Du weißt ja, wie Ernst ist. Ich glaube, er macht sich einfach Sorgen, dass Dir nicht klar ist, worauf Du Dich einlässt, wenn Du mit Deiner Freundin zusammenlebst, und er hat mich gebeten, Dich anzurufen und mit Dir zu reden.«

Würde ich der ganzen Sache distanzierter gegenüberstehen, würde es mir jetzt auffallen: mein Vater ist *jetzt* um mich besorgt, wo ich glücklich mit meiner Freundin im zweihundert Meilen entfernten Binghamton, New York lebe und mit ihr schlafe. Was ihn *wirklich* beunruhigt, das sollte ich doch eigentlich wissen, ist, dass ich das mache, wozu er nie in der Lage war: Ich lebe mit Claire Haas. Ich schlafe, esse und bumse mit der goldenen Schickse, die er aufgeben musste. *Ich sage: zum Teufel mit Judaismus und Hitler und den Nazis und religiös besessenen und verfolgten Vätern.* Ich versuche, mein Leben zu leben.

»Hör zu, Amos«, sage ich, »ich weiß Deinen Anruf zu schätzen, und ich weiß auch, dass das nicht von Dir ausging, aber mir geht es wirklich gut und ich wünschte, meine Eltern würden Dich – und mich – in Ruhe lassen.«

»Ich verstehe dich, Mike«, bedauert mich Amos am anderen Ende. »Aber ich habe Ernst versprochen anzurufen und deswegen dachte ich, dass ich es tun sollte.«

»Kein Problem«, sage ich. »Schon okay.« Und dann lege ich auf.

Aber ich kann mich von all dem natürlich nicht wirklich freimachen. Und so trifft etwas an dem krankhaften Anliegen meines Vaters, wie immer, auch jetzt wieder ins Schwarze: Ich wende mich wieder meinem eigenen Leben zu und fühle mich doch weiter nur als der nutzlose, abtrünnige, verletzende und undankbare Sohn.

Einige Wochen später kommt noch so ein spätabendlicher Anruf. Dieses Mal ist am anderen Ende (auf ihre Kosten – ein unheilvolles Zeichen) die Stimme meine Stiefmutter.

»Dein Vater hat einen schrecklichen Unfall gehabt und ist in Flushing im Krankenhaus«, teilt sie mir schnell mit und hört bestimmt die Sekunden des Ferngesprächs dahinrattern. »Du musst sofort nach Hause kommen.« Sie nennt ihr immer nur dann *mein* »Zuhause«, wenn es Probleme gibt und sie mich braucht.

»Ich komme so schnell wir können«, sage ich und gebe Daphne ein Zeichen, aus dem Bett aufzustehen, aber da hat sie schon aufgelegt. Rund fünf Stunden später, so schnell, wie es die nicht erneuerte Route 17 und mein Plymouth Valiant von 1964 zulassen, fahren wir den West Side Highway hinunter, gerade als die aufgehende Sonne wunderschön durch den diesigen Smog über Manhattan bricht. Wir machen halt an der Wohnung meiner Freunde Larry und Charlene an der Upper West Side, wo ich die »verfluchte Schickse« abladen – ich will meinem Vater ja nicht noch einen weiteren Herzinfarkt verpassen – und im Krankenhaus anrufen will, um mich nach den Besuchszeiten zu erkundigen.

»Ich möchte gern wissen, wie es meinem Vater Julius Blumenthal geht und wann ich ihn besuchen kann«, sage ich der Telefonistin im Krankenhaus. »Soviel ich weiß, wurde er gestern Abend wegen eines Autounfalls eingeliefert.«

»Herr Blumenthals Zustand ist kritisch«, teilt sie mir nach einer kurzen Pause mit. »Wenn Sie sein Sohn sind, können Sie jederzeit zu ihm.«

Inzwischen laufen mir schon die Tränen über die Wangen, als ich die fünf Stockwerke aus Larrys Wohnung hinunterstürze und fast hysterisch in mein Auto springe. Wie in einem schlechten James-Bond-Film kurve ich wie ein Irrer durch den dahinkriechenden Verkehr und an in zweiter Reihe geparkten Autos vorbei, fahre über die Triboro-Brücke und rase, ohne mit der Wimper zu zucken, durch die Mautstelle – nur die Tränen wische ich weg. In meiner Vorstellung betrete ich den Operationssaal gerade in dem Augenblick, als ein weißes Laken über das Gesicht meines Vaters gezogen wird und eine Schwester sich überschwänglich tröstend an mich wendet: »Es tut mir so leid, Herr Blumenthal, aber Sie kommen ein paar Minuten zu spät. Ihr Vater war ein so liebenswerter Mann.«

Mit quietschenden Reifen biege ich in den Parkplatz des Krankenhauses ein, lasse das Auto, ohne die Schlüssel abzuziehen, vor dem Eingang stehen, renne in den Eingangsbereich und sehe mich wild nach jemandem um, der mir den Weg zum letzten Atemzug meines Vaters weisen kann. »Er ist auf der Vier Ost, der Intensivstation«, teilt mir die diensthabende Person an der Anmeldung mit, und ich bin schon weg, nehme drei Stufen auf einmal. Als ich an der Tür zur Intensivstation bin und mich vor Angst und Erschöpfung fast übergeben muss, bietet sich mir das Bild, das ich vielleicht hätte erwarten können: mein Vater, sein rechtes Bein in einer Art Schiene aufgehängt, hält die Hand einer Krankenschwester und will, als ich den Raum betrete, diese Hand gerade küssen.

»Ach, mein lieber Sohn!«, ruft er, als er mich sieht. »Gott segne dich, Du bist jetzt da. Die Krankenschwestern hier, Gott liebt sie, kümmern sich so gut um mich.«

»Aber Moment mal«, sage ich und wende mich eher ärgerlich als erleichtert an die Schwester. »An der Information und am Telefon haben sie mir gesagt, dass mein Vater in einem kritischen Zustand ist. Das«, sage ich und deute auf meinen ziemlich behaglich aussehenden père, »sieht für mich nicht wie ein kritischer Zustand aus.«

»Ach Gott«, sagt die Schwester. »Eigentlich hätte es Ihnen jemand sagen sollen: Jeder Patient, der schon mal einen Herzinfarkt hatte und jetzt Opfer eines Unfalls ist, kommt auf die Liste mit den Personen, deren Zustand als kritisch einzuschätzen ist – vorsorglich. Aber Ihrem Vater – ein so charmanter Mann – geht es wirklich gut, Herr Blumenthal, Sie brauchen sich nicht die geringsten Sorgen zu machen.«

Durch die wundersamen Wirrungen des Schicksals, die Liebe zur Literatur erst spät zu entdecken und mich damit hervorzutun, Prüfungen zu früh abzulegen, finde ich mich an der Cornell-Universität im Fach Jura wieder – ungeachtet der Wünsche meines Vaters, ich solle doch Apotheker oder Veterinär werden –, wo ich, zumindest im ersten Jahr, zu den Besten gehören sollte. Ich bin zum Entzücken und der Verwirrung meiner Professoren naiv genug zu glauben, Yeats' Vorschlag in die Tat umsetzen zu können, »Wirklichkeit und Gerechtigkeit in einer einzigen Vision zu erfassen.«

Im Sommer zwischen meinem zweiten und dritten Universitätsjahr arbeite ich auf Empfehlung eines Freundes, der im dritten Studienjahr ist, für einen Mann namens David Souter, den damaligen Stellvertreter des Oberstaatsanwaltes (unter dem späteren Senator Warren Rudman) des Bundesstaates New Hampshire.

Bei meinem Vorstellungsgespräch bei Souter – in dem wir anscheinend grundsätzlich unterschiedlicher Meinung sind, außer dass wir beide Emerson und Thoreau bewundern – sehe ich mich zum ersten Mal jemandem gegenüber, für den das Gesetz nicht nur Beruf ist, sondern Ehefrau und auch Geliebte: Souter, ein Junggeselle Anfang dreißig, lebt noch bei seiner Mutter in Ware, New Hampshire. So wie der ehemalige Rhodes-Student und Absolvent der Harvard Law School gelassen und stilvoll auftritt, bin ich unsicher und ungeschliffen, und doch scheinen wir uns zu mögen und – *voilà!* – ehe ich weiß, wie mir geschieht, bin ich im Sommer der einzige Praktikant in der Abteilung für Verbrechen beim Oberstaatsanwalt für den Bundesstaat New Hampshire und arbeite an Fällen, bei denen ich für die gegnerische Seite weitaus größere Sympathien hege als für unsere eigene.

Souter, dessen Denken in sich logisch und zielgerichtet zu sein scheint wie das meine dekadent und chaotisch, ist offensichtlich dennoch mit meiner Arbeit zufrieden, und ich nutze jede Gelegenheit, unsere Gespräche vom Gesetz weg hin zu Thoreau und dem nahegelegenen Mount Monadnock zu lenken.

Es ist dieser unselige »Watergatesommer«, in dem Fernsehen und Zeitungen voll sind mit peinlichen Enthüllungen über unseren Präsidenten und seine Helfershelfer; und an meinem letzten Arbeitstag – Souter und Rudman laden mich in ein *sehr* republikanisch wirkendes Restaurant in Concord zum Mittagessen ein – übergeben sie mir ein Empfehlungsschreiben, in dem sie sich anerkennend über meine Arbeit in ihrem Büro äußern und mir bescheinigen: »In diesem Sommer, in dem sich zeigte, wie sehr doch einige Angehörige unseres Berufes sich in ihren Pflichten und in ihrer Moral korrumpieren lassen, hat Ihre Arbeit in unserem Büro und Ihre Verbundenheit mit uns noch einmal unsere Überzeugung bekräftigt, dass Rechtsanwälte wahrlich die besten Menschen sein können.«

Als ich nach dem Essen mit Souter alleine in seinem Büro bin, teile ich ihm mit, obwohl ich auf seinen Vorschlag hin schon ein Vorstellungsgespräch für eine Stelle beim örtlichen Bundesbezirksrichters Hugh Brownes hatte, dass ich mir überlege, nach dem Jurastudium eine Auszeit zu nehmen, um zu schreiben, was bei meinem ehemaligen Boss nur wenig Enthusiasmus hervorruft.

»Ich an Ihrer Stelle wäre vorsichtig«, rät er mir freundschaftlich und sicherlich weise. »Das Gesetz«, fügt er hinzu, wie einer der weiß, wovon er spricht, »ist keine nachsichtige Geliebte.«

Richter Brownes bietet mir tatsächlich die Aushilfsstelle an, die ich zunächst auch annehme, dann aber – nach einem dieser selbstzerstörerischen Schritte im Hinblick auf die Karriere, die schon so mancher bessere Schriftsteller vor mir getroffen hat – ablehne, nur um stattdessen eine wenig poetisch klingende Stelle anzunehmen (für die ich mich, meines Wissens, nicht einmal beworben habe), nämlich als Mitarbeiter der Staatsanwaltschaft im Amt für Wettbewerb bei der Bundeshandelsbehörde, FTC, in Washington, D.C. Ich komme zu der Überzeugung – zumindest was die Wahl des zuständigen Gerichtsstands angeht –, dass ich mehr Henry Miller als Thoreau bin und mich besser in einer Stadt als in den Wäldern New Hampshires aufgehoben fühle.

Als ich im Herbst 1974 mit dem frisch bestandenen Examen der New Yorker Anwaltskammer in Washington ankomme, wird mir sofort ein unglaublich klingender Fall zugewiesen – eine Untersuchung monopolistischer Machenschaften in der Rosinenindustrie in Kalifornien –, was anfangs auch tägliche mehrstündige Befragungen armenischer Rosinenfarmer in der Gegend um Fresno in Kalifornien einschließt.

Dieses totale Eintauchen in die Welt der Rosinen endet in ersten unerotischen dichterischen Versuchen. Die erste Zeile eines dieser Gedichte, mit dem Titel »Rosinen«, erweckt den Anschein, dass ich eher ein junger Mann bin, der auf die Madison Avenue zusteuert als auf die Englischabteilung von Harvard. Das Gedicht, das mit »Eine Rosine ist ein bisschen Sonnenschein, den man essen kann« beginnt, enthält auch mindestens einen denkwürdigen Vers, an den ich mich immer noch erinnere – obwohl ich alles Erdenkliche unternommen habe, ihn zu vergessen:

»Eine Rosine ist ein kleiner schwarzer Junge,
den man zu lange in der Badewanne gelassen hat.«

Da ich mich noch weniger mit Literatur als mit Gesetzen auskenne, schicke ich dieses Meisterwerk – zusammen mit einigen anderen »Gedichten« und einem kurzen »Lebenslauf« – an eines der wenigen Literaturmagazine, die sogar ich kenne, den regelmäßig von der Englischabteilung des Oberlin College in Ohio herausgegebenen »Field«.

Ungefähr genau so lange wie ein Flugzeug von Washington nach Oberlin und zurück braucht, brauchen meine »Gedichte« – in ihrem frankierten und an mich adressierten Umschlag – zurück in meinen Briefkasten, mit der folgenden, mit Bleistift geschriebenen Kurzmitteilung, die an meinen »Lebenslauf« angeheftet ist:

Sehr geehrter Michael C. Blumenthal,

begehen Sie nie wieder den Fehler, so etwas einer anständigen Zeitschrift anzubieten. Sie sind dann unten durch.
Die Herausgeber

P. S. »Rosine = kleiner schwarzer Junge« ist besonders widerwärtig!

Das also ist der glänzende Beginn meiner literarischen Karriere. Meine Karriere als Jurist läuft leider auch kaum besser. Ich komme weder mit diesem äußerst unpersönlichen, gefängnisartigen Gebäude der FTC an der Ecke der sechsten Straße und der nordwestlichen Pennsylvania Avenue zurecht noch mit den Vernehmungen armenischer Rosinenfarmer oder Geschäftsführern der kalifornischen Landwirtschaftsgenossenschaften; also verbringe ich meine Nachmittage, nachdem ich mich zum Mittagessen davongestohlen habe, meistens damit, in den Washingtoner Zoo auf der Connecticut Avenue zu gehen und auf die aufgeblähten Kehlsäcke der Gibbons zu starren und hoffentlich auch einen Blick auf die Riesenpandas beim Paarungsakt zu erhaschen.

Ich würde zur Abwechslung gerne mal sehen, wie *sie* es machen: Vielleicht kann jemand wie ich noch etwas von ihnen lernen.

Endlich, als ich Ende zwanzig bin und für »Time Life Books« in Washington, D.C. arbeite – und mich weiterhin vergeblich nach dem immer noch nicht erteilten Segen meines Vaters sehne –, glaube ich, die »Frauenangelegenheit« geregelt zu haben – zumindest nach Ansicht meiner Eltern:

Sie heißt Anne und ist nicht nur Jüdin, sondern sogar *deutsch-jüdisch*; sie stammt aus einer wohlhabenden, besser assimilierten Familie aus der Vorstadt von Bethesda, Maryland. Sie hat einen Vater mit einem gutbezahlten, sicheren Regierungsjob, eine eigene Designerfirma, eine luxuriöse Eigentumswohnung in einem der besseren Viertel von D.C. – was könnten meine Eltern wohl mehr wollen?

»Sie muss krank sein und erzählt Dir nichts davon«, flüstert mir meine Stiefmutter in der Küche zu, als ich zum ersten Mal mit Anne zum Sabbatmahl bei meinen Eltern bin.

»Krank? Was in aller Welt redest Du da?

»Diese Frau ist doch so dünn – das ist doch nicht normal«, antwortet meine Stiefmutter.

»Das Mädchen lügt Dich doch an«, kommentiert mein Vater, der nie die Rolle des eifersüchtigen Freiers ablegt, später am Abend.

»Mich belügen? Worüber denn?«

»Über ihr Alter, Du Dummkopf! Sie muss viel älter sein, als sie zugibt. Sie weiß, diese Pollackin, was für ein guter Fang Du bist.«

Mein Vater scheint zu glauben, dass der Sohn von Julius und Alice Blumenthal ein so seltener Fang ist, dass Frauen zu allen Mitteln greifen würden – sogar dazu, ihr wahres Alter zu verheimlichen! –, um sich ihn zu schnappen. Ich komme also mit einer gesund aussehenden, ziemlich gutgebauten Achtundzwanzigjährigen, in die ich verliebt bin, zu meinen Eltern und bin ihrer Meinung nach becirct von einer ältlichen, krank aussehenden Magersüchtigen, ganz zu schweigen von einer Lügnerin – und ich bin es, der immer noch blöd und hoffnungslos um ihre Anerkennung buhlt.

Was muss das für eine Frau sein, die ihnen gefallen könnte? Wer könnte wohl jüdisch genug, deutsch genug, reich genug, hübsch genug, jung genug, fett genug sein? Naiv wie jeder, der immer vergeblich nach Liebe sucht, kann ich – im dichten Gestrüpp aus Feindseligkeiten und Neurosen – die Bäume, die deutlich sichtbar direkt vor mir stehen, immer noch nicht erkennen: Keine Frau in meinem Leben war je gut genug für den Sohn von *Julius Blumenthal, Feine Pelze*. Keine Frau wird es je sein.

Manchmal wird mir das alles einfach zu viel – meine vertauschten Familien, meine tote Mutter, meine verjagte Großmutter, meine lieblose Stiefmutter, mein emotional verkrüppelter Vater, und selbst mein *echt jiddischer*, im Borscht Belt antrainierter Humor kann mich nicht mehr retten.

Bei einer dieser Gelegenheiten – als ich so Mitte zwanzig bin und das ganze Leben mir besonders hoffnungslos vorkommt und anscheinend keiner in der wachsenden Armee meiner Psychotherapeuten, Freudianer oder Jungianer in der Lage ist, mir eine Lösung anzubieten – bin ich im Keller des Hauses meiner Stiefmutter in Jackson Heights und sitze an der Schreibmaschine. Vielleicht schreibe ich ein Gedicht – wer weiß? Doch ich weiß sicher, dass ich angesichts all dieser ausgeschalteten Lampen, geöffneten Post, belauschten Telefonanrufe und unerlaubten Duschen versuche, wie eine Schildkröte, die sich in ihren Panzer zurückgezogen hat, meine verletzten Grenzen mit etwas wieder aufzurichten, das Kunst nahe kommen könnte.

Meine Stiefmutter unternimmt als willkommene Abwechslung einen Spaziergang zum Briefkasten – was für sie fast schon einem Abenteuer gleichkommt – und mein Vater, der oben an seinem Schreibtisch gesessen hat und die fast katatonische Depression seines Sohnes möglicherweise spürt, kommt nach unten, um das ausgelaugte Verhältnis zwischen Vater und Sohn wiederzubeleben.

»Ist irgendwas los, lieber Sohn?« sagt er, und ich weiß, dass er nach besten Kräften versucht, Vertrautheit über den sprachlichen, intellektuellen und geschichtlichen Abgrund hinweg zu schaffen, der zwischen uns gähnt. »Ein Vater und sein Sohn können doch ein paar Geheimnisse haben, oder?« fährt er fort und verbiegt von Neuem eine Gerade, die ihn in der Vergangenheit bequem zum Verrat geführt hat. »Komm, sag Deinem Papa, was Dich bedrückt.«

Ich bin sechsundzwanzig Jahre alt, habe das Juraexamen an der Cornell Universität in der Tasche und bin weder in der Stimmung, meinem »Papa« zu erzählen, was mich bedrückt, noch könnte ich, selbst wenn ich es wollte, Worte dafür finden. Doch als ich diese Frage höre, zerbricht trotzdem etwas in mir; und unter heftigem unkontrollierbarem Schluchzen stütze ich meinen Kopf über der Schreibmaschine in meine Hände und fange an zu jammern – passenderweise auch noch auf Deutsch: »Ach, ich bin sooo unglücklich.«

Mein Vater, der angesichts solch nackter Gefühlsausbrüche nicht weiß, was er tun soll, holt schnurstracks das einzige alkoholische Getränk, das meine Eltern im Haus haben, um bei Angina Pectoris-Anfällen Erleichterung zu schaffen, aus dem Likörschrank, nämlich die Flasche Hennessy, und schenkt uns beiden einen ordentlichen Schluck ein.

»Nein danke, ich möchte nichts«, schluchze ich und versuche, meinen bebenden Körper wieder zu beruhigen. »Lass mich bitte einfach alleine.«

Mein Vater versucht zweifellos, auf seine Art wirklich zu kommunizieren. Ich glaube, dass er tatsächlich helfen *will*. Aber es ist schon zu viel Wasser den Bach hinuntergeflossen – zu viel Verrat, zu viele verfluchte Freundinnen, zu viel Stiefmutter. Und als ich meinen Kopf wieder auf meine Arme auf der Schreibmaschine lege und weiterschluchze, höre ich meinen Vater mit langsamen Schritten die Kellertreppe hochsteigen.

Einige Minuten später bekomme ich mit, wie auch er oben in seinem Schlafzimmer herzzerreißend schluchzt.

Ich begegne meiner ersten Frau, Kendra, in einem Café in Washington, D.C., als ich in Italo Calvinos »Italienische Volksmärchen« lese. Ich arbeite inzwischen als Produzent für das ZDF in Westdeutschland, und es ist mit wenigen anderen Ausnahmen das einzige Mal in meinem Erwachsenenleben, dass ich *nicht* aktiv nach einer Frau Ausschau halte.

In dem Augenblick, in dem sie das Café betritt und sich neben mich setzt, bin ich verloren. Mit ihren grünen Augen, dem breiten Lächeln, mit den leicht auseinanderstehenden Zähnen, mit L.L. Bean Gummischnürstiefeln, Bluejeans und einer bestickten, weißen Bluse im mexikanischen Look, sieht sie aus, als wenn sie gerade vom Reiten kommt.

Sie hat buchstäblich all das getan, von dem ich nur geträumt habe: fünf Jahre Lachsfischen in Alaska, mit dem Fahrrad alleine durch Ungarn und Polen, Segeltour mit einem griechischen Kapitän durchs Mittelmeer, biologischer Landbau im ländlichen Ohio, Triathlon in Honolulu. Sie ist das genaue Gegenstück zu mir – meinem beladenen, ewig nachdenkenden, trägen Ich, das ich so gerne loswerden würde – und, wer weiß, vielleicht bin ich ja genau dasselbe für sie.

Bevor der Nachmittag um ist, sind wir schon im Bett – oder zumindest auf dem Rasen. Und in den nächsten ungefähr sechs Monaten bis zu unserer Hochzeit kommen wir kaum aus unseren Stellungen raus, oder wenn doch, dann nur um eine neue, *en plein air*, auszuprobieren. Von den Ufern des Tidal-Bassins bis zu den Hügeln des Shenandoah-Tals spritze ich meinen verzweifelten Samen in sie und hoffe, in ihrem schönen, polnisch anmutenden Gesicht des Mittleren Westens – wie Proust in dem seiner Großmutter – Zugang zu einer anderen Seele zu finden, und kann doch nur mich selbst finden. Und eines Nachmittags frage ich Kendra auf der abgelegenen Sonnenterrasse eines Freundes in Sperryville, Virginia, in einer Stellung, die viel zu ausgeklügelt und zu schön ist, um sie zu benennen, ob sie meine Frau werden will.

Meine Eltern begrüßen die Neuigkeiten von der bevorstehenden Hochzeit ihres Sohnes – und ich versichere ihnen auch, dass ich sehr glücklich bin *und* dass wir unsere Kinder zutiefst jüdisch erziehen werden – mit ohrenbetäubendem Schweigen, dem einige unwillige Grunzlaute folgen, als ich ankündige, dass ich ihnen ihre zukünftige Schwiegertochter in ihrem Sommerhaus in Fleischmanns vorstellen möchte.

Als wir ankommen, leidet mein Vater unter einem Puls von neunundzwanzig und einem fürchterlichen Ausschlag, stellt aber gleich seinen charakteristischen Charme zur Schau (»Hallo, Sindra«, sagt er, den Namen meiner Verlobten in seiner üblichen Art verstümmelnd. »Gott liebt Dich, und wir Dich auch«). Aber innerhalb kurzer Zeit schlägt die zunächst positiv anmutende Stimmung ins Negative um, wie ich es hätte voraussehen können. Nach dem Abendessen und dem jüdischen »Segen nach der Mahlzeit« bittet mein Vater, wie Jack Nicholson in »Die Kunst, zu lieben«, Kendra ihm für ein paar Minuten ins Schlafzimmer zu folgen. Die beiden stehen vom Tisch auf, gehen ins Schlafzimmer und lassen mich mit Alice alleine.

Arglos und hoffnungsvoll, wie ich bin, nehme ich an, während ich mich über den zugegebenermaßen köstlichen Apfelstrudel meiner Stiefmutter hermache, dass mein Vater seine traditionellen Segnungen und sentimentalen Predigten über Kendra ergießt und ihr immer wieder deutlich macht, was für ein Segen es doch für sie sei, einen Fang wie mich gemacht und einen Schwiegervater wie ihn ergattert zu haben.

Als jedoch einige Minuten später Kendra mit leichenblassem Gesicht und mein Vater mit verzweifelter Miene wieder aus dem Schlafzimmer kommen, schöpfe ich plötzlich den Verdacht, dass die Gespräche drinnen nichts mit Segnungen zu tun hatten.

»Was ist passiert?« flüstere ich Kendra zu, als sie wieder gefasster in die Küche kommt.

»Ich erzähl es Dir später«, flüstert sie zurück. »Sei einfach ruhig.«

Aber jetzt habe ich offenbar meine Privataudienz beim verhinderten Rabbi. »Sindra, vielleicht könntest Du so nett sein und draußen warten«, schlägt mein Vater freundlich vor und setzt sich wieder auf seinen Stuhl am Küchentisch, während Kendra sich nach draußen in die Nachtluft begibt.

»Ich habe Sindra gesagt«, beginnt mein Vater auf Deutsch, »dass wir, Deine Mutter und ich, sie in unserer Familie willkommen heißen und Euch beiden viel Massel für die Zukunft wünschen, aber« – und jetzt ahne ich Schreckliches – »Dein alter Papa, der nur noch einige Jahre zu leben hat, hat sie gebeten, Jüdin zu werden.«

Ich bin schockiert, obwohl ich es eigentlich gar nicht sein müsste, und habe das Gefühl, meiner Freundin sofort zu Hilfe eilen zu müssen.

»Wenn Kendra zum Judentum übertreten will, habe ich nichts dagegen«, sage ich und zittere vor Wut, die ich genausowenig unterdrücken kann wie jemand, der glaubt, zum Essen eingeladen zu sein, aber in einen Hinterhalt gelockt wird, »aber ich werde es auf keinen Fall von ihr verlangen.« Und dann versuche ich es mit Logik, aber, und das hätte ich wissen müssen, als einer, der die unlogische Denkweise seiner Eltern kennt, erreiche damit genau das Gegenteil, indem ich hinzufüge: »Schließlich hat mich auch keiner aus *ihrer* Familie gebeten, Katholik zu werden.«

Kaum habe ich das Wort »Katholik« ausgesprochen, verbirgt mein Vater, dem seine schwarze Sabbat Yarmulke immer noch fest auf dem Kopf sitzt, sein Gesicht – und meine Stiefmutter macht es ihm ganz schnell nach – in seinen offenen Handflächen wie in einem Waschlappen und gibt sich einem langen Schluchzen hin.

Mittlerweile ist mit klar geworden, dass das mehr oder weniger »zivilisierte« Verhalten meiner Eltern in den vergangenen Stunden nur ein Täuschungsmanöver für ihr eigentliches Vorhaben war, und stehe vom Tisch auf, um meine zukünftige Frau zu retten, die draußen ganz allein auf der Terrasse ist.

»Lass uns hier verschwinden«, flüstere ich. »Nein«, antwortet sie ruhig. »Bleiben wir einfach hier und warten wir ab.«

Nach einigen Minuten kommt mein Vater, der sich die Tränen abgewischt und seine Yarmulke abgenommen hat, mit einem kleinen Silbertablett aus der Küche nach draußen, auf dem sein Allheilmittel gegen jegliches Übel steht: seine Flasche Hennessy. »Kommt doch, Kinder«, sagt er und sieht mehr denn je aus wie ein Holocaust-Überlebender. Und indem er einfach ignoriert, dass Kendra kein Deutsch versteht: »Lass uns ein bisschen Schnapps trinken.«

Ich weiß nicht, was ich sonst tun soll, und nehme ein Glas mit einem kleinen Schuss Cognac vom Tablett, das in seinen Händen zittert, und gebe Kendra auch eins. Inzwischen zittere auch ich und Tränen strömen mir übers Gesicht. »L'chayim«, sagt mein Vater und hebt das Glas an seine Lippen. »Gott liebt Euch.«

»Es ist nichts als Sex!« Mein Vater spuckt das Wort wie eine Kobra aus, als wir am nächsten Morgen auf sein Bitten hin auf Fleischmanns Hauptstraße in ein kleines Café gehen, nachdem ich ihn zu seinem zweiwöchentlichen Besuch beim Arzt gebracht habe.

»Vergiss mich«, fügt er dann hinzu, als ich gerade zur Antwort ansetzen will, knallt seinen Löffel hin und geht raus auf die Straße. Als ich ihm schluchzend auf den Gehweg folge, dreht er sich noch mal zu mir um und fügt den klassischen Fluch des Überlebenden hinzu: »Und wenn mir etwas zustößt, ist es deine Schuld.«

Völlig schockiert über das grausame Verhalten, das mein Vater – dieser Mann, der mich in meiner ganzen Kindheit und meinem frühen Erwachsenenalter seinen »Hauptgewinn« nannte – gerade an den Tag gelegt hat, setze ich mich, da mich das Schluchzen übermannt, in einen hölzernen Liegestuhl, der in einem privaten Garten rechts von uns steht. Auf der anderen Straßenseite bleiben einige Leute, die sich auf die »Adenauerbank« setzen wollen, stehen, um sich diese filmreife Szene anzuschauen, die sich vor ihren Augen abspielt.

Mein Vater, der eine tödliche Mischung aus Hass und Schmerz ausstrahlt, setzt sich auf den Stuhl neben mich. »Schämst Du Dich denn nicht?« fragt er und spricht so seine offensichtlich größte Sorge aus. »Vor all diesen Leuten?«

Obwohl noch fast fünfzehn Jahre vergehen werden, bis ich beschreiben kann, unter welch unglücklichen Umständen mein Vater sich fast fünfzig Jahre zuvor in Nazideutschland für Claire Haas entschied, hätten mir die Worte jetzt eine nützliche Einsicht vermitteln können:

»Vielleicht wollte er sich nur an seinem Vater dafür rächen, dass der eine Frau geheiratet hatte, die er so hasste. Vielleicht wollte er den Mann verletzen, der ihn so verletzt hatte.«

Am Tag, bevor Kendra und ich heiraten, sitze ich im Mt. Sinai Krankenhaus in dem Raum, zu dem nur Familienangehörige von frisch Operierten Zutritt haben. Mein Vater, Meister des perfekten Timings, hat sich am Tag zuvor ins Krankenhaus begeben, um sich einen Schrittmacher einsetzen zu lassen. Fast wünsche ich mir, sein langes Martyrium vorgetäuschter Tode möge ein Ende haben, als die OP-Schwester mit einem Klemmbrett und ihrem höchst professionellen Ausdruck kontrollierten Mitgefühls aus dem Aufzug kommt.

»Ist hier ein Herr Blumenthal?« ruft sie, als sie den Raum voller potenzieller Witwen, Witwer und Waisen betritt. Es schnürt mir die Kehle zu. Ich gehe schnurstracks zum Aufzug.

»Ich bin Herr Blumenthal.«

»Könnten Sie da drüben in der Ecke warten, Herr Blumenthal?« gibt mir die grimmig dreinblickende junge Frau mit einer Bewegung zu verstehen. »Ich muss mit Ihnen alleine sprechen, wenn ich hier fertig bin.«

Eine Eiseskälte ergreift plötzlich meinen Körper, als ich in eine Ecke des Raumes gehe, während die Schwester den versammelten Angehörigen die verschiedenen Prä- und Post-Mortems übermittelt. Wie passend, denke ich, als ich mir eine Zigarette anzünde und in einen Stuhl sinke. Wie wunderbar passend: meine Hochzeit und das Begräbnis meines Vaters am selben Tag.

Nach einer Zeit, die mir wie Stunden erscheint, kommt die Schwester schließlich – jetzt plötzlich unbeschwert – auf mich zu.

»Er ist tot, oder?« frage ich halb hoffnungsvoll.

»Warum sollte er, nein«, antwortet die Schwester zu meiner Verblüffung. »Im Gegenteil – es geht ihm gut. Normalerweise lassen wir keine Angehörigen in den Aufwachraum, aber Ihr Vater ist einfach sooo charmant. Er hat gebettelt, dass ich Sie zu ihm lasse, damit er mit Ihnen sprechen kann. Ich wollte nur nicht, dass die Angehörigen der anderen Patienten das hören.«

Ich fühle mich so geschockt, dass ich es kaum glauben kann.

»Äh ... ja ... er ist sehr charmant, nicht wahr?«

»Und ob. Also, wenn Sie mir bitte folgen wollen, Herr Blumenthal, dann bringe ich Sie nach unten in den Wachraum. Aber Sie müssen mir versprechen, nur eine Minute zu bleiben, ja?«

»Ich schwöre es.« Ich zittere immer noch.

Einige Minuten später schwingen die grünen Türen mit dem Schild AUFWACHRAUM – ZUTRITT NUR FÜR MEDIZINISCHES PERSONAL auf und geben den Blick frei auf einen großen, desinfektionsmittelgeschwängerten Raum mit vielleicht zwei Dutzend Patienten, die alle an ein riesiges Netz von Geräten angeschlossen sind, die der intravenösen Behandlung und lebenserhaltenden Maßnahmen dienen. Von irgendwoher aus der Mitte des Raumes höre ich eine nur allzu bekannte Stimme eine Arie aus »La Traviata« singen.

»Folgen Sie mir, Herr Blumenthal«, gibt mir die Schwester mit einem fast unhörbaren Flüstern zu verstehen. »Er ist gleich hier drüben.«

Gelähmt von dieser unwirklichen Szene, folge ich dem Klang der bekannten Stimme zur Mitte des Raumes. Da hält mein Vater, den Kopf von einem Haufen Kissen gestützt und die Brust mit einem weißen Operationstuch umwickelt, die Hand einer anderen Krankenschwester, der er – in einer Art erschöpfter, postoperativer Benommenheit – mit Mario Lanzas »Golden Days« ein Ständchen bringt.

»Hier ist Ihr Sohn, Julius«, flüstert die Schwester. Ihre für den Aufwachraum angemessene Haltung legt sie sofort ab, als sie auf ihre Kollegin schaut, die auch gleich rot wird.

»Ach, mein lieber Sohn.« Mein Vater dreht sich von der Schwester weg und blickt zu mir auf. »Mein Hauptgewinn.«

»Wie geht's dir, Papa?«, frage ich halbherzig.

»Alles ist wunderbar. Ich bin hier in wundervollen Händen.« Mein Vater greift, während er das sagt, nach den Händen der beiden, inzwischen fast schon hysterisch reagierenden Schwestern.

»Er ist ein fabelhafter Patient ... so unglaublich gutgelaunt«, lächelt die OP-Schwester. »Er wollte mir sogar einen Pelzmantel verkaufen. Sie können sich glücklich schätzen, einen so wunderbaren Vater zu haben.«

»Kannst Du Mama für mich anrufen und ihr sagen, dass alles in Ordnung ist?«, bittet er mich und meint meine Stiefmutter.

»Klar«, antworte ich. »Aber danach, wenn mit Dir wirklich alles in Ordnung ist, muss ich zurück nach Washington – Du weißt ja, ich heirate morgen und wir fahren danach gleich nach Italien.«

»Ja, natürlich weiß ich das«, antwortet der plötzlich ernst gewordene Patient.

»Herr Blumenthal, ich fürchte, Sie müssen jetzt wirklich gehen.« Die Krankenschwester versucht noch immer, sich das Lachen zu verkneifen und zupft mich am Ärmel.

»Ich rufe nach der Hochzeit an, um zu hören, wie es Dir geht, okay, Papa?« Ich lege meinem Vater vorsichtig eine Hand auf die Schulter.

»Jawohl ... aber mach Dir keine Sorgen – Deinem Papa wird es gutgehen.«

»Ja klar, da bin ich sicher.« Ich gehe zur Tür des Aufwachraumes.

»Und, lieber Sohn ...«, mein Vater dreht sich noch einmal in meine Richtung, als ich schon durch die aufschwingenden Türen verschwinden will.

»Ja, Papa?« Ich bleibe stehen und warte auf die Abschiedsworte meines Vaters.

»Ich wünsche Dir eine wunderbare Reise.«

Angesichts seiner Wut über jede sexuell auch nur annähernd befriedigende Beziehung, wie ich jetzt eine eingehe, und seines eindeutigen Repertoires an Sprichwörtern und Aphorismen braucht man kein Experte der freudschen oder jungschen Psyche zu sein, um sich darüber klar zu werden, dass Julius Blumenthals ganzes Händeküssen und Verkehrschtoppen aus einer sexuellen Not heraus geboren ist, die wahrlich nicht dazu beiträgt, das zukünftige Leben seines einzigen adoptierten Sohnes mit Frauen leicht zu machen.

»Ich konnte nicht in sie eindringen«, sagt er über seine erste Frau, meine tote Mutter, als ich ihn viel später danach frage, warum sie nie eigene Kinder hatten. »Ich fühlte mich nicht von ihr angezogen«, sagt er über meine Stiefmutter; eine ästhetische und psychologische Hemmschwelle, die ich sicher nachvollziehen kann, nur dass dies – für einen relativ robusten und lebenslustigen Mann von fünfundfünfzig – nicht gerade eheliches Glück bedeuten konnte.

»Warum eine Kuh kaufen, wenn die Milch so billig ist?« philosophiert mein Vater, der sich selbst zwei nicht gerade zufriedenstellend Milch gebende Kühe angeschafft hat, über das Thema Ehe. Klar, als gutaussehender, junger Vertreter mit Chauffeur und eigenem Spesenkonto, hat, so ähnlich wie der »Traveling Man« in Ricky Nelsons unsterblichem Song, mein Vater, der entschieden unkoschere, junge Pelzhändler, sich oft an den Eutern der billigen Milch sattgetrunken.

Beim Thema »Besuche bei Frauen« ist der große Verkehrsschtopper gar nicht mehr so heißblütig. »Wenn Du zum Weibe gehst«, verordnet er, den berühmten deutschen Feministen und Judenfreund Nietzsche zitierend, »vergiss die Peitsche nicht.« Da er mit seinen beiden Kühen verheiratet ist – bei der ersten war er offensichtlich impotent, bei der zweiten so gut wie nicht erregt – und daher daran gehindert wird, seinen Samen wahllos zu vergießen, kann mein Vater das Sexleben seines Sohnes auch kaum mit Wohlwollen betrachten.

Allen Segnungen und Verfluchungen durch meinen Vater zum Trotz werden, am Tag nach seiner Schrittmacheroperation, Kendra und ich auf derselben Terrasse in Virginia getraut, auf der ich ihr im Augenblick größter Erregung einen Heiratsantrag gemacht hatte. Kein einziges Familienmitglied ist anwesend, und da der Rabbi und ich die einzigen Juden unter der Hochzeitsversammlung sind, wird die huppah an jeder Seitenstange von einem abtrünnigen Katholiken gehalten. Meinem jungschen Psychoanalytiker habe ich versprochen, mein Telefon während der Trauung auszuschalten, weil – wie er sich ausdrückt – »ich dem Arschloch zutrauen würde, genau in dem Moment zu sterben, in dem Du ›Ja‹ sagst.«

Aber mein Vater stirbt nicht und ich sage »Ja« und bin die nächsten vier Monate gelähmt vor Angst, dass Kendra mich verlassen könnte, dass sie eines Tages plötzlich erkennt, wie nichtssagend sich die Wunschmelodien auf der sehnsuchtsvoll klingenden Harmonika in Wirklichkeit anhörten.

Bis ich eines Morgens, nachdem ich kurz vorher einen Anruf aus Harvard bekommen habe, in dem mir die Briggs-Copeland Vorlesungsreihe für Dichtung angeboten wird und der mir die bequeme Entschuldigung liefert, dass ich jetzt »zu gut« für meine lustvolle *puella* des Mittleren Westens bin, in unserem Bett aufwache, mich umdrehe und bloß ein menschliches Wesen vorfinde – ein menschliches Wesen, das ich jetzt mit dem ganzen Schmerz meiner Selbstverachtung und Leere überschütten kann.

In Wahrheit war wohl meine Frau von Anfang an zu sehr Geliebte – zu sehr Frau eines Mannes – und zu wenig Mutter, als dass meine der Mutter beraubte Seele sie hätte tolerieren können. Konnte ich sie vorher kaum auch nur eine Stunde lang allein lassen, ohne Angst zu haben, dass sie dann nicht mehr da ist, finde ich jetzt einen psychologisch bequemeren – und persönlich schmeichelhafteren – Ausweg: Ich drehe mich um und erkenne in dem wohlgeformten Körper meiner Frau den ausgemergelten meiner Großmutter wieder, den in meiner Vorstellung entstellten Körper meiner Mutter, die traurige Sprache, die zwischen Scheide und Gebärmutter unterscheidet. Ich fühle wieder jenen Hunger, den kein Sterblicher je stillen kann, die Leere, die kein Mensch je füllen wird.

Und als sich die Gelegenheit bietet – sicherlich auch, ohne mir darüber bewusst zu sein, aus Loyalität und Gehorsam meinem Vater gegenüber, der, wenn es um Sexualität geht, sofort wütend wird –, beginne ich während unseres ersten Jahrs in Cambridge langsam von der Bildfläche zu verschwinden ... wie ein Vogel, der zu einem anderen Kontinent aufbricht, wie ein ausgelaugter Schwanz.

Meine Frau jedoch – die glückliche – ist kein Kind von Traurigkeit. Sie ist ein Mädchen, das auf beiden Füßen landet: Sie heiratet ihren Scheidungsanwalt und zieht nach Jamaica Plain.

8 Heilige Hallen

Einst gab es hier zwölf Körper,
wo wir jetzt sitzen. Ich weiß es,
weil da immer noch die leeren Hüllen
dieser Körper sind,
leere Panzer,
vom genialen Geist überholt,
was als wohlwollende Alleinherrschaft begann,
ist jetzt außer Kontrolle geraten
(wie jede Macht)
mit ihrem Selbstverständnis
und so sitzen wir alle hier, Gefangene
des schlechten Weins und des Übermaßes,
und beginnen allmählich, einander mehr und mehr zu
                                               hassen
aus purem Überdruss an dem, was aus uns geworden ist –
wieder und wieder sprechen wir das Wort *Lebensstellung*
als sei es ein Mantra
während der Körper,
dieser alte Anthropologe,
(der einzig wahre Gelehrte unter uns)
sich unruhig regt
in seinem Gefängnis aus eitler Pracht und geistigen
                                               Entwürfen
als wollte er uns daran erinnern,
wie kurz sein Verweilen ist,
wie vergänglich seine Äußerungen sind.

»Akademisches Mahl« in »Against Romance«

Hier bin ich also, ein von Deutschen aufgezogenes amerikanisches Kind der ersten Generation, der Student, der immer Zweiter hinter Warren Goldfarb war (der jetzt zu meinem Erstaunen – aber nicht zu meiner Überraschung – Vorsitzender der Philosophischen Fakultät in Harvard ist), der widersprüchliche Sohn der Pelze und Eier, plötzlich Briggs-Copeland-lecturer für Kreatives Schreiben in dieser Hochburg aller Immigrantenträume, der Harvard-Universität. Womit hat jemand wie ich – jemand, der sich nicht einmal sicher ist, wer seine eigenen Eltern sind – das verdient?

»Ich komme mir vor wie ein Betrüger«, gesteht mir ein anderer jüdischer junger Mann der ersten Generation, ein renommierter und weithin anerkannter Wissenschaftler aus meiner Abteilung, als wir uns in den ersten Wochen in Cambridge einmal im Fakultätsklub unbeobachtet fühlten. Und wenn *er* schon – ein hochgebildeter und international anerkannter Wissenschaftler, ein früherer Professor an der Columbia- und der Brandeis-Universität – das Gefühl hat, zu Unrecht hier zu sein, wie soll ich mich dann erst fühlen – der klassische jüdische Hochstapler, ein ausgebildeter Rechtsanwalt, der jetzt die Rolle eines akademischen »Hauptmann von Köpenick« spielt?

Ich fühle mich natürlich auch wie ein Betrüger – und das in höchstem Maße. Ich stehle mich in dunkle Ecken und verlassene Bars, schließe mich nachts in meinem Büro ein und spiele ein manisches, angstbesetztes Aufholspiel: Hesiod, Horaz, Dante, Petrarca, Ovid, Milton, Pope, Hazlitt, Lowell, Heaney (der genau in diesem Augenblick im Nachbarbüro sitzt) – eine Art »Who's Who« von »Alles, was Blumenthal wissen sollte, aber nicht weiß«. Da ich nicht glaube, dass mein Recht, hier zu sein, mein Verdienst ist, versuche ich unentwegt, so zu werden wie die, die mit Recht diese heiligen Hallen in Besitz genommen haben.

Wieso, frage ich mich, kommt jemand wie ich – 178 cm *echtes* Aschkenazimblut – dazu, es Robert Lowell gleichtun zu wollen, dem Studenten genau in dem Büro, das jetzt meines ist, zu seinen blaublütigen Neuengland-Füßen lagen? Was werden meine Kollegen der Englischabteilung – all diese grauen Eminenzen – sagen, wenn sie sich vor Augen führen, dass unter ihnen ein Hochstapler auf dem Gelände von Harvard herumstolziert, der einen Mitgliedsausweis zum Fakultätsklub in der Tasche hat, der aber nicht nur den »Ulysses« nicht gelesen hat, sondern noch nicht einmal »Ein Portrait des Künstlers als junger Mann«; der ein frustrierter Satyr ist, der die Masturbationen und Ejakulationen Bukowskis den Gehirntätigkeiten eines William James und die verschiedenen Sexusse und Plexusse von Henry Miller dem »Als ich im Sterben lag« eines Faulkner vorzieht.

»Freunde?« antwortet eine Assistentin in der Englischabteilung, als ich sie nach ihrem gesellschaftlichen Leben frage. »Die Leute aus Harvard haben keine Freunde – sie haben Termine.«

»Glücklich?« antwortet ein anderer auf eine ähnliche Frage. »Von den Leuten aus Harvard wird nicht erwartet, dass sie glücklich sind – es wird erwartet, dass sie dankbar sind.«

Aber es *gibt* sie natürlich, die Kollegen wie Henry Louis Gates, Jr., ein afroamerikanischer Wissenschaftler, der erst vor Kurzem einen Ruf hierher erhalten hat, die glücklich und zufrieden in Harvard sind – und manche von ihnen haben anscheinend sogar Freunde. Ihnen, so scheint mir oft, hat eine innere Stimme immer *Harvard, Harvard* zugerufen, während dieselbe Stimme mir in einem melancholischeren Tonfall *nach Hause, nach Hause* zugeflüstert hat.

»Wie kann man denn«, fragt mein Freund Twig eines Tages beim Mittagessen im *Harvest* auf dem Harvardgelände, »bei all diesem Überfluss so undankbar sein?« Und ich muss zugeben, keine dumme Frage: »Wie kann man denn bei all diesem Überfluss so undankbar sein?« Warum ist jemand, der einen großartigen Beruf als Lehrender an einer wunderbaren Hochschule mit fantastischen Studenten hat, in einer schönen Stadt lebt, dazu noch tolle Freunde hat und auch schon auf eine Menge süßer, freizügiger und interessanter Geliebter zurückblicken kann, so niedergeschlagen? Warum bin ich so voller Geringschätzung, dass ich mich nicht einfach zurücklehnen und genießen kann? Dass ich immer, wie ein Freund über mich sagt, »oben auf dem Sprungbrett bin und nie entspannt im Liegestuhl«? Was ist so verkehrt an diesem Leben, für das die allermeisten Leute schon für einen Bruchteil davon ihr letztes erschlafftes Chromosom in ihren gelangweilten, lustlosen Körpern liebend gern hergeben würden?

»Wie kann man denn«, wiederholt Twig, »bei all diesem Überfluss so undankbar sein?« Und ich, ein Blumenthal, geborener Gern, bin nun endlich hier in Harvard – und mache meine Eltern, wer immer sie auch sind, endlich (vielleicht) stolz. Ich mache Termine und gebe mir größte Mühe, dankbar zu sein.

Trotz alledem fühlt sich Harvard in seiner Vertrautheit irgendwie unheimlich an: wie ein Elternteil, dem *kein* Erfolg, *kein* Opfer jemals groß genug ist. Bücher, Preise, Stipendien, Ehrungen – was bedeutet das denn schon, wenn im Zimmer nebenan jemand gerade den Nobelpreis bekommen hat?

In meinem ersten Jahr in Cambridge kriege ich mit, dass der Träger des Pulitzerpreises für Geschichte, Alan Brinkley, von der Universität abgelehnt wird. Jeder, der sich in akademischen Dingen besser auskennt als ich – so wie mein Kollege aus dem Sachbuchbereich, der ein einziges, hochgelobtes Buch geschrieben hat und jetzt nach nur zwei Jahren dem Ruf nach Oberlin folgt –, würde die Lehren aus dem Fall Brinkley ziehen und sich ebenso schlau verhalten: Wichtig ist, in Harvard erst mal reinzukommen und dann so schnell wie möglich Harvard wieder zu verlassen.

Ich merke schnell, dass es in Harvard tatsächlich nur zwei Arten von Leuten gibt: die, die von Harvard gebraucht werden, zu der mein Freund und Kollege Seamus Heaney zählt, und die, die Harvard brauchen – oder zumindest so wahrgenommen werden. Zu denen gehöre ich.

Zuallererst gilt in Harvard, dass Letztere nie – denn Wunder sind rar – in Erstere umgemodelt werden können und dass mir, der ich dort (im übertragenen Sinn) auf Knien gerutscht kam, nie erlaubt werden wird, wie allen anderen »meiner Art« auch, dort richtig heimisch zu werden, vielleicht auch, weil ich es gar nicht *kann*; doch es ist eine der vielen Ironien des Schicksals, so kommt es mir vor, dass nur eine Institution vom Einfluss und Prestige Harvards es sich erlauben konnte, mit einem relativ Unbekannten wie mir ein Risiko einzugehen.

Aber so wie zu Hause bei meinen Eltern – für die ich auch nie genug Geld verdienen werde, nie eine Frau heiraten werde, die reich oder jüdisch genug ist, nie genug »Dividende« für ihre ursprüngliche Investition einbringen werde – bin ich auch hier gefangen in dem Gefühl unerbittlicher Dankbarkeit und unerwiderter Liebe: Ich blute, aber ich kann den einen Schritt nicht machen, der mein hamletsches Reizthema geworden ist: Ich kann nicht weggehen.

26. Februar 1988

Lieber Sohn,
Wir haben viel Happiness mit your Visit bei uns ... wir danken you für all Deine LIEBE BLEIB UNS NUR RECHT GESUND FÜR NOCH VILLE JAHRE. Ich hoffe, Du hattest eine gute Reise am Sonntag – BITTE PASS ÜBERALL GUT AUF DICH AUF – beigelegt ein GEDICHT von der Frau unseres Rabbis, das sie für Viola gemacht hat (Frau, die ich Dir am Freitagabend im Tempel vorstellte ... saß auch mit uns am Tisch ... Erinnerst Du Dich an sie?)
Mama und ich fanden letzte Woche eine ungläubliche Koinzidenz ... DU WIRST ES NICHT GLAUBEN, es ist ein Mirakel. Ich ging meine alten Papiere durch – Todesanzeigen aus dem AUFBAU aus der Zeit als unsere liebe Mama Betzele starb 25.9.59 möge sie in Shalom ruhen, und Mama und ich entdeckten, dass die Anzeige des Todes ihres lieben Ehemanns #2 Fritz, der in derselben Woche starb auf DERSELBEN SEITE im AUFBAU genau neben unserer MAMA war ... IST ES NICHT EIN WUNDER??? Stell Dir vor, dass diese beiden Leute, die in derselben Woche so ein Schlamassel hatten – so ein Pech und Tragödie – heiraten würden ... Ich finde das UNGLAUBLICH.
Ich lege Dir eine Kopie der Todesanzeigen bei ... Ich glaube, es wird Dich sehr interessieren. BITTE HEBE ES ALS EIN ANDENKEN AUF an unsere liebe Betzele und an diese seltsame Koinzidenz. Mama, sie war verblüfft durch diese Entdeckung ... jawohl, das Leben ist merkwürdig, ist es nicht so, lieber Sohn?
BITTE DENK DRAN: 7.3.88 Helens 90ster Geburtstag. Bitte pass gut auf auf ihre wunderbare KIDDISCHTASSE – halte sie in Ehren, ein Present war sie von ihr an Dich ... wir

schulden ihr vielen, vielen Dank – TASSE hat großen Wert, ungefähr 1000$ – sie war unsere liebste Freundin – MÖGE SIE IN FRIEDEN RUHEN.

SORRY – Du hast vergessen, den ganzen großen UMSCHLAG voller LIEBEVOLLER ERINNERUNGEN aus Fräulein Eisenbergs Zeit mitzunehmen (erinnerst Du Dich an sie??? sie war Deine erste Liebesfreundin ... Oh Jugend Oh Jugend was warst du so schön!!) und mit vielen anderen lieben ERINNERUNGEN. ALLES LIEBE VON MAMA ... sie ist zu beschäftigt mit saubermachen ... Du weißt, wie sie ist wenn sie eine Putzfrau hat? Meschugge ... lass sie arbeiten.

ALLES LIEBE
PAPA

Ich nehme die Kopie aus dem Umschlag und falte sie auseinander. Es ist eine zerknitterte Seite mit Todesanzeigen aus dem »Aufbau« vom Freitag, dem 9. Oktober 1959. In großen, fettgedruckten Buchstaben starrt mich die folgende schwarz umrandete Mitteilung an:

Am 1. Oktober 1959 ist nach kurzer, schwerer Krankheit, kurz nach Vollendung seines 60sten Lebensjahres, mein geliebter Ehemann, Schwiegersohn, unser lieber Schwager, Onkel, Neffe und Cousin

FRITZ KAHN
(vormals Mannheim)

von uns gegangen. In tiefer Trauer:

ALICE KAHN verw. Guggenheim
geb. Bernheimer

82. Straße 22–25
Jackson Heights 70, L.I., N.Y.

Gleichzeitig möchte ich all jenen danken, die ihr hochgeschätztes Mitgefühl ausgedrückt haben.

Auf derselben Seite, schräg gegenüber der Todesanzeige, findet sich folgende liebevoll verfasste Nachricht:

> Unsere von ganzem Herzen geliebte Frau und Mama, unsere treue und fürsorgliche Tochter und Schwester, Schwägerin, Tante und Cousine
>
> BETTY BLUMENTHAL
> geb. Gern
>
> wurde uns am 25. September 1959 für immer genommen. Alle, die sie kannten, werden unseren Verlust und Schmerz ermessen können.
>
> Im Namen der trauernden Überlebenden:
>
> JULIUS BLUMENTHAL
> 181. Straße West 801
> New York 33, N.Y. – Vineland, N.J.

Ich starre eine Zeitlang schweigend auf die beiden Todesanzeigen, bevor ich die Kopie zusammenfalte und wieder in den Umschlag stecke. Mich überrascht kaum noch etwas, wenn ich daran denke, was mein Vater alles an unterschiedlichen »unglaublichen Koinzidenzen« und »Mirakeln« ausgegraben hat. Tatsächlich hat das alles für mich allmählich eine schreckliche Logik, eine Art Ordnung. Ich öffne die unterste Schublade meines Schreibtisches und lasse den Brief auf den Stapel von Briefen und Todesanzeigen fallen, die mein Vater mir im Lauf der Jahre geschickt hat und die seit Langem an mir nagen. Und dann, als ich mir die lange Geschichte von Zufällen und Wundern vor Augen führe, die ich anscheinend als Geburtsrecht für diesen so frühen Austausch geerbt habe, tue ich das Einzige, das ich mir jetzt vorstellen kann: Ich lege meinen Kopf auf den Schreibtisch und breche in unkontrolliertes Gelächter aus.

Dann fange ich an zu weinen.

Meine Eltern besuchen mich zum ersten Mal in Cambridge, seit ich vor fast fünfundzwanzig Jahren von zu Hause weg aufs College gegangen bin.

»Warum besuchst Du nicht zur Abwechslung mal mich?« sage ich zu meinem Vater, als er mich – in einem Ton, der für einen Zwölfjährigen angemessen ist – fragt: »So, wann werden wir unseren lieben Sohn denn wiedersehen ... zum Geburtstag Deines Papas?«

Aus irgendeinem Grund gefällt mir die Vorstellung, meine Eltern in meinen eigenen vier Wänden zu empfangen. »Das ist nur ein elterliches Machtspielchen mehr«, meint mein Freund Twig. »Wenn Eltern Dich nie bei Dir zu Hause besuchen, brauchen sie nicht anzuerkennen, dass Du erwachsen bist.«

Das Haus meiner Eltern war tatsächlich immer der Brennpunkt der Macht meiner Stiefmutter. Meine gesamte Jugend und frühe Erwachsenenzeit hindurch deckt sie jedes Mal, wenn ich zu Besuch komme, alles Mobiliar mit Plastik ab und verhüllt die Wand à la Christo mit zerknitterten, weißen Laken (und gibt damit ihrer sowieso schon blassen und leblosen Behausung noch mehr das bleiche Aussehen eines Begräbnisinstituts), denn, wie sie sagt, »Du machst die Wände schmutzig, wenn Du Dich daranlehnst.«

Es gibt nie genug heißes Wasser für eine Dusche (»Das heiße Wasser ist sooo teuer!«), sie geht mir gewöhnlich hinterher und schaltet das Licht aus (»Stört Dich die grelle Beleuchtung denn nicht?«) und es ist buchstäblich unmöglich, auch nur für einen Augenblick ungestört zu telefonieren (»Mikey, das Essen ist fertig«) oder ein Buch zu lesen (»Kannst Du mir die Börsennotierungen vorlesen? Meine Augen sind so schlecht«). Deshalb scheint es keine schlechte Idee, meine Eltern endlich zu mir kommen zu lassen, wo ich zumindest die Choreografie ein wenig unter Kontrolle habe.

Außer, dass sie einen falschen Flug buchen und ich sie nicht finden kann, als sie am Logan Flugplatz ankommen, verbringen wir drei ein relativ angenehmes Wochenende, essen in Restaurants, gehen in den Boston Public Gardens spazieren und treffen einige meiner Freunde in Cambridge.

»So nett, Sie kennenzulernen, Frau -------«, begrüßt mein Vater jede Frau, die ich ihm vorstelle, und küsst ihre Hand, während er spricht. »Gott liebt Sie, und ich Sie auch.«

»Dein Vater«, flüstert mir meine Kollegin Gail zu, die auch diese Prozedur über sich hat ergehen lassen müssen, »ist das Süßeste, das mir je unter die Augen gekommen ist.«

»Ich weiß. Gott liebt Dich, und er Dich auch.«

Als ich meine Eltern zum Rückflug nach La Guardia wieder zum Logan Flugplatz bringe, habe ich das Gefühl, dass ein im Großen und Ganzen positiv verlaufenes, wenn nicht sogar absolut erfolgreiches Wochenende zu Ende geht.

Angesichts ihrer inzwischen legendären Neigung, eine falsche Abzweigung oder ein falsches Flugzeug zu nehmen oder die falsche Beerdigung zu besuchen, entschließe ich mich dazu, sie direkt zum Flieger der Eastern Airlines zu bringen. Ich begleite sie zu ihren Sitzen 10D und 10E vorne in der Maschine und erkenne einige Bekannte wieder, darunter ein befreundeter Psychiater aus dem Cambridger Krankenhaus, die schon im Flugzeug sitzen. (»Meine Eltern«, flüstere ich, fast schon entschuldigend, im Vorbeigehen. »Waren auf ein Wochenende hier.«)

»Also«, ich küsse beide auf die Wange, während sie es sich in ihren Sitzen bequem machen. »Ich gehe jetzt, bevor das Flugzeug abhebt ... Vielen Dank für euren Besuch.« Ich gehe auf den Ausgang zu und fühle mich ein bisschen wie ein Jugendlicher, der gerade einen Kracher gezündet hat und abhauen will, bevor er hochgeht.

»Einen Moment!«, höre ich plötzlich die vertraute Stimme meines Vaters und sehe ihn, als ich mich umdrehe, zu meinem Erstaunen im Gang stehen und in seine Jackentasche greifen. Bevor ich auch nur den Hauch eines Protestes äußern kann, kommen das bekannte kölnischwassergetränkte, weiße Taschentuch und die Hohner b-Moll Mundharmonika zum Vorschein.

»Papa!« Ich versuche fieberhaft zu verhindern, was gleich passieren wird. »Nicht hier – bitte!«

Aber es gibt nichts, was meinen fünfundachtzigjährigen Vater aufhalten könnte. Zur großen Freude der mehr als 200 Passagiere an Bord der Maschine hält er das weiße, kölnischwassergetränkte Taschentuch in seiner rechten Hand hoch, führt die Mundharmonika in der linken an seine Lippen und fängt an – wobei er wild mit dem Taschentuch wedelt und ich in Richtung Kabinentür fliehe – »Auf Wiedersehen, auf Wiedersehen, bleib nicht so lange fort« zu spielen.

Es ist mir alles so peinlich, dass ich ganz schnell aus dem Flughafengebäude stürze und zu meinem Auto renne. Ich will jedenfalls nicht für tot erklärt werden, bevor meine Zeit gekommen ist, ich will nicht vorzeitig in der Dunkelheit willkommen geheißen werden wie Lotte Baumgartner, solange noch ein Licht in mir brennt. Ich merke, dass ich – obwohl ich nichts dagegen hätte, auch eines Tages ein Fünfundachtzigjähriger zu sein, der noch Mundharmonika spielt – nicht will, dass das einzige Lied in meinem Repertoire »Auf Wiedersehen, auf Wiedersehen, bleib nicht so lange fort« ist.

Ich will nicht, dass jedes Lied, das ich singe, ein anderes Wort für *auf Wiedersehen* ist.

Ein Freund hat irgendwo einen interessanten Artikel gelesen: Alte Menschen mit Hunden haben eine geringere Wahrscheinlichkeit, egozentrisch und selbstverliebt zu werden.

»Warum besorgst Du ihnen keinen Hund?«, schlägt er zum Thema ›meine Eltern und ihre ständigen medizinischen Krisen‹ vor. »Vielleicht hilft das, sie loszuwerden.«

Ich erinnere mich mit äußerst verhaltener Zuneigung an den geliebten Foxterrier meiner Stiefmutter, Ami, das einzige Lebewesen, dem sie meines Wissens echte Zärtlichkeit entgegengebracht und dessen Tod sie von ihrem eigenen medizinischen und finanziellen Ach und Weh abgelenkt hat. *Wer weiß?* Was schon einmal geholfen hat, gestatte ich mir zu hoffen, könnte wieder helfen.

Also klemme ich mich als Harvardprofessor mit jeder Menge freier Zeit ans Telefon und rufe nach dem Zufallsprinzip Veterinäre und Hundeliebhaber im ganzen Land an. Welcher Hund, so frage ich, eignet sich am besten für zwei Fünfundachtzigjährige, die fast immer von ihrer dahinschwindenden Gesundheit und ihren Portfolioinvestitionen besessen sind? Die Antwort scheint ziemlich einstimmig zu sein: ein Lhasaterrier.

Das einzige Problem ist jetzt nur noch: Wo finde ich für mein Budget so ein hoffentlich bereits vollständig stubenreines Biest? Ich frage bei verschiedenen Hundezüchtern und speziell Hundeheimen in und um das Gebiet von Neuengland herum an, bis ich – *voilà* – bei der Humane Society in Providence, Rhode Island, nicht einmal eineinhalb Stunden von meiner eigenen Haustür in Cambridge entfernt, einen einjährigen, gutgezogenen und stubenreinen Lhasa ausfindig mache, der für mich zum Schnäppchenpreis von zweiundsechzig Dollar, bar auf die Hand, inklusive Impfungen zu haben ist, ich muss nur schnell hinfahren.

Kaum neunzig Minuten später bin ich bei der Humane Society und – nachdem ich gerade mal ein paar Papiere ausgefüllt habe, in denen ich glaubhaft versichern muss, dem armen Tier regelmäßig medizinische Behandlungen zukommen zu lassen und es niemals, *niemals* auszusetzen – stolzer und, wie ich hoffe, wirklich nur vorübergehender Besitzer eines schmutzigen, weißen Lhasa, den ich zum Gedenken an seinen geliebten und verstorbenen Vorgänger sofort »Ami den Zweiten« nenne.

Nach weiteren eineinhalb Stunden sind wir zurück in Cambridge, und Ami der Zweite ist in meiner Badewanne, eingeseift mit Avocadoshampoo. Meine Eltern verbringen den Sommer in ihrem Ferienhaus in Fleischmanns, New York und morgen – was für eine Überraschung! – werde ich die sechsstündige Fahrt auf mich nehmen und mit ihrem neuen Mitbewohner dort aufkreuzen, den sie dann an meiner Stelle mit ihren reichlich vorhandenen, exzessiven Neurosen und ihrem negativem Karma überschütten können.

Als wir spät am nächsten Nachmittag ankommen und ich Ami den Zweiten von der Leine nehme und ihn den alles andere als einladenden Armen meiner Stiefmutter überlasse, ist die Reaktion ziemlich genau die, die ich erwartet habe – die aber auch, so hoffe ich, schnell umschlagen würde. »Ach!« ruft sie aus, und ihr Gesicht zieht sich wie eine verschrumpelte Pflaume zusammen, was ich bisher immer mit dem fallenden Dow Jones verbunden hatte. »Ein Hund … was sollen wir denn machen mit einem Hund?«

Mein Vater andererseits reagiert auf den Neuankömmling, indem er schnell seine Mundharmonika hervorholt und ein kurzes »Du, Du, liegst mir am Herzen« spielt; dann aber jagt er das arme Tier – insofern ein Fünfundachtzigjähriger mit einem Herzschrittmacher überhaupt noch etwas jagen kann – beim Versuch, ihm einen Kuss zu geben, um das Ferienhäuschen herum. Ich atme tief durch und denke, dass es so etwas wie eine Kennenlernphase geben wird. Ami der Zweite seinerseits sieht verwirrt und verschreckt aus.

Ich habe meine eigene maximale Toleranzschwelle für diesen Besuch festgelegt – zehn Stunden, ohne die Schlafenszeit, außerdem muss ich am nächsten Nachmittag einen Kurs über Verslehre und

Prosodie in der poetischen Literatur geben, also beiße ich die Zähne zusammen und sage mir, dass die Dinge garantiert nur besser werden können ... jeder hat mir versichert, dass dieser Hund der perfekte Gefährte für zwei alte, kranke, neurotische deutsche Juden ist.

Aber zwei Tage später, als ich wieder in Cambridge und schon voller Stolz über die Schnelligkeit und Intelligenz meiner hündischen Errungenschaft bin, klingelt das Telefon und die Stimme meiner Stiefmutter ist am anderen Ende.

»Du musst diesen Hund sofort wieder abholen«, teilt sie mir mit beinahe hysterischer Stimme mit. Anscheinend hat mein Vater den Hund in den letzten zwei Tagen die meiste Zeit über um das Ferienhaus gejagt – und dann auch noch fast bis in den Ort hinein, nachdem seine Leine sich vom Liegestuhl gelöst hatte –, bis dieser ewig kranke Mann jetzt wieder Schmerzen in der Brust hat (natürlich meine Schuld) und die unausweichliche Drohung folgen lässt: Wer weiß, was passieren könnte, wenn ich den Hund nicht sofort aus dem Haus schaffe?!

Und so bin ich dann nach hektischen Anrufen bei Veterinären und Hundepensionen in der Gegend um Fleischmanns herum ungefähr vierundzwanzig Stunden später wieder im Ferienhaus meiner Eltern, und eine Stunde später hat Ami der Zweite – der zweifellos bald in Bobo umbenannt werden wird – zu seinem Schrecken ein neues Domizil in der Praxis von Dr. med. vet. Mark Twillmann in Margaretsville, New York.

Ich muss inzwischen zurück nach Cambridge, um meinen Donnerstagskurs über die Villanella zu halten. Weder Mensch noch Tier noch Heiliger noch Gott, wird mir unterwegs klar, können mir helfen, die Last meiner Eltern zu tragen. Ich begreife:

Ich werde bis ans Ende ihrer Tage mit ihnen leben müssen.

9 Wieder mit anderen Augen

Ja, auch dies wird kommen, an einem schwierigen
                    Scheideweg,
und wenn du es dann geschafft hast,
und wenn du dann wieder auftauchst,

wird es scheinen,
als sei der Körper die Metapher für alles Licht,
auf den der dunkle Vogel der Liebe zurückgekehrt ist, um
                                              zu brüten,
und die Stadt der Engel wird die Stadt des Staubes sein,
und die Träume des Kindes, das flog
und des Mannes, den die Luft nicht trug und der fiel,
werden eins sein, und nirgendwo wird irgendwo sein
und das *anders* ein *du*.

»Woanders« in »Against Romance«

In meinem vierzigsten Lebensjahr kehre ich zur mittlerweile überwucherten und längst nicht mehr Eier produzierenden Farm in New Jersey zurück und schlafe in genau dem Bett, in dem dreiundzwanzig Jahre zuvor meine Großmutter verschieden war.

    Sie starb einen jämmerlichen Tod, sieben Jahre nach ihrer Tochter, blind, durch einen Schlaganfall gelähmt. Der Lebenszyklus wird auf den Kopf gestellt, wenn eine Mutter überlebt und ihr eigenes Kind beerdigt. Am Tag, an dem sie starb, machte ich, nicht wissend, dass sie dem Ende so nahe war, meinen Führerschein in Queens, statt an den Ort des Eies zu gehen und eine alte Frau sterben zu sehen.

    Aber jetzt bin ich ein erwachsener Mann und schlafe in ihrem Bett. Ich schlafe in dem Raum, den mein Vater Julius fast dreißig Jahre zuvor für sie anbaute, nachdem sie aus der Wohnung meiner Eltern zwangsweise ausquartiert wurde. Und wie ich da liege, zur Decke schaue und den schon längst verflogenen Geruch meiner Großmutter einatme und auch den der Hühner und Eier, merke ich, dass zumindest für meine Großmutter der Ort des Eies der Ort des Todes war und der Ort des Pelzes der Ort des Lebens.

    Mir wird klar, dass das Leben der Pelze und nicht das Leben der Eier sie aus Nazi-Deutschland rettete, dass es das Leben der Pelze war, das sie ernährte und ihr eine Heimat und eine Familie und einen Ort des Lichts gab, bis zu jenem schicksalhaften Morgen, an dem der Körper ihrer toten Tochter aus der Wohnung getragen wurde.

Mir wird klar, wie ich so daliege, dass für die alte Frau, die vor dreiundzwanzig Jahren in diesem Bett starb der Ort des Eies ein Ort der Dunkelheit und Einsamkeit war, nicht ein Ort des Lebens. Und jetzt bin ich hier – am Scheitelpunkt meiner Lebenskurve, der meine Lebenshälfte markiert, liege auf ihrem Totenbett, dort, wo sich bis zum Tod meiner Mutter die Lebenswege meiner beiden schicksalhaft verbundenen Familien kreuzten.

Ich liege tatsächlich auf dem Scheitelpunkt von Leben und Tod. Und als ich in dieser Nacht träume, dass die Vögel aus den Bäumen auf den Boden kommen, herumlaufen und mir aus der Hand fressen, weiß ich, dass es der Traum von Leben und Tod ist, und dass ich dieses Totenbett ebenfalls überleben und mich noch einmal zum Licht erheben kann.

Ich erinnere mich, wann ich zum ersten Mal von meinen Träumen, ein Vogel zu werden, gesprochen habe. Ich saß in der Praxis meines jungschen Psychoanalytikers in Washington und beschrieb, wie ich vom Boden abhob und auf ein eulenähnliches Wesen zuflog, das auf einer Telefonleitung saß. Ich erinnere mich, wie schön der Traum für mich war, wie leicht und erhaben.

»Es scheint mir ein Traum zu sein, der sich mit dem Phänomen ›Keinen-Boden-unter-den-Füßen-haben‹ beschäftigt«, meinte mein Analytiker und machte mit einem Schlag mein Empfinden von Zufriedenheit zunichte. Aber wer, der noch klar bei Verstand ist, dachte ich damals, will denn überhaupt immer Boden unter den Füßen spüren? Aber sinken denn Menschen nicht einfach auch zu Boden? Kommen auf den Boden der Tatsachen zurück? Wird Dingen denn nicht einfach der Boden entzogen? Ist denn etwas, das am Boden liegt, nicht kaputt, unvollkommen?

Über die Jahre allerdings wurden die Vogel-Wünsche in meinen Träumen immer weniger. Die Tiere wurden alle terrestrisch, suchten ihre Nahrung am Boden und wurden zu Bodenbewohnern. Dann gab es lauter Bäume, und die Vögel mussten sich nicht länger auf den Leitungen zwischen Telefonmasten niederlassen. Nur wenige Tage, bevor ich wieder nach New Jersey kam, träumte ich, wie ich mit meiner Frau durch eine afrikanische Savanne laufe, auf der

Suche nach einem Baum, den ich nach mir benennen könnte – ein Baum namens Michael C. Blumenthal. Ich überlege, ob es für einen Mann nicht angebracht ist, eher einem Baum als einem Vogel zu gleichen.

Als ich bei meiner Tante und meinem Onkel im Wohnzimmer sitze, auf demselben Sofa, auf dem ich früher, zusammengekauert zwischen den Buchstützen meiner beiden Familien, die Nächte verbrachte, schaue ich mir die Fotografien an den Wänden und auf den Kommoden um mich herum an. Ich sehe meine leibliche Schwester, ihren Mann und ihre beiden Töchter im Teenageralter; meinen leiblichen Bruder und seine Frau und ihre beiden adoptierten Kinder. Ich sehe Fotos von meiner toten Mutter und toten Großmutter. Als ich mich so umsehe, sitzt meine richtige Mutter – die Frau, aus deren lebendigem, intaktem Körper ich in die Welt glitt – in dem grünen Polstersessel neben mir.

Nur ich, Michael Charles Blumenthal, geborener Charles Michael Gern, ich bin so gut wie nirgendwo zu finden. Weder im Haus meiner »Eltern« – in dem überall Fotos der beiden toten Ehemänner meiner Stiefmutter, meiner eigenen toten Mutter zu finden sind, und nur ein einziges Foto von mir im Alter von zwölf Jahren – so wie er mich wohl am liebsten in Erinnerung behalten würde – auf dem Tisch im Arbeitszimmer meines Vaters, noch hier. Ich bin das fehlende Glied, derjenige, der weggegeben wurde, derjenige, der – selbst jetzt, fast vierzigjährig – immer noch die Gratwanderung zwischen Pelz und Ei macht. Mir wird tatsächlich plötzlich klar, dass nur an *einem* Ort mein eigenes strahlendes Gesicht groß ausgestellt war: auf Helens Klavier in der Wohnung Nummer 29, West 181. Straße 801.

»Ich habe immer einen anderen Vater gewollt«, schrieb ich einmal in einem Gedicht. »Sie *haben* einen anderen Vater«, machte mir mein Psychoanalytiker damals klar. Und das stimmt wirklich – er sitzt genau vor mir in einem Schaukelstuhl, den Splitter der Kugel immer noch in seinem Arm. Es ist tatsächlich so: Ich habe von allem zwei – zwei Mütter, zwei Väter, zwei Geschwister, zwei Varianten von Männlichkeit, zwei Zuhause. Und alles, was ich möchte, ist: *alles in einem* haben – Gebärmutter und Möse, Pelz und Ei, Leben und Sterben, alles an einem einzigen Ort.

Kurz nachdem ich aus Vineland zurück bin, besuche ich zum ersten Mal das Grab meiner Mutter auf dem Beth El Friedhof in Westwood, New Jersey, ungefähr eine Autostunde von New York entfernt.

Ich fahre durch das Friedhofstor, parke mein Auto, nachdem ich nach der Grabstelle »F-11« gefragt habe, und gehe den Hügel hinauf, in die Richtung, die mir der Friedhofswärter gezeigt hat. Bald stehe ich in der Nähe ihres Grabes, das ich als Kind nie besucht habe.

Doch jetzt komme ich als erwachsener Mann zurück. Ich blicke über die flachen Hügel von New Jersey, über das tiefe Tal aus Steinblöcken ... weiß, wie ihr leeres Bett weiß war, weiß, wie der Eimer, dem sie ihr Leben in Schüben wieder zurückgab. Aus allen Richtungen tönen mir Namen meiner Kindheit aus den Reihen der kalten Grabsteine entgegen: Heilbronn, Schoenbach, Hertz, Meyer, Hirsch, Guttmann, Monat, Rosenthal – ehemalige Kiddusch-Betende, die sich in dieser Synagoge aus Hecken zusammengefunden haben zu einer großen Gemeinschaft aus Marmor und Blumen.

Dann plötzlich finde ich sie, genau zu meiner linken, an einem Gang:

BETTY BLUMENTHAL
née Gern
1907–1959

Ich habe sie gefunden, die Mutter ohne Körper, die Mutter der Zuneigung, aber nicht des Fleisches, genau neben meiner Großmutter, die – durch eine dieser verrückten Verkehrungen, die meine Familie zu einer Art Mythos macht – ihr hierher gefolgt ist:

JOHANNA GERN
née Neumark
1876–1966

Plötzlich verstehe ich, warum ich der geworden bin, der ich bin: ein Mann, der sich selbst jeden Tag zur Welt bringen muss, indem er von seinem Leben spricht. Ich merke, wie notwendig es ist, dass die Flutwelle aus Trauer ans Ufer kommen muss, wie eine Kraft, die so lange kein Wasser hervorgebracht hat, in dem greifbaren Körper aus Fleisch und Blut emporsteigen muss, bis sich dahinter eine neue Welle auftürmen kann. Ich erkenne, dass ich fast dreißig Jahre lang meine Traueroblate in das Sterben meiner Mutter getaucht und zu mir genommen habe; dass ich, der ich der Welt überlassen wurde, sie zu retten, nicht einmal mich selbst retten kann.

Ich lehne mein schwarzes Gebetsbuch an ihren Grabstein. Es ist, als ob Worte dem Wasser entsteigen. Ich bete die Worte, die ich nie für sie sprechen konnte: *Jitgadal vejitkadasch sch'mei rabah* ...

Ich weine meine Mutter in den Tod. Und sie ist tot.

Einige Tage später schlafe ich im Keller des Hauses meiner Eltern in Queens, fast genau da, wo vor gut fünfundzwanzig Jahren Lisette, die neunundneunzigjährige Mutter meiner Stiefmutter, im dunklen Treppenhaus stürzte und starb.

Mitten in der Nacht wache ich plötzlich auf, weil ich Geräusche im Schlafzimmer über mir höre. Ich schalte die Nachttischlampe an und sehe auf die Uhr. Vier Uhr morgens.

Nackt renne ich die Treppe hoch, auf das schwache Licht im Schlafzimmer meiner Eltern zu. Ein kleiner, alter Mann in einem blauen Bademantel, mein Vater, steht neben dem Bett. Den Kopf seiner Frau – ein zahnloses Haupt mit eingefallenen Wangen und geschlossenen Augen, das kaum mehr zu einer noch Lebenden gehört – hält er mit einem Arm gegen seinen Körper gedrückt. In der anderen Hand hat er einen kleinen blauen Eimer. Meine Stiefmutter übergibt sich in den Eimer. »Ach, mir ist's so schlecht«, stöhnt sie und bäumt sich in ihrer gespenstisch bekannten Art über dem Eimer auf.

Ich stehe einen Moment lang unbewegt da und starre die beiden alten Leute vor mir an. Ein paar Sekunden lang bin ich wie gelähmt. »Was ist los?«, frage ich endlich.

»Ach, mir ist's so schlecht«, sagt meine Stiefmutter wieder. Ein Schwall Erbrochenes schießt aus ihrem Mund, verfehlt den Eimer und landet auf dem Bettlaken. »Ach, mir ist's so schlecht.«

Ich gehe zu meinem Vater rüber ans Bett und halte den Kopf meiner Stiefmutter, der sich für mich fast schon wie der Kopf einer Toten anfühlt. Als sie sich weiter in den Eimer erbricht, sprüht ein kleiner Speichelnebel über den blauen Plastikrand.

»Lass mich sie halten – sie ist zu schwer für dich«, sage ich zu meinem Vater. Der alte Mann, der in seinem Bademantel zittert, weicht zurück. Ich hebe meine Stiefmutter auf meinen Armen aus dem Bett und setze sie auf einen Stuhl daneben, damit sie aufrecht sitzen kann. Als ich sie trage, sehe ich, dass ihr grünes Nachthemd über ihre Beine hochgerutscht ist und Berge von schlaff herunterhängendem blauen und roten Fleisch entblößen, die mich an den Körper meiner Großmutter erinnern. Um sie herum riecht es leicht nach fauligen Äpfeln. Obwohl sie starr wie ein Stein in meinen Armen liegt, kommt sie mir jetzt leicht vor, als ob mich nicht einmal mehr das Gewicht der Toten und Sterbenden länger bezwingen kann.

Mein Vater ist unterdessen in die Küche gegangen, um Tee zu kochen. Als er zurückkommt, knie ich mich neben die schwache, alte Frau und flöße ihr löffelweise den Tee ein. Sie schlürft ihn geräuschvoll in sich hinein. Ich stehe immer noch nackt mitten im Zimmer und beobachte meine beiden fast neunzigjährigen Eltern. Ich bin irgendwie ruhig und doch auch fassungslos, fühle mich traurig, fast schon abgeklärt. Ich suche hinter der geschlossenen Tür nach dem anderen Bademantel meines Vaters. Er ist zu klein, und als ich versuche, ihn mir überzuziehen, reichen die Ärmel nur zu zwei Dritteln über meine Arme, gerade mal über die Ellbogen.

Endlich hört meine Stiefmutter auf, sich zu übergeben und fällt in einen komaartigen Schlaf. »Warum legst Du Dich nicht hin – Du kannst jetzt sowieso nichts mehr machen«, sage ich zu meinem Vater. Er tut, was ich ihm sage. Ich stehe am Fußende des Bettes und blicke auf die beiden hilflosen Menschen, die ausgestreckt vor mir liegen. Plötzlich denke ich wieder an den Traum, den ich vor einigen Monaten hatte. »Armer Meyer«, sagte ich in dem Traum und legte meinen Arm um einen blinden Mann, der mir auf der Straße entgegenkam. »Armer Meyer.«

Meine Stiefmutter fängt jetzt im Stuhl an zu schnarchen. Ihr Kopf ist ganz zur Seite abgekippt. Neben ihr auf dem Heizkörper steht der blaue Eimer. Das einzige Geräusch noch im Raum ist das leise Summen der Leuchtstoffröhren an der Decke. Langsam gehe ich zu dem Stuhl, auf dem sie schläft. Ich schiebe meine linke Hand vorsichtig unter ihren Kopf, meinen rechten Arm unter ihre Oberschenkel und hebe ihren fast leblosen Körper aus Fleisch und Knochen zurück ins Bett. Dann bette ich den Kopf dieser Frau, die mich niemals Sohn nennen wollte, auf ein Kissen. Ich decke sie mit der Daunendecke zu und knipse die Leselampe am Kopfende des Bettes aus.

»Schlaf wieder ein«, sage ich zu meinem Vater, der auf dem Bett liegt und ängstlich den geschwächten Körper seiner zweiten Frau anschaut. »Morgen wird es ihr wieder besser gehen.«
»Jawohl«, antwortet mein Vater kraftlos. »Was für ein Segen, dass unser Sohn heute Nacht hier ist ... wie der Messias, unser Retter. Gott liebt Dich, und ich Dich auch.«
»Ja«, wiederhole ich flüsternd. »Wie der Messias, unser Retter.«
Ich mache das Licht aus und ziehe mich Richtung Kellertreppe zurück. Leise schließe ich die Tür hinter mir und gehe runter ins Bett.
Ich schaue noch einmal auf die Uhr neben dem Bett. Es ist 5 Uhr 20, der 1. März 1989. Ich schalte die Nachttischlampe neben mir aus. Ich atme tief ein, ein ganz trauriger Atemzug, und atme lange nicht aus. Ich bin seltsam erleichtert, fast ruhig, als ich meine Augen schließe.
Dann schlafe ich ein.

10 WIEDERGEBURTEN

Angenommen, du erfindest dein Leben neu.
Es ist dann nicht die Geschichte deiner Niederlage
oder deines Unvermögens oder der Machtlosigkeit
angesichts der großen Gewalten von Wind und Zufall.
Es ist nicht die traurige Geschichte vom Tod deiner Mutter
oder deiner verlassenen Kindheit. Es ist nicht einmal
eine Geschichte, die dir die anfänglichen tiefen
Sympathien all der wohlwollenden oder

die Fürsorge der edelmütigen Göttinnen einbringt,
sondern eine Geschichte, die von dir einen großen Anlauf
für den Sprung ins schwierige Leben verlangt
und dein ureigenstes Verständnis von Vollkommenheit ...

»Dein neues Leben« in »Against Romance«

Kaum zwei Monate später gönne ich mir bei einem kurzen Ausflug auf die Galápagos-Inseln eine wohlverdiente Auszeit von meiner Touristengruppe und begegne Isabelle, die meine zweite Frau werden wird, in einem Straßencafé in Quito, Ecuador.

Genau genommen nehme ich aber nicht sie zuerst wahr, sondern die Frau, mit der sie dort ist – eine dunkelhaarige, dunkelhäutige Frau, die bestimmt Ecuadorianerin ist. Ich verwickele beide in ein Gespräch unter dem Vorwand, mir zu sagen, wie ich an einen bestimmten Ort kommen könnte, und entdecke zu meiner Überraschung, dass sie Französinnen sind und gerade zu einem Ausflug zu dem nahegelegenen Indianerdorf Otaval aufbrechen wollen, das auch ich besichtigen möchte.

»Est-ce que tu veux venir avec nous?« fragt Annick, die Dunkelhaarige. Ihrer Begleiterin, einer mehr oder weniger grauhaarigen Frau in einem gelben Sweatshirt und purpurfarbenen Hosen, scheint mehr daran zu liegen, ihre Post zu lesen, als sich mit mir zu unterhalten. Da ich an diesem Tag nichts anderes geplant habe und einer kleinen Spritztour in Begleitung zweier relativ attraktiver, alleinstehender Französinnen durchaus nicht abgeneigt bin, stimme ich bereitwillig zu und mache mich auf ins Hotel, um ein paar Sachen zum Übernachten einzupacken.

Während der einstündigen Busfahrt nach Otavalo merke ich, dass ich mich nicht mehr so aufmerksam der dunkelhaarigen Annick zuwende – sicher auch, weil sie einfach besser Englisch spricht als ihre Freundin –, sondern mehr ihrer ergrauenden Freundin Isabelle. Etwas in ihrem schüchternen Lächeln, ihren freundlichen Augen, ihrem wissenden Blick – selbst in ihrer tröstlich angenehmen Stimme und ihrem liebenswerten, französischen Tonfall – finde ich zunehmend attraktiv, während der Bus auf der Fahrt in Richtung Otavalo den Äquator überquert. Als wir endlich in der kleinen,

preiswerten Pension in getrennten Zimmern einchecken, die die
Frauen in ihrem »Guide de Routard« gefunden haben, scheinen
wir beide, Isabelle und ich, an genau dasselbe zu denken: später in
der Nacht ist dann nur noch die Ausrede nötig, sich noch eine
Zahnbürste besorgen zu müssen.

Ungefähr einen Monat später liegen wir in einem kleinen Dorf
außerhalb Quitos wieder im Bett. Ich sehe ihr in die Augen. Mit
meiner rechten Hand zeichne ich einen Pfad um die festen, kleinen
Faltennester zu beiden Seiten ihres Mundes. Mit der anderen Hand
teile ich die grauen Haarsträhnen, die ihr in die Stirn fallen, um
mehr von ihrem Gesicht zu sehen, um Tieferes von ihr zu erfassen.

Ich merke, dass sie mich zwar an niemand Speziellen erinnert,
aber dennoch an etwas sehr Nahes, sehr Persönliches, sehr Vertrautes. Sie erinnert mich an Leben und Tod. An die Mutter, deren
lebendiges Gesicht ich einst anschaute und an die Mutter, in deren
fast tote, glasige Augen ich starrte, Stunden, bevor sie für immer
aus meinem Leben fortgetragen wurde. Ich fühle mich mit ihr in
diesem Bett sehr daheim. »Ein Heim«, erinnere ich mich an eine
Zeile von Robert Frost, »ist der Ort, wo sie Dich aufnehmen müssen, wenn Du dorthin gehen musst.«

Es ist weniger Leidenschaft, was ich für Isabelle empfinde, als
vielmehr eine Art Zärtlichkeit und ein Gefühl der Sicherheit.
Etwas, das ich zuvor über die Ehe meines Vaters mit meiner Mutter
geschrieben hatte, hätte mir hier tatsächlich nützlich sein können.
»Und was machte es schon aus, dass er für dieses nicht besonders
hübsche jüdische Mädchen, das ihm schüchtern die Hand hinstreckte und sich kaum traute ihn anzublicken, nur wenig von
jener Leidenschaft verspürte, die er Claire Haas gegenüber empfunden hatte? Es war schließlich nicht mehr Leidenschaft, die er
suchte, sondern Sicherheit – er hatte in all den Jahren, in denen er
Frauen die Hände küsste, keine Frau zum Heiraten gesucht, sondern eine Mutter – eine Mutter, an deren lebendigen Brüsten er
nie gesäugt wurde, in deren lebendige Augen zu schauen er nie das
Glück hatte.«

Aber zumindest in dieser besonderen Nacht fühle ich, dass Isabelle vor Lust ein Schauer über den Rücken läuft, als ich immer erregter werde und immer tiefer in sie eindringe. »Te amo«, flüstere ich. »Te amo mucho.« Sag nie etwas, wenn Du lustvoll erregt bist, höre ich das Echo meines eigenen Ratschlags. Doch jetzt stelle ich fest, dass vielleicht *nur* lustvolle Erregung Männer und Frauen von den wirklichen Sehnsüchten ihrer Herzen sprechen lässt – von Wünschen, die so tief und grundlegend sind wie der Wunsch nach Heilung oder der Wunsch nach einem glücklichen Ausgang.

»Te amo también«, antwortet sie. Lange sehen wir uns schweigend in die Augen. Ich streiche mit meiner rechten Hand über ihre ausladenden Hüften und merke, wie mein Geruch sich mit dem ihren vermischt. Draußen raschelt es in den Baumwipfeln, weht der Sommerwind, und der Duft von Geißblatt verschmilzt mit dem hellen Morgenlicht. In dem narzisstischen Nebel, mit dem frisch Verliebte sich gern umhüllen, hört es sich für mich an wie Applaus, ein Geschenk aus Licht und Luft, das sich nur für uns zusammengefunden hat. »Que bonita es la luz en los arboles«, flüstere ich und umfahre Isabelles Lippen mit meiner Hand. »Que felicidad.«

»Si«, stimmt sie zu und drückt ihre Lippen gegen mich, küsst meine Finger. »Que felicidad.«

Ich schaue Isabelle wieder an. Ich spüre ein bekanntes Prickeln in meinen Lenden, etwas wie Taubheit an der Eichel meines Penis. »Ich weiß nicht, ob es heute sicher ist«, höre ich sie halbherzig sagen, als ich meine Augen schließe und mich ganz dem Gefühl von Wonne und Traurigkeit hingebe, das sich in der Mitte meines Körpers breitmacht. Ich spüre, wie auch sie die Waffen streckt, sich einer Macht hingibt, die größer ist als Wille oder Kontrolle oder Voraussicht oder Verstand, eine Macht, die über uns hinausgeht und uns gleichzeitig in sich einschließt.

Bald stöhnen wir in unserer jeweiligen Sprache in die Morgenluft. Ich spüre, wie ich mich plötzlich verliere, die materielle Welt verliere, in der es so viel Kampf und Schmerz und Vergnügen und Geheimnis in der Spanne zwischen Leben und Tod gibt.

Und dann – ich weiß und weiß auch nicht, was ich gerade tue, getrieben von etwas, das stärker als Denken ist, großzügiger als Vernunft, gefährlicher als Hoffnung, naiver als Erfahrung – schieße ich einen nassen, warmen Schwall lebendiger Spermien hinaus zu diesem dunklen weiblichen Ort (dem Ort des Eies), wo die Sehnsucht nach Licht zuerst auf seinen Schöpfer trifft und zu tanzen beginnt.

»Ich denke nicht, dass wir bis zum Ende gehen sollten.«

An einem Sonntagnachmittag Anfang Oktober sitzen Isabelle und ich im Café des Museums der Schönen Künste in Boston, um endlich *darüber* zu sprechen, wie wir mit unserer Schwangerschaft umgehen sollen. Es sind ungefähr zwei Monate seit jenem Morgen in Quito vergangen, an dem wir, kurz vor unserer Abreise nach Boston, zu der Klinik in der Altstadt gingen, den zerknitterten Umschlag mit Isabelles Namen darauf öffneten und auf ein Stück Papier gekritzelt lasen: »Positivo para embarazada«.

Seit unserer Rückkehr nach Cambridge vor mehr als einem Monat habe ich lange und intensiv darüber nachgedacht, wie ich mit diesem potenziellen menschlichen Wesen – meinem Kind – umgehen soll, das anfängt, in Isabelles Bauch seinem Leben entgegenzugehen. »Ich glaube«, sage ich weiter, »wir sollten lieber warten, bis wir uns ein bisschen besser kennen, bis unsere Beziehung eine solidere Basis hat und wir wirklich in der Lage sind, zu *entscheiden*, ob wir etwas so Dramatisches und Unwiderrufliches wie ein Kind haben wollen oder nicht.« Ich merke, dass gerade dieses Wort *entscheiden* – dieses flatterhafte Wort, das ich mir schon so lange sehnsüchtig zu eigen machen will – mich nervös und unsicher macht, als ob ich über etwas redete, dessen Bedeutung ich nicht wirklich verstehe.

»Immerhin«, und ich versuche, den Ausdruck von Traurigkeit und Enttäuschung zu ignorieren, der sich auf Isabelles Gesicht breitmacht, »kennen wir uns erst seit knapp vier Monaten. Wir haben doch wohl in der Tat«, und ich versuche einen schlechten Witz zu machen, »eine der kürzesten Begegnungs-bis-Empfängnis-Zeiten in der Geschichte der Liebesbeziehungen.«

»Ja.« Isabelle ist plötzlich ganz das provinzielle, französische, katholische Mädchen und blickt mir in die Augen, während sie langsam und überlegt spricht. »Aber Fakt ist, Gringo, dass dieses Kind schon existiert. Da kann man nichts dran ändern oder so tun, als wäre das alles nicht wahr.«

Nach schon drei Abtreibungen, die ich mitgemacht habe, weiß ich, dass sie zumindest teilweise Recht hat – man kann nicht so tun, als gäbe es dieses Kind nicht, oder was immer es in diesem Augenblick auch ist, oder als würde es mir oder dem Leben nichts ausmachen, wenn man diesem Dasein ein Ende bereitete. Scheint es denn nicht so, dass etwas in mir geboren werden will, Leben schenken will? Und hier ist es, hier sitzt es doch in diesem Moment in der Gestalt einer Frau aus Fleisch und Blut vor mir.

»Es ist nicht so«, beharre ich stur und weiß doch, dass es nur die halbe Wahrheit ist, »dass ich kein Kind mit Dir haben will, nur sollte es zu einem besseren, vernünftigeren Zeitpunkt sein. Wir kennen uns doch kaum, und mal ehrlich, es war nicht gerade einfach mit uns, seit wir aus Ecuador zurück sind.« Zwischen Isabelle und mir gab es, seit wir in mein »wirkliches« Leben in Cambridge zurückgekehrt waren, mehr als nur ein paar Missverständnisse, da sie sich – verständlicherweise – nicht gerade leicht an die Situation gewöhnen konnte, schwanger und in einem fremden Land zu sein, und ich, auf der anderen Seite, ihr ruhiges Wesen und ihre im Wesentlichen nonverbale Persönlichkeit für mein Leben, das ich hier lebe, nicht unbedingt angemessen fand.

»Ja«, nickt sie, »das stimmt. Aber es stimmt auch, dass es vielleicht überhaupt nie einen besseren oder richtigen Zeitpunkt geben wird – besonders für jemanden mit Deiner Vergangenheit.«

»Was willst *Du* denn?« frage ich schließlich, müde, mir weiter darüber Gedanken zu machen. Es folgt ein langes Schweigen, während Isabelle mir weiter in die Augen blickt und langsam in ihrem Kaffee rührt, von dem sie noch nichts getrunken hat.

»Es ist ein Kind der Leidenschaft«, antwortet sie schließlich, langsam aber bestimmt. »Er wurde in einem Moment der Liebe gezeugt.«

»Was hat *das* denn damit zu tun?« Ich vermute, dass ich die Antwort sowieso schon weiß, und fange plötzlich an zu zittern.

»Es ist ein gutes Omen für ein Leben.« Zum ersten Mal in diesem ziemlich düsteren Gespräch lässt Isabelle ein kleines Lächeln erkennen. »Du, zum Beispiel, hättest wahrscheinlich ein viel glücklicheres Leben gehabt, wenn Du ein Kind der Leidenschaft gewesen wärst.« Sie macht eine lange Pause, bevor sie weiterspricht, weil sie vielleicht weiß, dass in einer Konfliktsituation, in der der eine hin- und hergerissen, der andere aber entschieden ist, immer der gewinnt, der schon eine Entscheidung getroffen hat.

»Also, ich bin bereit, es zu bekommen.«

Zum ersten Mal in meinem Leben stehe ich jetzt einer Frau gegenüber, die entgegen meinen ausdrücklichen anderslautenden Wünschen bereit und willens ist, mein Kind auszutragen. Für meine eigene Generation – die mit akademischer Bildung aufgewachsenen und durch die Pille befreiten Kinder von Abbie Hoffman und Gloria Steinem – waren Verhütung und Abbruch, wenn auch nur einer die Schwangerschaft nicht wollte, die Grundlage, wenn nicht das Kernstück unseres Credos zur Selbstverwirklichung. Trotz meines zwiespältigen Verhältnisses zu meiner Vaterschaft und des Gefühls, von meinen mich erstickenden, vergreisten Eltern erdrückt zu werden, wächst in mir der echte Wunsch nach einem eigenen Kind, doch hätte ich mir den Zeitpunkt und die Art und Weise, wie es passiert ist, anders gewünscht.

Andererseits hat mir mein Psychoanalytiker – ein netter und unaufdringlicher Mann, den ich monatelang nicht mehr aufgesucht habe – versichert, dass eine Vaterschaft alle meine irdischen Übel kurieren würde; doch zu meinem Dilemma äußerte er sich kaum, als ich in seine Praxis stürme, um mit ihm die Situation zu besprechen.

»Wenn ich Ihnen so zuhöre«, sagt er, macht eine Pause und krault sich unterdessen in seinem weichen braunen Sessel den Bart, der dem von Freud ziemlich ähnlich sieht, »möchte ich einfach nur fragen ›Worauf warten Sie noch?‹«

Meine Schriftstellerkollegen in Harvard zeigen zwei verwandte Reaktionen, als ich ihnen erzähle, dass ich ein Kind bekommen werde. »Bist Du nicht geschockt?«, fragt mich eine geschiedene, kinderlose Romanschreiberin, mit der ich zusammenarbeite. »Ich hätte nie gedacht«, sagt mir ihr männliches Gegenstück auf dem Gang, ein Schriftsteller aus dem Mittleren Westen, der gerade zum zweiten Mal Vater wird, »dass Du der Typ dafür bist.«

Mein Analytiker, selber ein Möchtegern-Romanschreiber, scheint eine andere Sicht der Dinge zu haben. »Sie würden«, sagt er mir immer wieder, »zweifellos einen tollen Vater abgeben.«

Natürlich haben sie alle Recht: Ich *bin* geschockt, obwohl ich es nicht zugeben will, und ich bin ganz klar nie »der Typ dafür« gewesen, was immer das auch sein mag. Und ich *würde* wirklich, davon bin ich immer wieder überzeugt, einen tollen Vater abgeben.

Aber all diese Konjunktive werden in jedem Fall bald Geschichte sein: obwohl, wie T. S. Elliot ausführt, »in einer Minute Entscheidungen getroffen werden können, die in der nächsten schon wieder rückgängig gemacht werden«, ist diese Entscheidung schon getroffen – wenn nicht von mir, so doch vom Leben.

In Isabelles Bauch.

Isabelle hat so an Gewicht zugelegt, dass sie es ohne meine Hilfe nicht mehr in die Badewanne oder herausschafft. Ich lege meine Arme um ihren riesigen Bauch und fühle, wie sie sich meinen Armen ganz hingibt.

»Ich glaube, er kennt schon den Klang Deiner Stimme«, sagt sie plötzlich lächelnd. »Er kann Dich schon in meinem Bauch hören.«

»Wie sollte er auch nicht?«, lache ich und schaue mir ihren dikken runden Bauch an. »Ich rede ja auch so verdammt viel.«

Beim Einschlafen denke ich, dass dies meine letzte Nacht sein könnte als Sohn, der nicht auch Vater ist, das letzte Mal, dass ich fragen kann: »Welchen Vater würdest Du töten?« Morgen ist da vielleicht ein Kind – *mein* Kind –, das hoffentlich niemals mit der geteilten Vaterschaft zweier Väter leben muss, das hoffentlich niemals in seinem Leben zwischen Blut und Gefühl hin- und hergerissen sein muss. Morgen vielleicht werden die Sünden der Väter nicht mehr so deutlich die Söhne heimsuchen. Aber gleichzeitig – und dieses Gefühl hätte ich besser in jener Nacht vor neun Monaten haben sollen, als ich meinem Samen ungehindert in Isabelles Körper hineinspritzen ließ – habe ich auch Angst.

Trotzdem lasse ich mich durch Isabelles Atemzüge neben mir in einen tiefen Schlaf wiegen. Doch schon Minuten später wache ich von einem Keuchen neben mir im Bett auf und spüre eine ruhige, aber resolute Hand in meinem Nacken. Ich drehe mich um und sehe, wie Isabelle sich aufbäumt, von Krämpfen geschüttelt, die das ganze Bett erzittern lassen.

»Es geht los«, stammelt sie, als sich ihr Körper für einen Moment beruhigt.

»Entspanne dich«, sage ich und springe aus dem Bett. Ein Nervenkitzel – Furcht und Freude zugleich – vergleichbar dem einer Schussfahrt auf Skiern

oder wenn man mit einer neuen Geliebten schläft, Kontrolle und Hingabe zugleich. »Ich dusche nur schnell und rufe dann die Hebamme an.«

Als ich im Badezimmer verschwinde, umklammert Isabelle das hölzerne Bettgestell und starrt auf die Digitaluhr auf dem Nachttisch. *Drei Minuten* misst sie zwischen den Wehen, die ihren ganzen Körper aufbäumen und fast aus dem Bett werfen. *Nur drei Minuten.*

Als ich wieder ins Zimmer komme, höre ich ein Geräusch, das eindeutig von ihrem Unterleib kommt: als ob etwas platzt. Flüssigkeit läuft plötzlich aus ihr heraus und tränkt das Bett mit einer Lache von Fruchtwasser.

»Jetzt wird es nicht mehr lange dauern«, flüstert sie zaghaft, als ich die Plastikunterlage, die wir auf das Bett gelegt hatten, mit neuen Laken bedecke. »Nein«, antworte ich und fühle, wie ich außer Atem gerate. »Es wird nicht mehr lange dauern.«

Kaum habe ich die Worte ausgesprochen, als das, was wir für leichte Wehen gehalten haben, sich in Krämpfe verwandelt, die den ganzen Körper erfassen. (»Das intensivste Gefühl meines Lebens, Gringo, dass man vielleicht nur noch beim Sterben hat«, wird Isabelle mir später erzählen. »Es war, als erbebte mein ganzes Wesen.«) Als ich sehe, wie sich ihr Gesicht, während sie nach Luft schnappt, dunkelrot verfärbt, lasse ich die Laken fallen und renne zu ihr, um sie zu halten.

»Lass uns fahren«, sage ich. »Ich glaube, ich will lieber keine Hausgeburt.«

Im Auto und unterwegs zum Krankenhaus in Malden kommen die Wehen mittlerweile fast jede Minute. Ich sehe zum ersten Mal auf die Uhr. Es ist 3.45 Uhr morgens. Isabelle presst meine Hand so fest, dass ich kein Gefühl mehr in meinen Fingern habe.

Die Hebamme erwartet uns schon, als wir im Krankenhaus ankommen, und führt uns zu einem Zimmer im ersten Stockwerk. »Entspannen Sie sich«, flüstert sie. »Das ist keine große Sache. Sie bekommen nur ein Baby.«

Die Sonne geht gerade auf. Goldenes Licht ergießt sich in den Raum, gerade als wir eintreten. Auch kommt eine Schwester mit einem Tablett mit Apfelsaft und Eiswürfeln.

»Nicht pressen«, sagt die Hebamme immer wieder zu Isabelle, die jetzt auf dem Rücken im Bett liegt, beide Knie angewinkelt. »Nicht pressen – Sie tun sonst dem Baby weh.«

Ich bekomme allmählich wieder Gefühl in meine Hand, nachdem Isabelle so lange fest zugedrückt hat, und stehe am Fußende des Bettes, blicke in die pulsierende, fast mystische Dunkelheit von Isabelles Vagina, ihrer Möse und ihres Schoßes. Ich hätte nie gedacht, dass ein lebender Mensch so viel Blut produzieren kann, wie jetzt aus ihr herausströmt. Selbst der gelegentlich politisch korrekte Ideologe, der irgendwo in mir steckt, kann es nicht leugnen: Es ist alles andere als ein schöner Anblick. Und mittendrin meine ich ein kleines, fleischfarbenes Haarbüschel auf mich zukommen zu sehen.

»Jetzt kommt es durch«, sagt die Hebamme, die die ganze Zeit bemerkenswert ruhig ist. »Jetzt müssen Sie anfangen zu pressen.« Die Schwester hält unterdessen einen Spiegel zwischen Isabelles Beine, sodass sie den Kopf des Babys, der sich langsam herausschiebt, sehen kann. Ihre Augen scheinen ihr aus dem Schädel zu springen, wie bei einem Fisch, der nach Luft schnappt. Sie spüre, sagt sie, ein unglaubliches Brennen zwischen ihren Beinen.

»Ich kann nicht mehr! Ich kann nicht mehr! Ich kann nicht mehr pressen!« schreit sie, als ich meine rechte Hand ausstrecke, um ihr über das Haar zu streichen. Wenn ich nicht wüsste, wer diese Frau ist, würde ich das scheinbar besessene Wesen, dessen unheimliches Klagen jetzt den Raum erfüllt, wohl kaum wiedererkennen.

»Du musst jetzt an unseren geheimen Ort denken«, sage ich und flüstere den Namen des ecuadorianischen Vulkans, den wir im letzten Sommer bestiegen haben. Ich habe seit vierundzwanzig Stunden nichts gegessen, doch fühle ich mich, als ob es weder Zeit noch Raum gibt. Mit kontrollierter Verblüffung blicke ich auf das rosafarbene Etwas von Schädel und Haar, das gerade aus dem Körper meiner Frau gleitet. Als meine beiden Hände fast wie von selbst nach vorne greifen, sehe ich, dass es ein Uhr nachmittags ist – fast genau die gleiche Stunde, in der auch ich, mehr als vierzig Jahre zuvor, geboren wurde.

Plötzlich gleitet – man könnte meinen, es sei ein kleines eingefettetes Ferkelchen – ein winziger atemloser Körper, bedeckt mit Blut und Schleim in meine wartenden Hände, alles ist so unglaublich grotesk, dass ich nie Worte finden werde, das zu beschreiben. Durch den Tränenschleier, der sich über meine Augen legt, stumm und mit einer Bewegung, die so fließend und natürlich ein so organisches Ganzes bildet, als wäre sie von den Göttern selbst geplant und ausgeführt worden, übergebe ich – der Mann mit dem impotenten Vater und der traurigen sterbenden Mutter – den Körper meines im Blut geborenen Sohnes den wartenden Armen und den gesunden Brüsten seiner lebendigen Mutter, seinem Leben.

Einige Wochen nach der Geburt meines Sohnes fliege ich nach New York, um meine Eltern zu besuchen, denen es beiden gesundheitlich nicht gutgeht, um ihnen bei der Erledigung einiger persönlicher Dinge und bei Einkäufen zu helfen. Bei meinem Vater wurde eine Arterienverkalkung im Gehirn diagnostiziert, die seine geistige Verwirrung noch schlimmer macht, und meine Stiefmutter, deren Wirbelsäule durch die lebenslange Osteoporose in letzter Zeit eher einem Kamelhöcker als einem menschlichen Rücken gleicht, hat sich einen weiteren Wirbel gebrochen und liegt im Bett flach auf dem Rücken.

Meine Eltern haben die Geburt ihres einzigen Enkels mit Leichenbittermiene zur Kenntnis genommen, und so bin ich wie immer auf das Schlimmste gefasst, als ich durch meinen üblichen Eingang in die gewohnte Dunkelheit des Hauses meiner Stiefmutter trete – durch den Keller.

Am ersten Tag meines Besuches habe ich ein ergebnisloses Treffen mit einem Sozialarbeiter, der mir helfen sollte, eine Haushaltshilfe für meine Eltern zu besorgen. Ich hoffe ganz vorsichtig, am nächsten Nachmittag wieder wegfahren zu können, ohne dass mir noch ein Missgeschick passiert, als zu meinem Erstaunen und Entsetzen – weil ich ein bisschen Wasser beim Duschen verspritzt habe – erst meine Stiefmutter und dann mein sechsundachtzigjähriger Vater in wüste Schimpftiraden ausbrechen. (»Du bringst nichts als Unglück in unser Leben – und dann heiratest Du eine arme goyische Schmatte«), die so verrückt und unerklärlich sind, dass ich sie, wie mein Analytiker es mir empfohlen hat, einfach wie das »Wasser an einem Entenrücken« von mir abperlen lasse – und fahre dann meinen Vater, wie ausgemacht, zur Großhandlung mit koscherem Fleisch an der Lower West Side, bevor ich den Zwei-Uhr-Zug nehmen will.

Wir fahren schweigend über die Triborobrücke und den FDR Drive runter; ich muss meine ganze Willenskraft aufbringen, die Augen auf die Straße gerichtet zu lassen und den verrückten, verbalen Geysir zu ignorieren, der zu meiner Rechten sitzt. Als wir endlich in der Chambers Street ankommen, steigt mein Vater aus und wird enthusiastisch von einer kleinen Gruppe übergewichtiger Männer in blutigen Kitteln begrüßt, deren Hände er schüttelt, als würde er gleich eine Ansprache auf einer Polizeiversammlung halten.

»Shalom, Herr Yarmolinski. Shalom, Fred«, säuselt mein Vater den beiden Männern zu, während er ihnen in das Warenlager folgt. »Gott liebt Euch, und ich Euch auch.« Er kommt nach ungefähr fünfzehn Minuten zurück, dieses Mal mit zwei jüngeren Fleischern im Schlepptau, die vier große Tüten mit koscheren Steaks, Lammkeulen, Suppenknochen, Rinder- und Kalbsbrust schleppen, die meine Eltern in ihrer Tiefkühltruhe im Keller aufbewahren werden.

»Gott segne Dich, Landsmann«, sagt mein Vater und küsst dem Größeren der beiden Männer die blutbefleckte Hand, bevor er wieder ins Auto steigt. »Gott liebt Dich, und ich Dich auch.«

Kurz darauf fahren wir schweigend die Eighth Avenue hinauf, als sich mein Vater mir plötzlich zuwendet: »Lass uns anhalten und einen Kaffee trinken«. Er kann die Wut in seiner Stimme kaum unterdrücken. So etwas wie bei dem letzten Stopp in dem kleinen Café in Fleischmanns, kurz vor meiner ersten Hochzeit, möchte ich nicht noch einmal erleben.« »Ich habe keine Zeit«, antworte ich kalt. »Aber ich möchte Dich nur warnen«, füge ich hinzu und verliere einen Moment lang die Kontrolle über die »Entenrücken-Strategie«, »sprich nie wieder in dieser Art über meine Frau.«

Mag mein Vater auch zu einem Minimum an Selbstbeherrschung fähig sein, jetzt ist sie flötengegangen. »Schämst Du Dich eigentlich nicht?« schimpft er in altbekannter Weise, »so mit Deinem armen, kranken Vater zu sprechen?«

»Und schämst *Du* Dich eigentlich nicht«, kontere ich und vergesse immer mehr, was ich in meiner buddhistischen Übung ohnehin nur begrenzt gelernt habe, »über die Art, wie Du Dich mir und meiner Familie gegenüber verhältst?«

Die Worte »meine Familie« bringen ihn nur noch mehr auf.

»Du bist von Gott verflucht«, sagt er, nimmt sein weißes Taschentuch aus der Brusttasche und legt es sich übers Gesicht. »Du wirst nie glücklich werden. Niemand hat Dich je geliebt oder gewollt.« Er beginnt zu schluchzen. »Nicht einmal meine Schwestern. Ich war der Einzige ... Du warst mein Hauptgewinn. Ich habe niemanden außer dir ... Ich habe Alice nie geliebt. Ich habe nie jemand anderen geliebt. Und Sex ...«, fügt er hinzu und kommt plötzlich zum Kern des Problems, »Sex hat bei mir nie geklappt ... nicht mit unserer Mama, nicht mit Alice.«

Ich versuche, meinen Blick fest auf der Straße zu lassen, mich auf den Verkehr zu konzentrieren, nicht zu antworten. Von Schluchzern geschüttelt legt er sein Gesicht wieder in das Taschentuch. Mir wird klar, was dieser Mann so dringend braucht, was er *immer* gebraucht hat: Er will geliebt und umarmt werden, er will versichert bekommen, nicht länger alle Hände küssen und jeden segnen zu müssen. Aber inzwischen bin ich zu lange zu sehr verletzt, zu sehr gekränkt worden, zu oft drangsaliert und verraten worden. Ich kann nur weiterfahren und versuchen, ruhig zu bleiben.

»Ich wurde für den Tod geboren«, er blickt plötzlich wieder auf, »und jetzt gehe ich zum Tod zurück.« Ich bin erstaunt, wie schnell er vom Weinen zum Schimpfen wechseln kann.

»Du hättest mit dem Heiraten warten sollen, bis ich tot und verfault wäre – bis ich *verreckt* wäre«, fährt er fort. »Ich hätte Dir ein Haus gekauft – wir hätten unten gewohnt und Du oben.«

Zu jedem anderen Zeitpunkt hätte der Gedanke, ein Haus mit meinem Vater und meiner Stiefmutter zu teilen, bei mir Lachkrämpfe ausgelöst. Aber jetzt kämpfe ich nur darum, mein Schweigen durchzuhalten und so schnell wie möglich zurück zur Triborobrücke zu kommen.

»Womit habe ich so einen Sohn verdient?«, macht er weiter. »Ich war immer so gut zu dir.« Er macht eine Pause und schluchzt wieder. »Und Du warst nur an Sex interessiert – Sex und Frauen.«

Ich denke: Das passiert gerade nicht wirklich, das ist ein Traum. Sei bloß ruhig und fahre weiter.

»Du weißt ja nicht, was Du sagst«, murmele ich schließlich. »Du hast zu viel gelitten.«

»Es hat bei mir nie geklappt, Sex, nie. Ich habe sie nie geliebt. Du warst mein Hauptgewinn. Ich habe alles für Dich geopfert«, sagt er. »Du bist verdammt, verflucht ... *Der liebe Gott* wird Dich nie glücklich werden lassen.«

Wieder fängt er an, in sein weißes Taschentuch zu schluchzen. »Vergib mir«, sagt er, nimmt meine rechte Hand vom Steuer und bedeckt sie mit Küssen. »Bald werde ich tot sein. Lass uns in Frieden auseinandergehen.«

Ich bleibe ruhig. Wir sind fast über die Brücke.

»Sei nur gut zu Deiner Stiefmutter, wenn ich nicht mehr bin«, sagt er. »Sie ist alles, was ich habe. Hätte sie nicht für mich gekocht, wäre ich schon längst tot. Vergib mir«, sagt er wieder und küsst meine Hand. »Ich weiß nicht, was ich sage. Bitte erzähle Mama nichts davon.«

»Ja«, flüstere ich leise, wie zu mir selbst. »Du weißt nicht, was Du sagst.«

Während ich das sage, wird mir klar, dass – hier, vor meinen Augen – endlich etwas mit meinem Vater passiert ist, worauf ich all die Jahre gewartet habe – etwas, das mir endlich erlaubt, mit dem Geschichtenerzählen aufzuhören, etwas, das mir erlaubt, nicht mehr nachdenken zu müssen, welchen Vater ich töten würde.

Genau, als ich die scharfe Rechtskurve auf die Triborobrücke nehme, ist der Mann, neben dem ich sitze, für mich schon ein toter Mann.

Wir kommen nach Hause in Jackson Heights zurück. Ich lade das Fleisch aus dem Auto und fange an, meine Taschen zu packen.

»Bleibst Du nicht zum Essen?«, fragt meine Stiefmutter.

»Nein«, antworte ich und versuche die Konversation auf ein Minimum zu beschränken. »Ich muss zurück. Ich habe einen kleinen Sohn.«

»Ich werde ein paar Steaks und etwas von der challah für Dich und Isabelle einpacken«, sagt mein Vater, als ob nichts passiert wäre.

»Gib Dir keine Mühe«, sage ich höflich. »Wir haben genug zu essen zu Hause – und, wie ich Dir schon tausend Mal gesagt habe«, füge ich hinzu, und übertreibe ein bisschen, was tendenziell stimmt, »essen wir kein rotes Fleisch.« Ich habe nur einen Wunsch – weg von hier.

»Hier«, sagt mein Vater, gibt mir ein kleines, in Folie eingewickeltes Päckchen, auf dem mit Tesafilm ein Zettel klebt, und küsst wieder meine Hand. »Nimm wenigstens die challah ... Deine Mama hat sie frisch zum Sabbat gebacken.«

»Okay. Danke.«

Zehn Minuten später, immer noch mit dem Gefühl, als sei ich eben mit einem Eispickel verdroschen worden, bin ich in der U-Bahn auf der Eighth Avenue in Richtung Bahnhof und der tröstenden Arme meiner Frau. Da ich mich viel zu erschlagen fühle, um lesen oder denken zu können, löse ich den Zettel von der Folie.

»Für unsere liebe Schwiegertochter Isabelle«, steht da in der fast unleserlichen Handschrift meines Vaters. »Mögest Du dies bei guter Gesundheit und mit gutem Appetit genießen ... Gott liebt Dich, und wir Dich auch.«

Einige Tage später wird mir im Bostoner Nordend von einem Freund und Kollegen aus dem Harvard eine Lektion in Sachen Kreatives Schreiben erteilt.

Immer noch hin- und hergerissen von den Worten meines Vaters, habe ich irgendwie das Bedürfnis, die Geschichte von unserer kleinen Reise den FDR Drive runter zum koscheren Fleischer immer und immer wieder zu erzählen, als ob allein schon das wiederholte Erzählen meinen Geist und meine Seele von seinen Auswirkungen befreien könnte.

Doch wenn ich Mitgefühl suche, dann werde ich es bei meinem Freund Doug, der mit Leib und Seele Romanschreiber ist, nicht finden. »Das ist ja lustig«, sagt er und kann sein Lachen kaum unterdrücken, als ich die Geschichte von mir, Fred, Herrn Yarmolinski, dem koscheren Fleisch, dem Zopfbrot und Blumenthal pères gesammelten finsteren Segnungen auf der Triborobrücke erzähle. »Das ist eine der witzigsten Geschichten, die ich je gehört habe.«

Als ich später in den Spiegel blicke, wird mir, dem Direktor für Kreatives Schreiben an der Harvard-Universität, wieder einmal klar: wer es nicht kann, lehrt es eben. Mein Freund, gesegnet sei sein schlichtes Schriftstellerherz, hat eben versucht, mir etwas über ästhetische Distanz beizubringen: In dieser für mich so tragischen und finsteren kleinen Geschichte über mich und meinen Vater sieht er etwas Humorvolles und Leichtes – etwas, auf das ich vielleicht auch einen yeatschen »kalten Blick« werfen sollte, wie auf den Tod.

10. Mai 1992

Lieber Berthold, liebe Nelly,
ich schreibe Euch heute in einer ernsten Angelegenheit, was mir besonders angebracht scheint, da Ihr bald zum ersten Mal meinen Sohn treffen werdet, der, wie Ihr wisst, Euer eigener leiblicher Enkel ist.
Ich habe viele Jahre lang gespürt – und mehr denn je, seit ich eine eigene Familie habe –, wie schmerzhaft es für mich war, dass weder einer von Euch (oder beide) noch irgendjemand aus meiner »anderen« Familie mir je die genauen Umstände meiner Geburt und Adoption vollständig erklärt hat. Gleichzeitig musste ich die letzten 43 Jahre mit diesem unvollständigen Wissen leben – und Ihr mit dem Kummer, das »Geheimnis« für Euch zu behalten – und mit dem, was uns alle das persönlich und psychologisch gekostet hat.
Es scheint mir jetzt – solange wir alle noch leben – höchste Zeit, dass Ihr mir die volle Wahrheit erzählt ... oder wenigstens das, was Ihr davon wisst und erzählen könnt. Ich verdie-

ne, es zu erfahren. Mein Sohn verdient, es zu erfahren. Meine Frau verdient, es zu erfahren. Und ich glaube, auch Ihr verdient eine Chance, es mir zu erzählen und Euch einer meiner Meinung nach schmerzvollen, heiklen Last zu entledigen.
Obwohl ich nie darüber gesprochen habe, weiß ich doch schon seit geraumer Zeit, was uns allen klar war, dass ich – zumindest rein biologisch – Euer Sohn bin. Und ich würde gerne mehr über das wissen, was zu diesem merkwürdigen Zeitpunkt meiner Geburt vor fast einem halben Jahrhundert passiert ist. Niemand sollte, wie ich bisher, mit einer so geheimnisumwitterten Geburt und Adoption durch sein ganzes Leben gehen müssen. Und ich glaube, keiner von Euch hat auch nur die geringste Vorstellung davon, wie viel Schmerz und Leid und Verwirrung diese »Geheimnisse« bei mir verursacht haben … und auch bei meinem Sohn verursachen könnten, wenn sie nicht aufgeklärt werden.
Warum wurde ich an Ernst und Betty weggegeben? Wessen Idee war es? Warum hatten sie nie eigene Kinder? Wie war das Leben meiner Mutter, bevor sie Ernst traf? (Ich glaube, das kann nur Berthold beantworten.) Die Erklärungen meines Vaters dazu, die er mir sehr spät erst gab und die vermutlich auch nicht aufrichtig waren, haben mich nie befriedigt, noch schienen sie auch der Wahrheit zu entsprechen. Und Ihr beide wisst natürlich, wie schmerzlich und schwer seine eigene Geburt und der Tod seiner Mutter für ihn waren und was für ein von Ängsten erfüllter und verstörter Mensch er ist.
Also bitte ich Euch – jetzt, bevor es zu spät ist – mir zu helfen, einige dieser »Geheimnisse« aufzuklären. Keiner sollte so sehr »im Dunklen« tappen, wenn es um seine eigene Abstammung geht, und ich versichere Euch, dass ich – sollte dasselbe oder etwas Ähnliches meinem eigenen Sohn zustoßen – als Vater sicherstellen würde, dass er die ganze Wahrheit erfährt.
Es würde mir sehr viel bedeuten, wenn Ihr mir endlich sagen würdet: Wie wurde diese »Vereinbarung« getroffen? Wessen Idee war es? Warum wurde mir nie etwas darüber gesagt oder erzählt? Wie krank war meine Mutter, als sie mich adoptierten? Wann habt Ihr erfahren, dass sie Krebs hat? Wann

wurde ihre zweite Brust amputiert? Es ist mir und allen, die ich kenne, unbegreiflich, dass niemand sich je darum gekümmert hat, mir Antworten auf diese Fragen zu geben. Und jetzt – wo Euer anderer Enkel (auch adoptiert, wenn ich Euch daran erinnern darf) bald seine Bar Mitzwah hat – denke ich, dass es ein guter Zeitpunkt wäre, dies in Angriff zu nehmen und die Wunden zu heilen.

Ich weiß, dass es nicht einfach für Euch sein wird, über diese Dinge zu sprechen und Euch daran zu erinnern. Ohne Zweifel war es auch eine sehr schmerzhafte und schwere Zeit für Euch, die ihr mit zwei Kindern gerade aus Israel angekommen wart. Doch ich persönlich wäre sehr dankbar für alles, was Ihr tun könnt, um Licht in das Dunkel dieser zu lange verschleierten Fragen zu bringen. Unterdessen schicken wir alle herzliche Grüße und freuen uns schon darauf, Euch bald zu sehen.

In Liebe
Michael

Vineland, N.J.
16.5.92

Lieber Michael,

wir danken Dir sehr für Deinen aufrichtigen Brief! – Du schriebst, es ist »höchste Zeit« – doch Gott sei Dank nicht zu spät, um Dir die Antworten, die Dir zustehen, auf all die Fragen zu geben, das verdienst Du und keine Geheimnisse! – Die reine Wahrheit! – Du kannst mir glauben und vertrauen; von unserer Seite keine Geheimnisse – niemals! Ich beklage mich nicht, nur bin ich nicht mehr bei bester Gesundheit, aber immerhin lebe ich noch und frage mich, was Dich so lange davon abgehalten hat, uns viel früher schon danach zu fragen? Du hattest jedes Recht dazu. Unsererseits war und bin ich der festen Überzeugung, dass wir nicht hinter dem Rücken anderer reden würden.

Und nun will ich Deine Fragen so gut ich kann beantworten: Meine Schwester war immer eine feine Dame – liebevoll, umsorgend, gewissenhaft, ehrlich und lieb zu unserer Familie. Sie war nie krank, solange ich mich an zu Hause erinnern kann. Bevor ich mein Heimatland verließ, trafen wir Ernst; 1936 starb unser Vater und im selben Jahr besuchten mich Omi und Betty in Palästina; Ernst und Betty waren verlobt und gingen später in die USA, wo die Familie von Ernst lebte. 1947 kamen wir nach all den Jahren hierher zu Besuch. Und wir waren wieder glücklich als Familie zusammen!

Im selben Jahr, 1947, wurde Betty zum ersten Mal operiert, sie erholte sich und war dann wieder aktiv und glücklich. 1948 zogen wir auf die Farm und machten einen neuen Anfang; neue Umgebung, Sprache, harte Arbeit und der Versuch, unsere Verpflichtungen zu erfüllen; und dann kam das Unerwartete: Nelly war schwanger! Wir, die Familie, »alle fünf« (Omi eingeschlossen) hatten keine »Idee«, sondern taten mit guten Vorsätzen das, was sowieso nicht mehr zu ändern war, nur erfüllten wir meiner Schwester den lang gehegten Wunsch, ihr Kind aufzuziehen. Warum sie keine eigenen Kinder hatten, kann ich Dir nicht sagen. Unglücklicherweise kam es anders, als wir alle es uns gewünscht hatten. 1958 die zweite Operation.

Es fällt mir sehr schwer, es begreiflich zu machen, vielleicht ist es noch schwerer für Dich, lieber Michael, es zu verstehen, aber das sind die Fakten! Hoffentlich trägt dieser Brief dazu bei, dass Du uns nicht misstraust, sondern dass Du nichts daran ändern möchtest, dass wir auch in Zukunft weiterhin zusammengehören. Wenn Du noch mehr wissen willst – wir stehen immer zur Verfügung. Wir freuen uns darauf, Dich am 26.5. zu sehen, aber das ist nicht der richtige Zeitpunkt, darüber zu sprechen – dies ist Jonathans Tag!

Wir grüßen herzlich, auch Isabelle und Noah!

In Liebe,
Berthold und Nelly

Der Brief meines Onkels enthält größtenteils nichts, was ich nicht schon vermutet oder gewusst hätte. Sie hatten »den lange gehegten Wunsch meiner Schwester erfüllt« und »aus welchem Grund sie keine eigenen Kinder hatten« wusste er nicht. Genauso wenig wie ich auch, abgesehen davon, dass mein Vater einmal in einem der wenigen Gespräche, die wir zu diesem Thema führten, zugab, und das auch nur knapp und nicht eindeutig, dass er nicht in meine Mutter »eindringen« konnte. Jetzt habe ich inzwischen wenigstens eine Vorstellung davon, was »nicht eindringen konnte« heißen könnte.

Meine Tante, die Mutter, die ihren acht Tage alten Sohn weggegeben hatte, schweigt sich zu diesem Thema aus – wie immer gibt sie nichts von sich preis. Waren es Depressionen bei ihr gewesen? Angst? Das Gefühl, wirtschaftlich unterzugehen? Ein Akt größter Selbstlosigkeit und familiärer Großzügigkeit, den die Welt je gesehen hat?

Mein Onkel hat auf seine Art versucht, Antworten zu geben – keine tiefgründigen Antworten, sondern einfache, so gut er eben konnte. Und jetzt, wo ein tödlicher Krebs in seiner Brust wächst und unser nächstes Wiedersehen »Jonathan gehört«, waren dies wahrscheinlich die besten Antworten, die ich überhaupt je bekommen würde.

»Jetzt stell Dich mal noch ein bisschen näher zu Deiner Tante und Deinem Onkel – genau – so ist es gut! Jetzt – wenn ich drei sage, alle zusammen: *Cheeez!*« Ich lächle für den Fotografen; mein Gesicht zwischen den alten, krank aussehenden Gesichtern meiner Tante und meines Onkels – meine Mutter und mein Vater – sieht aus wie ein in einem Metallzaun eingeklemmter Ball.

»Gut so. Cousin Michael hierher, ein Stückchen näher zum Vater des Bar Mitzwah Jungen, okay? Kuschelt Euch mal alle ein bisschen zusammen da ... *Geeenau!* Ein *strahlendes* Lächeln von allen, okay? Prima, und wie die Turteltauben jetzt, drängt Euch alle da zusammen und – auf drei – sagt *Cheeez!*«

Meine Wangen fühlen sich an, als würden sie von dem anstrengenden Lächeln rissig werden, aber ich lächle. Es ist die Bar Mitzwah des adoptierten Sohnes meines Cousins – meines

Bruders –, und als ich hinter diesen vier Menschen stehe, die ja alle mein Fleisch und Blut sind, bemerke ich, dass ich die anderen buchstäblich überrage. Ich bin vergleichsweise groß und scheine, wie Walt Whitman einst über sich schrieb, »Vielheiten zu enthalten«. Und doch sind wir alle, versuche ich mir wieder in Erinnerung zu rufen, als mein einst kindlicher Körper diese vier kleineren, zerbrechlicheren überragt, irgendwie Verkörperungen dessen, was E. L. Doctorow »die moralische Unermesslichkeit einer einzelnen Seele« nennt.

Vor nur einem Monat wurde meinem Onkel Berthold – *meinem* Vater – im Alter von sechsundachtzig Jahren seine von Krebs befallene linke Brust entfernt. Sein Gesicht und seine Miene wirken schon irgendwie gespenstisch, als wüsste er, dass seine Zeit hier unter den Lebenden zu Ende geht. Seine Tochter Judy – *meine* Schwester – ist auch gefährdet: Vor fünfzehn Jahren, als sie Anfang dreißig war, wurde auch ihr – man könnte es bald schon eine makabre Familientradition nennen – wegen Brustkrebs eine Brust entfernt, und jetzt, fast fünfzigjährig, hat sie in ihren Händen infolge der Bestrahlungen, die die Nerven geschädigt haben, solche Schmerzen, dass sie nicht mehr arbeiten kann – ja, sich nicht mehr ohne fremde Hilfe anziehen kann. Und als ich auf sie und ihren Mann Curt und auf sie und meinen Vater schaue, bekommen einige meiner Zeilen aus dem Gedicht »Die Heilung«, plötzlich eine gewisse ominöse Bedeutung:

Nicht nur meine Familie, lieber Gott,
sondern meine Zeiten leiden darunter,
und bald ist es, als ob die ganze Welt
nur eine einzige Zelle wäre, die sich teilt
und nochmal teilt wie Mitochondrien
unter dem Mikroskop eines Kindes

mit dem eher hoffnungsvollen Ende des Gedichts:

… es ist albern
anzunehmen, ich sei immun dagegen, und
doch bin ich es, und weil ich versuche, ein

Mittel gegen den Krebs zu finden, weil ich sie bewahren will
die Brüste all der schönen Frauen
vor dem kalten Messer des Chirurgen,
das sich durch meinen Morgen schneidet,
durch die Sterne und den Fluss,
wegen dieser Sehnsucht,
den Dingen Einhalt zu gebieten, sich zu teilen,
schreibe ich dieses Gedicht.

Links von Judy sitzt ihre Mutter – *meine* Mutter – im Rollstuhl, ihr linkes Knie ist seit einem Autounfall vor über dreißig Jahren, bei dem drei ihrer besten Freunde starben, so übel zerschmettert, dass sie nach und nach die Fähigkeit verloren hat zu laufen. Und neben ihr, genau unter meinem Kinn, steht ihr anderer Sohn – *mein* Bruder –, dessen Sohn nach jüdischem Ritus jetzt dabei ist, zum Mann zu werden.

»Blut« – was ist das? Das frage ich mich, als ich meine Wangen auf Bitten des Fotografen wieder auseinanderzwinge. Was bedeuten mir diese Menschen und ich ihnen? Welche Macht, welche unerbittlichen Ansprüche des Schicksals und des Blutes haben uns noch einmal – zweifellos zum letzten Mal – vor die Linse dieses Fotografen zusammengebracht?

Als die Aufnahmen endlich gemacht sind, legt Amos liebevoll seinen Arm um mich. »Ich bin wirklich froh, dass Ihr drei herkommen konntet«, flüstert er mir ins Ohr. »Einfach toll, dass Ihr hier seid.« Erst seit Kurzem nehme ich meinen Cousin oder seine Lebensart, die ganz anders als meine ist, langsam ernst, vielleicht um meine Eifersucht auf seinen materiellen Luxus und seine fröhliche, gute Wesensart hinter dem selbstgefälligen Gefühl der intellektuellen Überlegenheit zu verstecken – die Art von Überlegenheit, muss ich mir jetzt eingestehen, die ich hasse. Aber heute fällt er mir als außerordentlich liebenswerter, gutmütiger und großzügiger Typ Mensch auf.

Selbst seine Schwester – *meine* Schwester –, auf die ich mit ihrem Kampf ums Geld, den sentimentalen Predigten, ihrem Bowling, dem Billigketchup und den gefrorenen Fischstäbchen oft abschätzig herabgesehen habe, scheint mir heute eine gewisse Noblesse zu verkörpern, wenn ich sehe, mit wie viel Charme und guter Laune sie darauf bedacht ist, keine Aufmerksamkeit wegen all der Last, die sie zu tragen hat, auf sich zu lenken, wie viel Wärme und Unterstützung sie und ihre Familie sich offensichtlich gegenseitig geben.

Wir betreten die Synagoge, wo sich in kürzester Zeit die ersten beiden Reihen – zum ersten und zweifellos letzten Mal seit dem Begräbnis meiner Großmutter Johanna vor fünfundzwanzig Jahren – mit allen noch lebenden Mitgliedern meiner beiden Familien füllen, mit allen, die zu dieser verwirrten und verwirrenden Runde aus Blut und Zuneigung und Hass gehören, die mich ins Leben gesetzt und aufgezogen hat. In der zweiten Reihe sitzt mein kleiner Sohn Noah, in einem karierten Hemd, mit Hosenträgern und einer schwarzen Fliege, auf dem Schoß meiner Frau Isabelle, direkt links von mir; mein Vater und meine Stiefmutter flüstern laut miteinander zu meiner Rechten. Der Rest meiner Familie – die Blutsverwandten also – sitzen vor uns in der ersten Reihe.

Ich werde aus meinen zarten Träumereien gerissen, als ich plötzlich den Rabbi die Namen meines Onkels, Cousins und Neffen aufrufen höre: »Mögen Berthold Gern, Amos Gern und Jonathan Gern sich bitte erheben und vor die Bundeslade treten.« Und dann meinen: »Und würde Herr Michael C. Blumenthal bitte auch auf das Podium kommen.«

»Diese Torah-Rollen«, fährt der Rabbi fort, öffnet die Lade und händigt meinem Onkel die erste der kunstvoll bestickten Rollen aus, »werden hiermit von Generation zu Generation weitergereicht, um damit zu symbolisieren, dass auch unsere Gesetze von Generation zu Generation weitergegeben werden. Wir vertrauen darauf, dass Du, Jonathan, der Du gleich aus der Heiligen Torah lesen wirst, die Dir von Deinem eigenen Vater weitergegeben wird und die er von seinem Vater empfangen hat, die Pflichten und die Rechte ernst nehmen wirst, die Dein Erwachsenwerden kennzeichnen, und dass Du in das Bündnis, das zu feiern wir heute zusammengekommen sind, mit dem Gespür für Ernsthaftigkeit, Bestimmung, Ehre und Ehrerbietung eintreten wirst.«

Einige Minuten später, nachdem Jonathans Lesung und die begleitenden Segnungen ausgeführt sind, hebt der Rabbi – mit Amos Hilfe – die schwere Rolle hoch und trägt sie zu mir, der ich genau links von der Lade sitze. Von da kann ich jetzt hinuntersehen auf meine gealterten Eltern, meine Tante und meinen Onkel; auf die etwas amüsierten Gesichter von Judys beiden Töchtern; auf das stolze Gesicht von Amos Frau Evelyn; auf meine eigene Frau und meinen Sohn, die in der zweiten Reihe neben meinen Eltern sitzen. Und genau in dem Augenblick, als der Rabbi die bestickte Satinhülle und die silberne Nadel über die Rolle hält, die ich – das eine nicht passende Teil in diesem Schicksals- und Wiedervereinigungspuzzle – halte, blicke ich zu meinem Sohn hin, und ich könnte schwören, dass ich im Gesicht dieses Zweijährigen ein ganz großes, eindeutig freudiges Lächeln wahrnehme.

11 Sie und ich

... nicht zu viele Charaktere! Zentrum und
Schwerpunkt sollten zwei sein: er und sie.

Anton Tschechow an A.P. Tschechow, 10. Mai 1886

Wir kamen als zwei andere heraus:
Er-Anders und Sie-Anders gemeinsam,
Er-Liebender und Sie-Liebende gemeinsam. Und ich sagte
        mir:
Anderssein ist alles. Anderssein ist die Liebe.

Yehuda Amichai, »Offen, geschlossen, offen«

Isabelle hat offensichtlich noch viel Arbeit vor sich, genauso wie ich auch. »Bevor Du einen Mann heiratest«, lautet ein Ratschlag für Frauen, den ich oft gehört habe, »sieh zu, dass Du ihn mal zusammen mit seiner Mutter sehen kannst.« Aber welche Mutter sollte das in meinem Fall sein? Meine biologische Mutter Nelly, die mich weggegeben und dann für den Rest meiner Kindheit ignoriert hat? Meine Adoptivmutter Betty, die zärtliche, freundliche, liebevolle Frau, die die ersten zehn Jahre meines Lebens damit verbracht hat, den steinigen Weg bis zu ihrem Tod zu bewältigen?

Meine Stiefmutter Alice, die Magierin des Dow Jones? Wie man es auch dreht und wendet: Für eine zukünftige Ehefrau war das nicht gerade eine schöne Aussicht – oder ein vielversprechendes Omen.

Und dann gibt es natürlich den gleichfalls klassischen freudschen Rat an einen zukünftigen Vater: Das Beste, was ein Mann für seinen Sohn tun kann, ist, seine Mutter zu lieben. Aber, so frage ich mich, wie kann ein Mann mit meiner Vergangenheit, der nur wegen einer ungewollten Schwangerschaft geheiratet hat, *überhaupt* jemanden lieben? In der schizoiden Welt meiner psychischen Bedürfnisse existieren zwei manchmal unvereinbare sehnliche Wünsche nebeneinander – das Verlangen nach Leidenschaft und das Bedürfnis nach Sicherheit. Und wenn ein gespaltenes Herz, wie Faulkner in seiner Nobelpreisrede sagte, die Voraussetzung für gutes Schreiben ist, dann muss das Tintenfass meines Herzens ganz sicher einen zukünftigen James Joyce beherbergen – oder wenigstens einen Philip Roth.

Da ich, wie der Dichter Randall Jarell es einmal so scharfsinnig ausdrückte, »die gute Hure, die meiner Mutter ähnelt«, begehrte, habe ich zuerst meine aufregende jungsche Puella Kendra, die gute Hure geheiratet, und jetzt die mehr mütterliche (und tatsächlich auch sehr bald Mutter werdende) Isabelle, die aber noch viel mehr meiner Mutter ähnelt. Doch nachdem ich mehr als dreißig Jahre mit meiner Stiefmutter als »Mutter« gelebt habe, gibt mir Isabelle etwas, das ich dringend brauche: ein großzügiges, liebevolles und Leben spendendes Herz. Und sie weiß, was sogar – oder vielleicht gerade – ihr Ehemann, ein Harvard-Professor, anscheinend nicht weiß: wie man liebt.

So führen der Zwang zum Wiederholen auf der einen und der Drang, es anders zu machen, auf der anderen Seite eine Art Heiligen Krieg für und um meine zweite Frau. Sie hat einen starken ausländischen Akzent, und deshalb bete ich wieder, wie schon in meiner Kindheit, für ein Zuhause, in dem perfekt Englisch gesprochen wird; und mit ihrer Schwangerschaft versagt sie mir die Rolle, auf die ich so versessen bin: der zu sein, der »die Entscheidung trifft« (statt dass über ihn »entschieden wird«), und so lässt Isabelle einige meiner Gespenster aus der Kindheit schmerzlich wiederauferstehen, während sie gleichzeitig mein Verlangen nach emotionaler Sicherheit und bedingungsloser Liebe nährt.

Aber ich will – vielleicht noch mehr als Freundlichkeit und Hingabe – selbst entscheiden und Sex in tadellosem, mitunter auch schmutzigem Englisch haben. Stattdessen fühle ich mich immer öfter verloren, finanziell bedrängt, sprachlich herausgefordert. Doch vielleicht habe ich das alles ja auch »selbst entschieden« ... oder zumindest mich entschieden, es so zu interpretieren. Und tief in mir, zusammen mit dem Wissen, dass wir zwei grundlegend respektable, freundliche und gutgesinnte Menschen sind, die einander nicht wehtun wollen, lodert immer noch diese ewige Flamme: Hoffnung. Ich hoffe, geheilt zu werden, und ich hoffe, dass diese Ehe, in die ich entweder hineingestolpert bin oder für die ich mich – in nicht gerade aufrichtiger Weise – »entschieden« habe, mir helfen wird zu gesunden.

Doch nicht alle, die uns beide kennen, teilen diese Hoffnung. »Ich kann Dir immer wieder nur sagen«, schrieb mir ein Freund Jahre später aus Paris, »dass ich schon gleich, als ich Euch kennenlernte, Deine Ehe mit Isa für eine totale Fehlentscheidung hielt. Ich habe Isa schon früher gekannt und weiß um ihre vielen, vielen Tugenden. Aber sie war nie wirklich Deine Frau – im Sinne einer romantischen Liebe – und die Mutter eures wunderbaren Sohnes wurde sie nur durch eine gesegnete, aber verdammt merkwürdige göttliche Fügung. Und so wie ich das bei Dir empfunden habe, hätte es wohl jeder ihrer Freunde auch bei ihr empfunden.«

»Vielleicht ist die wahre Bedeutung der Geschichte von Christus«, so geht sein Brief weiter, »dass Maria Jesus gebar, ohne mit Joseph geschlafen zu haben, weil symbolisch gesehen nur Gott für das Wunder unserer Geburt zuständig sein sollte. Die unvollkommenen Verbindungen von Männern und Frauen können (und sollten) nicht als Ursache für das überwältigende Wunder des Lebens betrachtet werden. Als Ebenbild Gottes erzeugen wir Leben, das die Frucht nicht unserer zufälligen Paarungen ist, sondern der Sehnsucht nach Geistigem entspringt, die wie Wellen unseren Körper erfasst. Also lass uns als Eltern die Göttlichkeit unserer Nachkommen nicht mit der manchmal sinnlosen Biologie ihres Ursprungs verwechseln.«

Sie ist durch und durch Französin. Ich bin, im weitesten Sinne des Wortes, Amerikaner. Ihr ist immer kalt. Mir ist immer warm. Im Winter, selbst wenn es nicht kühl ist, beklagt sie sich ständig, wie kalt es sei. Selbst im späten Frühling breitet sich auf ihren schlanken, schönen Armen eine ordentliche Gänsehaut aus, und ich habe es erlebt, dass sie selbst Ende Juni im Nahen Osten einen Wollpullover im Haus trägt und im August in einem Lammfelljäckchen schläft.

Sie spricht – und wenn sie spricht, dann nicht viel – nur eine Sprache gut, obwohl ich glaube, dass sie viel mehr als ich versteht, selbst in den Sprachen, die sie gar nicht richtig sprechen kann. Auf der anderen Seite kann ich mich in mehreren Sprachen verständlich machen, habe jedoch Probleme, mich auf die Unterhaltungen anderer zu konzentrieren.

Sie schaut sich gern Landkarten an und entdeckt gern neue Orte. Ich hasse das und werde schnell ungeduldig und streitlustig. Ein einziger Nachmittag in einer fremden Stadt genügt ihr, um das System des öffentlichen Nahverkehrs zu durchschauen, und sie kann aus scheinbar abgelegenen Winkeln zurück ins Zentrum finden. Ich verlaufe mich schon, wenn ich nur fünf Meter von meinem Hotel entfernt bin – oder von meiner neuen Wohnung. Sie hasst es, nach dem Weg zu fragen und schaut lieber stundenlang geduldig auf eine scheinbar unlesbare Karte. Wenn wir uns verlaufen, gebe ich ihr schnell die Schuld; sie beschuldigt niemanden, sondern schaut sich dann eben die Secondhandläden und Obst- und Gemüsemärkte der jeweiligen Gegend an.

Sie liebt alte Architektur, geschwungene Formen, durchstöbert auf Flohmärkten gerne Nippes und Erinnerungskram fremder Leute, mag den Duft von Blumen und Kräutern. Ich kann es jedes Mal kaum erwarten, endlich dort zu sein, wo ich hin will, und kriege unterwegs so gut wie nichts mit. Nur drei Dinge liebe ich wirklich ohne jedes Wenn und Aber: mein unschönes Gesicht im Spiegel, an meinem Schreibtisch zu sitzen und so etwas wie Musik nur aus Worten zu machen – und, zum Glück, meinen Sohn.

Sie liebt Reisen, unbekannte Orte, lässt sich gern auf Unvorhergesehenes ein. Ich träume davon, immer an einem Ort zu leben, meinen Pass zu verbrennen, eine Adresse in den Stein über meiner

Tür zu meißeln, als Bürgermeister in einer Stadt zu kandidieren, die ich nie wieder verlassen werde.

Ich esse gerne in Restaurants – in schlechten, guten, sogar in mittelmäßigen. Sie will immer zu Hause essen: frisches Gemüse und bessere Nahrungsmittel, auch koste das, meint sie, nur ein Drittel. Sie hasst meine Art abzuwaschen und nach dem Kochen eine riesen Unordnung zu hinterlassen. Ich mache hin und wieder gern den Abwasch und koche auch gern, obwohl ich mich dabei ziemlich schauderhaft anstelle, da ich es immer viel zu eilig habe und alle möglichen Spuren, Kleckse und Fettflecken hinterlasse.

Sie sieht sich gerne noch spätabends einen Film an, vorzugsweise einen eher ruhigen und melancholischen französischen oder italienischen – und trinkt gern ein oder zwei Gläser Wein zum Essen. Ich bevorzuge eher oberflächliche, actionreiche amerikanische Filme, schlafe im Kino sofort ein, wenn die Vorstellung später als 19 Uhr 30 beginnt, und kann höchstens ein Glas weißen Zinfandel am späteren Nachmittag trinken.

Sie zeigt wenig Geduld oder Interesse, Höflichkeiten mit fremden Leuten auszutauschen, und beschränkt ihren Freundeskreis auf diejenigen, mit denen sie wirklich vertraut ist. Ich unterhalte mich gern mit dem Müllmann, dem Postboten, mache Small Talk mit Politessen und Taxifahrern. Weil jemand »Wie geht's?« und »Einen schönen Tag noch!« sagt, ziehe ich deshalb noch lange nicht über die Oberflächlichkeit Amerikas und der Amerikaner her.

Sie ist schüchtern, ich nicht. Manchmal jedoch steckt sie mich mit ihrer Schüchternheit an, aber, wenn es zum Beispiel um Vermieter geht, die uns übervorteilen wollen, oder um Rabbis, die zu unerbittlich auf der Beschneidung bestehen, dann verliert sie ihre Schüchternheit und wird ziemlich eloquent, sogar auf Englisch, und ihr Wortschatz erweitert sich plötzlich um Worte wie *barbarisch* und *spießbürgerlich*.

Sie hat keinen Respekt gegenüber den bestehenden Autoritäten und macht sich weiter keine Gedanken, wenn ihr Studentendarlehen ausgeht, man ihr den Stromzähler abklemmt oder keine Steuern zahlt. Auf der anderen Seite habe ich mit meinem Anarchistengesicht Angst vor diesen Autoritäten und neige wider besseres Wissen dazu, sie zu respektieren. Sobald ich ein Polizeiauto in meinem Rückspiegel sehe, denke ich, dass ich etwas ganz Schlimmes gemacht habe, und male mir schon mein restliches Leben im Gefängnis aus. Sie hingegen lächelt den Polizeibeamten schüchtern an, bis der sein Notizbuch schnell zuklappt und wieder zu seinem Auto geht.

Sie mag Ziegenkäse, Knoblauch, eine schöne Scheibe Pastete mit einem Glas Rotwein, Tomaten mit frischem Rosmarin. Ich mag Würstchen, rohes Fleisch, Pizza und gefilte Fish mit sehr scharfem Meerrettich.

Sie behauptet, in Sachen Essen sei ich ein Neandertaler, ein barbarisches amerikanisches Tier, das früh an zu viel Cholesterin, ranzigen Fetten und Pestiziden sterben wird. Sie ist kultiviert und hat einen empfindsamen Gaumen und eine so feine Nase, dass sie den Unterschied zwischen einen Tag und zwei Tage alter Butter riecht. In Cambridge, Massachusetts sucht sie tagelang nach der besten Strauchtomate und genau dem richtigen Basilikum, um Pesto zu machen. Ranzige Pinienkerne zum Beispiel kann sie nicht ausstehen. Überhaupt ist *ranzig* eines der englischen Wörter, die sie am häufigsten benutzt.

Im Kino hasst sie es, wenn sie zu nahe an der Leinwand sitzt, und zu Hause weigert sie sich, Filme anzuschauen, die von Werbung unterbrochen werden, weil sich das, wie sie behauptet, nicht mit ihrer »Traumwelt« verträgt. Ich sitze lieber vorne im Kino und mache während des Films Witze. Ich mag fast jeden Film, solange er oberflächlich genug ist, um meine Sicht der Welt nicht zu beeinträchtigen. Sie bevorzugt dunkle, ruhige romantische Tragödien mit der Musik von Jacques Brel, die noch tagelang in ihr nachklingen, sodass sie nahezu alles in ihrer Welt infrage stellt oder erneut überprüft. Sie erinnert sich an Filmtitel und Schauspieler und bevorzugt Schauspielerinnen, die maßvolle Sinnlichkeit und dunkle Distanziertheit verkörpern. Ich bewundere diejenigen, die schamlos sexy sind und nuttenartiges Gebaren an den Tag legen. Wenn wir zusammen einen Film gesehen haben, den wir beide mochten, was selten genug vorkommt, kann sie sich am nächsten Tag – selbst einen Monat später – noch an jedes kleinste Detail erinnern: an das Wetter in einer bestimmten

Szene, die Form einer Markise, oder wie eine Bluse oder Serviette über den Arm oder in den Schoß der Darsteller gelegt war. Ich dagegen kann mich an nichts erinnern, nicht einmal an die Handlung, als ob mich nachts eine vorzeitige und alles auslöschende Demenz befallen hätte. Etwas trottelig bitte ich sie, mir ins Gedächtnis zu rufen, worum es in dem Film ging, wer mitgespielt hat – manchmal sogar, wie denn der Film hieß –, was sie alles großmütig tut, ohne meine Schwäche mit auch nur einem Wort zu erwähnen.

Entweder mag ich Menschen oder ich kann sie auf den Tod nicht ausstehen und kann absolut kein Interesse für diejenigen aufbringen, die mir gleichgültig sind. Obwohl auch ihr oft genau dieselben Menschen gleichgültig sind, sucht sie nach irgendetwas Interessantem und Einzigartigem an ihnen, wozu ich weder Zeit noch Geduld habe. Auch noch bei den langweiligsten Menschen weckt etwas, wenn schon nicht ihre Gesprächsbereitschaft, so doch wenigstens ihre Neugier, und wenn sie sich einmal auf jemanden eingelassen hat, bleibt sie diesem Menschen in gewisser Weise fortdauernd treu verbunden, was ich weder nachvollziehen noch verstehen kann. Obwohl sie wesentlich weniger extrovertiert ist als ich, steht sie mit vielen Leuten aus aller Herren Länder brieflich in Kontakt und hat in ihrem Adressbuch die Geburtstage aller aufgelistet, die sie je gekannt und gemocht hat.

Für mich ist jede Krise eine Katastrophe, und ich werde schnell unruhig und mutlos, sei es, dass es um einen verspäteten Zug, eine Änderung im Flugplan oder inkompetentes Personal geht. Für sie ist das alles ein versteckter Wink, ein Zeichen der Götter, eine weitere Offenbarung der Unabhängigkeit und neu aufkeimenden Launenhaftigkeit der Welt.

Obwohl ich irgendwie zum »Brotverdiener« unserer Familie ernannt wurde, bin ich extrem faul: Meine Lieblingsbeschäftigung, wie Freud es den Dichtern nachsagt, ist, in den Tag zu träumen, ohne dass ich meinen Hintern auch nur einmal aus dem Sessel hebe. Sie ist nie untätig, erhebt Häuslichkeit zu einer Kunstform, setzt buddhistische Perfektion in jede Bügelfalte.

Als Anhänger von Bischoff Berkeleys Ausspruch, dass das, was Du nicht sehen kannst, auch nicht vorhanden ist, gebe ich Ordnung den Vorzug vor Sauberkeit: Meiner Vorstellung von Saubermachen entspricht, die großen Staubflocken unters Bett zu kehren, Plastik- und Papiertüten schludrig in einen Küchenschrank zu pferchen, über das Bett schnell eine zerknitterte Tagesdecke zu werfen, meine Unterwäsche (schmutzige und saubere großzügig durcheinander) in eine Schublade zu stopfen. Sie dagegen ist fast manisch sauber, riecht täglich an meinen Hemden und Socken, um sicher zu sein, dass sie nicht gewaschen werden müssen, staubsaugt in allen Ecken, wechselt die Bettwäsche mit der Regelmäßigkeit der Gezeiten.

Ich kaufe gerne billig ein, insbesondere Kleidung, die ich dann ein- oder zweimal trage, bevor sie beim Waschen zerschleißt oder ihre ursprüngliche Form verliert, und schleppe sie dann bei jedem Umzug mit, ohne sie je wieder zu tragen. Eine ihrer Lieblingsbeschäftigungen scheint darin zu bestehen, meine Kleiderschränke durchzusehen und mich an all die billigen Sachen zu erinnern, die ich gekauft und nie getragen, oder einmal getragen und gewaschen habe, und die jetzt »keinerlei Form« mehr haben. Sie kauft sich so gut wie nie etwas Neues, aber wenn, dann immer Qualitätsware, und vorzugsweise trägt sie ihre wenigen Sachen (makellos sauber) immer wieder.

Ich bin ein Mensch, der vieles auf einmal ausführen kann, das meiste aber ziemlich unzureichend. Sie erledigt immer nur eine Sache auf einmal, dafür aber immer mit Sinn für Perfektion.

Ich koche gern ohne Rezept, mische großzügig Marsalawein, Senf, Artischockenherzen, kandierten Ingwer, Ahornsirup und Pflaumen in der Hoffnung, dass etwas Verdauliches dabei herauskommt. Sie kocht immer nur nach Rezept – es sei denn, sie hat es schon einmal ausprobiert –, doch alles, was sie kocht, ist gelungen und schmeckt köstlich.

Ich wäre gerne Rockstar oder Konzertpianist geworden – oder vielleicht sogar Betreiber eines illegalen Sexclubs –, wenn ich mich freier gefühlt hätte, dem Ruf meines lyrischen und amoralischen Herzens zu folgen. Sie wäre Nonne in einem Karmeliterinnenkloster oder Gärtnerin geworden.

Sie ist eine enthusiastische und geborene Mutter. Ich bin ein widerwilliger, wenn auch kein erfolgloser Vater.

Sie könnte viele Berufe haben, solche, bei denen sie sich um andere Menschen kümmern müsste oder solche, bei denen sie etwas mit ihren Händen tun könnte: Krankenschwester, Zahnärztin, Schreinerin, Töpferin, Restauratorin für Möbel oder antiquarische Bücher. Ich hätte, obwohl ich es mir gerne anders einrede, wahrscheinlich nur das tun können, was ich jetzt auch tue: Wörter zu Papier bringen.

Ich verbringe gern einen Teil meines Lebens im was-wäre-wenn-Zustand von Wunschdenken und fantastischer Alternativen. Sie akzeptiert ihr Leben, ohne zu klagen, als das vom Schicksal bestimmte.

Sie macht sich nicht gerne viele Gedanken ums Geld – und das hat sie (und auch mich!) tatsächlich schon öfter mal in erhebliche Schwierigkeiten gebracht. Mir dagegen, obwohl auch ich nicht gerne darüber nachdenke, fällt normalerweise die prosaische Aufgabe zu, mir darüber Gedanken zu machen. Seit ich mit ihr zusammen bin, ist tatsächlich kaum ein Tag vergangen, an dem ich mir keine Gedanken darüber gemacht hätte ... eigentlich mache ich das ständig. Sie dagegen kümmert sich um viele andere prosaische Aufgaben in unserem Leben, die überhaupt nichts mit Geld zu tun haben.

Ich kann Menschen aus vielen Ländern nachmachen, mit vielen verschiedenen Akzenten. Sie ist zu sehr sie selbst, um irgendjemanden zu imitieren.

Ich habe immer irgendwelche Musik laufen, wenn ich nicht lese oder arbeite. Sie mag lieber, wenn es still ist, oder will Musik nur, wenn sie ihr auch wirklich zuhört.

Auch wenn ich nicht mehr hungrig bin, esse ich weiter, weil es mir schmeckt. Sie isst immer nur so viel, bis ihr Hunger gestillt ist. Ich hasse jegliche Tischsitten, esse mit den Händen, kaue mit offenem Mund, nehme bedenkenlos etwas von den Tellern anderer, lecke meine Finger bei Tisch ab, stopfe meinen Mund mit großen Bissen voll, rülpse und furze. Sie isst erst, wenn sie am Tisch sitzt, wartet, bis alle anderen auch bereit sind, nimmt nur kleine Bissen und isst so langsam und mit so offensichtlichem Genuss, dass ich meistens schon aufgegessen habe, lange bevor sie sich überhaupt hinsetzt. Nur zwei Mal habe ich sie in den elf Jahren, die wir zusammen sind, furzen hören. Rülpsen nie.

Sobald ich mich für etwas entschieden habe, schwenke ich sofort wieder um und denke, das Gegenteil ist richtig. Sie bleibt bei jeder einmal getroffenen Entscheidung und fängt sofort mit der Umsetzung an. Sie sagt oft, ich sei neurotisch und »speziell«; sie hat das Gefühl, dass dieses Verhalten im Zusammenleben mit mir der, wie sie es nennt, »status quo« ist. Wenn ich wieder einmal einen meiner Anflüge manischen Umschwenkens habe, lächelt sie sanft auf ihre sanft lächelnde französische Art, als ob sie sagen wollte: »Oh weh, mit was für einem Fall bin ich da nur verheiratet.«

Ich ärgere mich oft über andere – Freunde, Feinde und Familie gleichermaßen – und halte an diesem Ärger fest und gebe ihm so lange, wie es einem Menschen nur möglich ist, Nahrung, bis ich geradezu fühle, wie er mir auf den Magen schlägt, wie ein Erdbeben mit vielen Nachbeben. Sie kann Ärger und feindseliges Verhalten nicht lange ertragen und würde mir, glaube ich, die ungeheuerlichsten Taten und Vertrauensbrüche verzeihen (hat sie mir vielleicht schon verziehen), eine Einstellung, die ich beileibe nicht bis an ihre Grenzen austesten will. Selbst wenn es um sie geht, erinnere ich sie immer wieder daran, wie oft sie mich enttäuscht und Vertrauensbruch begangen hat. Sie dagegen spricht selten meine Vertrauensbrüche und Schwächen an.

Ich weine nie, selbst wenn ich wirklich unglücklich bin, und doch kriege ich leicht feuchte Augen, wenn ein Sportler einen großen Triumph feiert, oder nach dem letzten Out beim Baseball in den World Series, wenn alle Spieler zum Abwurfhügel rennen und sich in den Armen liegen. Sie weint schnell, und das selbst bei sentimentalen Filmen voller Gefühlsduselei, die sie eigentlich hasst.

Ich nehme alles an Tabletten oder Medizin, was mir jemand empfiehlt, um mich von Schmerzen und Unbehagen zu befreien. Sie bevorzugt »Naturheilmittel«. Obwohl ich in meiner religiösen Ausrichtung nicht schrecklich jüdisch bin, wollte ich unseren Sohn nach seiner Geburt beschneiden lassen. Sie empfand es als ein heidnisches Ritual, gleichbedeutend mit permanenter Entstellung, und fing an, Propagandamaterial verschiedener Anti-Beschneidungs-Organisationen aus dem ganzen Land zusammenzutragen, in dem massenweise Kinder mit bandagiertem Penis abgebildet waren. Sie hat gewonnen. Sie gewinnt meistens.

Ich finde sie schön, aber zu dünn und möchte immer, dass sie zunimmt. Sie selbst findet sich nicht so schön wie ich, betont aber oft ihre »schönen Arme«. Als sie jünger war und in Kalifornien lebte, trug sie ihr Haar sehr kurz und sah aus wie eine postmoderne französische Punkerin auf dem Weg in die falsche Diskothek. Heute finde ich sie viel hübscher und weiblicher, und beide sind wir auch etwas älter.

Als wir uns in Ecuador kennenlernten, hatte sie ziemlich graue Haare und trug purpurfarbene Nylonhosen und ein gelbes Sweatshirt. Sie schien zuerst mehr daran interessiert, ihre Post zu lesen, als sich mit mir zu unterhalten, was, wie ich schnell herausfand, mehr auf ihrer Schüchternheit – und auf der Lust, ihre Post zu lesen – beruhte als auf mangelndem Interesse an mir. Auf der zweistündigen Busfahrt zwischen Quito und Otavalo, als wir den Äquator überquerten, erkannte ich allmählich, dass sie, ohne dass es gleich ins Auge stach, ziemlich hübsch war. Ich erinnere mich, wie ihre Freundin am nächsten Morgen zwei Gläser mit frisch gepresstem Orangensaft und Kaffee ins Zimmer brachte, und an unseren Spaziergang danach, Hand in Hand, oberhalb von Otavalo, wo wir uns schließlich in ein kleines Restaurant setzten und ihre Freundin, Annick, ein Foto von uns machte. Ich sehe auf dem Bild sehr glücklich, aber nicht besonders attraktiv aus. Sie sieht auch glücklich und sehr hübsch aus.

Wir wohnten in dieser Zeit in einigen kleinen romantischen ecuadorianischen Hotels und ich erinnere mich, wie ich, noch nicht einmal eine Woche, nachdem ich mir keine Zahnbürste mehr von ihr ausleihen musste, eines Nachts auf sie hinunterschaute und sagte: »Ich glaube, ich liebe Dich.« »Ich glaube, ich liebe Dich auch, Gringo«, antwortete sie.

Ich erinnere mich, dass ich damals schrecklich viel geredet habe, und verstehe jetzt, mit wie viel Aufmerksamkeit und Mitgefühl sie mir immer zuhörte. Ich selbst bin meist kein so guter Zuhörer, sodass mich das ungeheuer beeindruckte – genauso wie sie immer süß »aha, aha …« und »ja, ja …« sagte, wenn ich ihr etwas erzählte. Ich kann mich nicht daran erinnern, dass sie damals so empfindlich gegenüber Kälte war oder auch so dünn – aber wir waren ja auch verliebt und in Ecuador.

Wenn mir heute manchmal bewusst wird, dass wir jetzt schon mehr als elf Jahre zusammen sind und ich einen zehnjährigen Sohn habe, dann erscheint mir das als eines der großen Wunder meines Lebens – und ich bin mir sicher, dass sie es genauso sieht. Ich hatte damals, in jener Nacht in Otavalo, so romantische Gefühle, die auch sie hatte, als sie kaum eine Woche später ein Flugzeug von Quito in die Vereinigten Staaten nahm und zu mir nach Boston kam. Ich weiß noch, wie sie mich anrief, so wie wir es geplant hatten, und mir plötzlich klar war, dass das kein Ferngespräch sein konnte. Als sie mir sagte, dass sie in einer Telefonzelle auf der anderen Straßenseite am Porter Square stehe, rannte ich die Treppen runter, ohne mir auch nur die Mühe zu machen, mein Hemd zuzuknöpfen oder den Reißverschluss meiner Hose hochzuziehen, nahm sie in die Arme und trug sie den halben Weg zu meiner gemieteten Wohnung im vierten Stock hoch.

Damals war ich noch stärker und gesünder, sie vielleicht auch. Wir waren nicht mehr so jung, aber sehr verliebt, und irgendwie kam ein Geruch frisch gewaschener Wäsche durch die Fenster herein, als wir uns zum ersten Mal in den Vereinigten Staaten auf der Matratze auf dem Boden meines Arbeitszimmers liebten.

Jetzt, wo ich dies hier schreibe, lebe ich nicht mehr in der gemieteten Wohnung, und ich bin mir auch ziemlich sicher, dass die Matratze dort nicht mehr auf dem Boden liegt. Sie aber ist immer noch schön – vielleicht sogar noch schöner – mit ihrem wissenden Blick und hübschen Lächeln und dem liebenswürdigen französischen Akzent, und sie ist immer noch, wie ein Freund von mir sie einst beschrieb, »une chouette«: eine Eule.

Ein weiseres, besonneneres Wesen als eine Fliege.

12 Kafkas Väter

Vergangene Nacht habe ich meinen Vater in den Tod
                                      geträumt,
diesen Mann, den das Leben vor mir besiegte.
Ich tauchte blutverschmiert aus tiefem Wald auf
und legte ungehörten Segen auf sein Haupt.

Vergangene Nacht träumte ich, ich sei ein Mann,
der seine Frau liebte, der seine Angst überwand
und sie vom Scheitel bis zur Sohle küsste,
so, wie nur Söhne toter Väter es vermögen.

Vergangene Nacht träumte ich; träumte, ich sei
ein Bär, und als mein Sohn im Dunkeln wimmerte,
gab ich einem uralten, unterdrückten Schrecken Ausdruck
und breitete mein Bärenfell auf alles aus.

»Der Bär« in »The Wages of Goodness«

Es ist Januar 1993, und mein Onkel Berthold hat – seit meine Cousins Amos und Judy ihn und meine Tante Nelly in ein Altenheim nicht weit weg von Amos Haus gebracht haben – rapide abgebaut. Ich bin nur kurz in New York, aus Budapest kommend, wo wir jetzt dank eines Fulbright Stipendiums leben, und Amos ruft mich an, um mir mitzuteilen, dass sein Vater gerade in ein Krankenhaus in Livingston eingeliefert wurde. Wie geplant nehme ich am nächsten Nachmittag einen Zug von Manhattan zum Flughafen Newark, um zurück nach Budapest zu fliegen. Aber irgendetwas sagt mir, dass ich doch nicht so schnell wieder abreisen sollte: Ich rufe also meinen Cousin an und bitte ihn, mich in Newark abzuholen und zu einem kurzen Besuch ins Krankenhaus zu fahren.

Als ich in sein Zimmer komme, wird mir sofort klar, dass ich meinen Onkel, der heroisch versucht, sich in seinem Krankenbett aufzurichten, diesen Mann, meinen leiblichen Vater, wohl zum letzten Mal sehe. Sein ganzes Leben lang besaß er, wie auch sein Schwager Julius, die bewundernswerte Gabe, in Zeiten großen physischen Leidens tapfer und auch fröhlich zu bleiben, und das versucht er auch jetzt. Aber es ist nicht zu übersehen, dass er einen hoffnungslosen Kampf führt.

Ich habe nur etwa eine halbe Stunde Zeit, diesen traurig ausgemergelten Menschen zu besuchen, der, wie ich finde, mehr und mehr meiner Großmutter Johanna, seiner Mutter, ähnelt. Er zittert und versucht, guten Mutes zu sein, als ich ihn mit den mitgebrachten Keksen füttere.

Wie ich so neben ihm sitze, denke ich an diese längst vergangenen Montagabende in Washington Heights, an die unvergessenen Vierteldollars, die er mir in meine miteinander in Widerstreit liegenden Hände zu drücken versuchte. Ich sehe wieder die Gewehrkugel in seinem Arm, wie sie in der Sonne New Jerseys glitzert, seine kibbutznikartige Gestalt mit der Vineland Eierauktion-Schirmmütze und dem weißem Unterhemd, sehe ihn, wie er die Eier eimerweise vom Hühnerstall zur Eiersortiermaschine und von dort ins Auto schleppt.

Als ich neben diesem sterbenden Mann sitze, wird mir klar, dass er ganz einfach und unbezweifelbar mein Erzeuger ist, ein Mann, der mich unter den gegebenen Umständen liebte, so gut er konnte. Er ist mein Vater, der nicht mein Vater war, mein Onkel, der nicht mein Onkel war. Ein lieber und gutmütiger Mann, ein hart arbeitender Hühnerfarmer, der sein Bestes tat. Und jetzt, wo er langsam seinem nächsten Leben entgegengeht und ich in das eintauche, was mir von meinem eigenen Leben noch bleibt, beuge ich mich zu seinem weinenden Körper hinunter und drücke ihm, so zärtlich ich kann, einen letzten Segen und einen Kuss auf seine mit Leberflecken übersäte Stirn.

Zwei Wochen später, um drei Uhr morgens, klingelt das Telefon in unserer Wohnung in Budapests vierzehntem Bezirk, am Rand der Stadt. Am anderen Ende ist mein Cousin Amos, und als ich seine Stimme höre, weiß ich, was er mir mitteilen wird.

»Berthold ist heute Nachmittag um zwei Uhr zu Hause gestorben.« Amos – gewöhnlich von einer nicht unterzukriegenden das-Leben-geht-weiter-Farbe in der Stimme – scheint um Fassung zu ringen. »Wir wollten ihn gerade in ein Hospiz bringen, als die Schwester kam, ihn untersuchte und sagte, es wäre nur eine Frage von Stunden, sodass wir uns entschieden, ihn zu Hause sterben zu lassen. Judy, Curt, Nelly und ich waren bei ihm, als er starb.«

Ich – immer wieder der, der fehlt – nicht.

»Wann ist die Beerdigung?« frage ich.

»Morgen. Aber es ist unsinnig, dass Du extra deshalb kommst, Mike. Es war gut, dass Du hier warst und Dich von ihm verabschieden konntest.«

»Ja.«

Plötzlich höre ich, wie mein Cousin – mein Bruder – am anderen Ende der Leitung schluchzt. »Es war gut. Danke für den Anruf, Amos.«

»Es tut mir so Leid«, füge ich etwas unbeholfen hinzu, nicht ganz sicher, was oder wer mir Leid getan hat, doch Amos hat schon aufgelegt.

Ich lege auch auf und gehe zurück ins Bett, neben den warmen, halbwachen Körper meiner Frau.

»Was ist los?«, murmelt sie.

»Berthold ist gestern gestorben.«

»Es ist gut, dass Du ihn besucht hast, als Du in New York warst.«

»Ja«, stimme ich ihr zu, »das ist gut.«

Und dann, als meine Frau noch mal fest einschläft, flüstert eine innere Stimme, ohne sich an jemand Speziellen zu wenden: *einer weg, einer noch übrig.*

Ich arbeite in meinem neuen Büro an der Budapester Bajcsy-Zsilinszky út, habe die hölzernen Jalousien wegen der heißen Sommersonne heruntergelassen und warte auf einen Freund. Plötzlich höre ich auf der Straße unten ein unheilvolles Reifenquietschen und eine Sekunde später einen dumpfen Aufprall. Ich laufe zum Fenster, ziehe die Jalousien hoch und sehe von meinem Balkon im fünften Stock, dass sich in Richtung Stephanskathedrale zwei Autos, ein weißer Lada und ein gelber Trabant, Nase an Nase gegenüberstehen, deren Fahrer anscheinend darüber streiten, wer Schuld hat.

Aber augenblicklich erfasst mich eine Welle der Erleichterung: Meine anfängliche Vorahnung, ein schrecklicher Unfall könnte passiert sein (ich erinnere mich plötzlich an einen toten Mann, der vor einigen Tagen vor der Eingangstür des Hauses gelegen hat), hat sich nur als harmloser Blechschaden herausgestellt. Doch gerade, als ich mich umdrehen und meine Arbeit wieder aufnehmen will, sehe ich, wie sich jemand hinter einem der Autos hinunterbeugt, und bei genauerem Hinsehen kann ich auch die Ursache ausmachen für das eindeutig nicht-metallische Geräusch beim Aufprall, das ich kurz zuvor gehört hatte: Mit dem Gesicht nach unten, genau hinter dem zweiten Auto, liegt ein Junge in einer Blutlache; er trägt ein grünes Flanellhemd und Hosenträger und ist, so schätze ich, genau so alt ist wie mein Sohn.

»Lieber V.«, kritzele ich hastig auf ein Blatt Papier, das ich an meine Bürotür hefte, »entschuldige – ein Notfall. Erkläre es Dir später.« Kaum fünfzehn Minuten später renne ich durch die Eingangstür von Noahs Kindergarten in der *Varosligeti fásor*. Sie halten gerade Mittagsschlaf, ein drei Stunden langer Zwangsaufenthalt in einer Schar kleiner Gitterbetten auf dem Hof des Kindergartens (wenn es nicht zu heiß oder zu kalt ist) oder, wie heute, im Spielzimmer.

»Kis fiuk accidentós ... nagyon rosz«, versuche ich den Erzieherinnen, Vilma und Vali, etwas in gebrochenem Ungarisch zu erklären und schleiche dann auf Zehenspitzen in den verdunkelten Raum, in dem mein Sohn zwischen einem halben Dutzend ungarischer Kinder im Alter zwischen drei und fünf Jahren auf dem Rücken in einem kleinen Bettchen liegt und schläft. Es hat nichts mehr mit Vernunft und gesundem Menschenverstand zu tun (und schon gar nicht mit Sehnsucht), dass ich jetzt nur noch hier sitzen und ihm beim Schlafen zusehen will, um ganz sicherzugehen, dass nicht er in dieser Blutlache an der Ecke der Bajcsy-Zsilinsky út liegt.

»Papa«, flüstert Noah, als er zwanzig Minuten später die Augen öffnet, »was *machst* Du denn hier? Ich halte Mittagsschlaf.«

»Ich bin nur gekommen, weil ich Dich liebe.« Und ich fühle mich locker genug mir einzugestehen, dass ich gerade etwas wie aus einem schmalzigen Film der schlimmsten Sorte gesagt habe.

»Oh Papa, Super! Komm, gehen wir in den Zirkus!« Noah springt in seinem Bett auf.

»Was immer Du willst«, sage ich, nehme meinen Sohn an die Hand und gehe mit ihm an Vilmas und Valis leicht verdatterten, aber irgendwie auch Verständnis zeigenden Gesichtern vorbei. »Was immer Du willst.«

Der Unfall vor meinem Büro – und wie ich panikartig ans Bettchen meines Sohns gestürzt bin – machen mir mehr denn je schmerzhaft bewusst, dass ich mein Leben Kräften verdanke, deren Macht über mich ich weder anerkannt noch ausreichend geschätzt habe.

Als Mann einer Frau, die ich vielleicht nur halbherzig heiraten wollte, doch jetzt liebe und brauche, als Vater eines Sohnes, den ich damals weiß Gott mehr als halbherzig in diese Welt setzen wollte, doch jetzt liebe, muss ich erkennen, dass mein Leben von Mächten regiert ist, die meiner Behaglichkeit und meinem Wohlbefinden gegenüber gleichgültig, ja ihnen manchmal sogar äußerst abträglich sind. Und warum sollte sich mein Leben auch so sehr von denen der meisten anderen unterscheiden?

Und hier sehe ich wieder einmal die mythische – und viel zu reale – Macht, wenn es um die Frage der Abtreibung geht: Bevor mein Sohn geboren wurde – als er nichts als ein irgendwie abstrakter »Fötus« im Bauch meiner Frau war –, gab es für die sehr reale und sehr konkrete Liebe, die ich jetzt für ihn empfinde, weder Raum noch Zeit, hatte er also keinen Platz in dieser Welt. Es kann natürlich sein, dass sie in meine Arbeit einfloss, oder sublimiert wurde, oder für irgendeine zukünftige Liebe gehortet wurde, die jetzt noch keinen Namen hat, für ein jetzt noch nicht gezeugtes Kind. Doch in dem Moment, als mein Sohn tatsächlich geboren war, in dem Moment, als er aufhörte ein »Thema« oder eine Frage zu sein, und ein lebendiges, schreiendes, weinendes, lachendes, bedürftiges menschliches Wesen wurde, wurde mit ihm auch meine Liebe »geboren« – oder wandelte sich dazu aus ungeahnter Tiefe oder zu einem bestimmten Zweck.

Vielleicht wollte ich wirklich nicht, dass er unter den damaligen Umständen geboren wurde. Aber als er erst einmal da war, nahm meine Liebe konkrete Gestalt an, war bedingungslos und unveränderlich. Und für mich kam natürlich noch hinzu, wie meine Frau so scharfsinnig bemerkte: In einer anderen Zeit oder an einem anderen Ort, wäre ich selbst – der ich dieses schreibe – aller Wahrscheinlichkeit nach nicht in diese Welt gesetzt worden.

Und doch ist es eben nicht das, was ich gerne gewollt hätte: Ich wollte *die Wahl haben*. Ich wollte gegen die Vergesslichkeit und Gleichgültigkeit der Welt gegenüber dem Schicksal eines einzelnen Mannes aufbegehren, meinen ganz persönlichen Kampf führen, einen Kampf der Befreiung von einer Vergangenheit, die mir die

Mutter geraubt hatte, von all den vereinfachenden, psychiatrischen Deutungen meiner Schwäche und Unfähigkeit. Nachdem ich Schläge ausgeteilt und eingesteckt habe, die Freuden und Leiden des Sex gemeistert habe, frage ich mich, warum ich eigentlich jetzt nicht die anscheinend umgekehrt genauso eindeutigen Schicksalsschläge und die daraus resultierenden Konsequenzen meistern kann?

Die Antwort ist, wie so oft, eng an die Frage selbst geknüpft: Während Sex weitgehend animalisch und intuitiv ist, ist das Leben – zumindest das menschliche Leben – verworren und mysteriös und von Kräften gesteuert, die für Geheimnisse zugänglicher sind als für Chemie. So wie das Leben in den postkommunistischen Ländern nach und nach die Risse und Mängel enthüllt, wie sie in jeder grob vereinfachenden Ideologie sichtbar werden, so deckt das Leben in diesem postadoleszenten Land der Selbsterkenntnisse täglich die simpelsten Trugschlüsse auf, die jeder einfachen Lösung innewohnen. Wunsch und Gegenwunsch, Verlangen und Gegenverlangen, Freiheit und Sicherheit, Sehnsucht und das Ende der Sehnsucht, jedes Einzelne mit vielen Wenn und Aber, drängen sich meinem Alltag auf und entlassen ein verwirrtes, doch irgendwie nicht völlig dissonantes Klanggebilde aus Seufzern und Klagen in den heißhungrigen Äther.

Ich liebe meinen Sohn.

Ich brauche meine Frau, weiß aber vielleicht nicht genau, wie ich sie lieben kann. Ich sehne mich nach dem klingenden und mitschwingenden Körper meiner Geliebten in den späten Nachmittagsstunden. Ich will die Sicherheiten des Sozialismus, aber auch die tröstenden, wenn auch oft illusorischen Freiheiten des Kapitalismus. Ich will frei sein und so oft ich will »ficken« und »Fotze« sagen, ohne die Zensur fürchten zu müssen, aber auch Gefallen an den Herausforderungen zu List und Verstellung finden – für meine Kunst brauche ich sowohl die eheliche Wächterin, die an der Tür steht, als auch die Geliebte, die vor meinem Büro auf mich wartet.

»Alles, worauf unser Auge ruht, ist gesegnet«, sagt Yeats. Aber manchmal scheint auch alles, auf dem mein Auge ruht, verflucht zu sein. Ein Mann, der sozialistische Lampenschirme repariert, schläft abends ein, um tags darauf aufzuwachen und Fleisch im neu eröffneten McDonald zu braten. Wenn es jetzt immerhin möglich ist, ein »Sozialist auf dem freien Markt« zu sein, warum ist es dann nicht auch möglich, ein ehrlicher Schwerenöter zu sein? Ein religiöser Agnostiker? Ein patriotischer Auswanderer? Whitman rühmte sich groß zu sein, in ihm war Vielfaches. Warum kriege ich denn dann, ein Mann mittlerer Größe, der versucht, in einer Welt heimisch zu werden, für die er sich nicht gänzlich selbst entschieden hat, es nicht einmal hin, dass in mir wenigstens ein kleiner Teil davon ist?

Und da ist vielleicht auch noch ein anderes Problem: Wenn möglich entscheidet man sich doch, bei allem, was von außen einströmt, aus einem stabilen Zentrum heraus, da wo das Selbst gefestigt ist. Doch ich, so kommt es mir, und nicht nur mir, manchmal vor, habe kein Zentrum: Ich bin beides, ein Gern und ein Blumenthal, Hühnerfarmer und Pelzhändler, Einwanderer und Amerikaner, Sohn und Stiefsohn. Ich bin Blut *und* Wasser, zerteilt und zerstückelt, ein Mann, der versucht, alle Eier in einen einzigen Korb zu legen.

Wir sind erst seit einer Woche aus Budapest in Boston zurück und scheuen uns wie immer, den unausweichlich schmerzvollen, angstbeladenen Besuch bei meinen Eltern zu machen. Ich kann mich wenigstens damit trösten, dass er, seit wir nach Europa gezogen sind, nicht bei meiner Stiefmutter zu Hause stattfindet, sondern irgendwo, wo der Grad ihrer Neurosen durch die Anwesenheit anderer in Schach gehalten werden kann.

An jenem Morgen, als wir so weit sind, Boston zu verlassen, überlegen wir, unseren Besuch um einen Tag aufzuschieben und ein Jazzkonzert zu besuchen. »Lass uns hierbleiben und erst morgen fahren«, schlage ich vor, als ich schon am Steuer des fertiggepackten Mietwagens sitze. »Es ist ein so schöner Tag.«

»Nein«, sagt Isabelle sofort. »Wir haben uns vorgenommen, heute zu fahren. Also tun wir es und bringen es hinter uns. Wir können es ja langsam angehen und unterwegs irgendwo etwas essen.«

Also fahren wir los, halten zum Mittagessen in einem Lokal an der Route 23 in der Nähe der Grenze von Massachusetts und New York und kommen ungefähr um vier Uhr nachmittags im Hotel meiner Eltern, dem South Wind in Woodbourne, New York an. Ich parke den Wagen, dann gehen Isabelle, Noah und ich über das Gelände, um meinen Vater und meine Stiefmutter zu suchen.

Plötzlich überfällt mich ein größeres Unbehagen als sonst vor einem Besuch bei meinen Eltern. Während mein Blick auf ein Paar fällt, das in Decken gehüllt auf Liegestühlen unter einem großen Ahornbaum ruht, begreife ich zum ersten Mal, was es heißt, »weiß wie der Tod« zu sein. Das Gesicht, auf das ich mich konzentriere, als wir auf das schlafende Paar zugehen – das Gesicht meines Vaters –, ist eindeutig nicht mehr das eines lebendigen Menschen. Er döst mit offenem Mund im Liegestuhl und scheint uns kaum zu erkennen, hat nicht einmal mehr die Kraft, sich aus dem Liegestuhl zu erheben, um uns zu begrüßen.

»Er ist schlecht beieinander«, sagt meine Stiefmutter. Es hätte dieser Worte nicht bedurft.

»Ich glaube nicht, dass wir uns um den Besuch im nächsten Sommer Gedanken machen müssen«, flüstere ich Isabelle zu. Ich bin total erschüttert vom Anblick eines Mannes, der im letzten Sommer selbst mit einundneunzig Jahren, wenn auch nicht mehr mental, so doch körperlich robust erschien.

»Nein, er sieht ziemlich schlecht aus.« Isabelle, normalerweise eher optimistisch, stimmt mir zu.

»Wie geht es meinem lieben Neffen?«, sagt, als wir wieder von unserem Zimmer kommen, mein Vater, der recht schwach und offensichtlich nicht einmal mehr für biologische Verschleierung empfänglich ist. »Und meinem lieben Enkel?« Inzwischen drängt es mich instinktiv – obwohl ich sonst die Videokamera, die wir zu Noahs Geburt gekauft haben, nur ungern einsetze –, das kreidebleiche Gesicht meines Vaters unbedingt mit der autofokussierenden Kamera festzuhalten. Etwas sagt mir, dass ich gerade die letzte Szene eines langen, schmerzlichen Drehbuchs einfange.

Mein Vater willigt kraftlos ein, schwenkt sein stets präsentes weißes Taschentuch vor dem Sucher und murmelt die obligatorischen Worte von Gott, der uns segnen möge, und wie entzückt er sei, seinen »Neffen« und seinen Enkel zu sehen.

»Leg Dich hin«, sage ich nach einer Weile und helfe ihm zurück in den Liegestuhl. »Du musst Dich ausruhen.« Sekunden später ist er wieder eingeschlafen, sein Mund steht weit offen und offenbart gähnende Leere, weil die falschen Zähne fehlen, die er vor der Abreise aus New York irgendwo verlegt hat.

»Er ist nicht gut beieinander«, wiederholt meine Stiefmutter.

»Er braucht nur Ruhe«, zwinge ich mich zu einer tröstenden Lüge. »Morgen wird es ihm besser gehen.«

Irgendwie schafft es mein Vater, stets Gentleman der Alten Welt, sich rechtzeitig zum Abendessen umzuziehen, trägt ein Paar beige Freizeithosen, seine weißen Anzugschuhe und einen Seersucker-Sommermantel. Auf dem Weg zum Speisesaal schläft er auf den zwei Stühlen, auf die wir ihn unterwegs zum Ausruhen setzen, mit weit geöffnetem Mund ein. Als wir dann, begleitet von ihrer herzigen, unter Parkinson leidenden Tischgenossin, einer neunundachtzigjährigen alten Jungfer namens Edith, an den Tisch meiner Eltern kommen, schläft mein Vater schon wieder ein und wird nur durch das regelmäßige Knuffen und Pieken meiner Stiefmutter wieder wach, die darauf besteht, dass er etwas isst.

»Ich habe doch kein Hunger«, protestiert er schwach, während ich meine Stiefmutter mit immer schrillerer Stimme beschwöre: »Lass ihn endlich in Ruhe, er ist müde« Doch beide sind wir erfolglos.

Nachdem wir alle schließlich, wie immer, von dem schier unnachgiebigen Willen meiner Stiefmutter kollektiv besiegt sind, biete ich meinem Vater an, die Haut des Hühnchenschenkels abzuziehen und ihn klein zu schneiden. »Gott liebt Dich, lieber Neffe«, murmelt er kraftlos, während die arme Edith, die glücklos versucht, ihre Brühe durch einen Strohhalm zu trinken, geräuschvoll schlürft, dabei aber mehr Brühe in alle Richtungen über den Tisch als zwischen ihre Lippen befördert.

Als ich plötzlich ein Augenpaar auf mich gerichtet spüre, blicke ich wieder über den Tisch hinweg zu meinem Vater. Und wie ich ihn ansehe, treffen sich unsere Blicke, wie, soweit ich mich erinnere, es seit vielen, vielen Jahren nicht der Fall war.

Wie kann ich diesen Blick beschreiben? Diese seltsame Mischung aus Angst und Schrecken? Aber noch etwas anderes liegt in dem Blick, etwas für mich noch Erschreckenderes, etwas – das ist nun schon länger her –, das ich an jenem Morgen, als wir in Fleischmanns in ein Café gingen, schon einmal wahrgenommen hatte und auch vor kurzem, als wir, nach der Geburt meines Sohnes, vom koscheren Schlachter zurück über die Triborobrücke fuhren.

Da ich kein besseres oder anderes Wort dafür habe, muss ich das, was ich in den Augen meines Vaters erkenne, so nennen, was es unmissverständlich ist: In seinem Blick liegt reiner, nackter, unverblümter *Hass*.

Um acht Uhr abends, als wir Noah ins Bett gebracht haben, ist es klar, dass mein Vater nicht mehr aufbleiben kann oder, wenn er es könnte, nicht aufbleiben will. Er ist so schwach, dass ich ihn beim Gehen tatsächlich stützen muss, als ich ins Zimmer meiner Eltern gehe und ihn ins Bett bringe.

»So ein guter Neffe«, wiederholt er wieder und wieder, als ich ihm seine Hosen und urinbefleckte Unterwäsche ausziehe und ihm in seinen goldfarbenen Pyjama helfe. »Gott liebt Dich.«

»Ja«, antworte ich flüsternd. »So ein guter Neffe.«

Meine Frau und ich haben meinen Eltern eine Flasche »Jägermeister« mitgebracht, und von dieser dunkelbraunen Flüssigkeit gieße ich meinem Vater jetzt eine ordentliche Portion ein, weil ich denke, dass ihn das wenigstens beruhigt und ihm hilft einzuschlafen.

»So ein guter Neffe«, wiederholt er immer noch. »So ein guter Neffe.« Als er sich ins Bett legt und ich ihn mit der Decke zudecke, muss ich aus irgendeinem Grund dauernd an die Szene aus dem Film nach D. H. Lawrences »Liebende Frauen« denken, in der Gerald sich in den Schnee legt, um zu sterben. Wie mein Vater so daliegt, hat er etwas Resigniertes und Besiegtes an sich. Mit der üblichen Ambivalenz, die ich immer habe, wenn ich ihn körperlich berühre, gebe ich ihm einen Gute-Nacht-Kuss und gehe wieder zurück zu meiner Stiefmutter und meiner Frau.

Als ich ungefähr eine halbe Stunde später ins Zimmer zu meinem Vater gehe, um noch einmal nach ihm zu sehen, tappt er gerade benommen und verwirrt zur Kommode. »Ich möchte noch ein bisschen Schnaps«, sagt er schwach. Ich denke, es kann nicht schaden, ihm noch ein bisschen davon zu geben, damit er sich beruhigt, und gieße ihm noch mal ein ordentliches Glas Jägermeister ein, bevor ich ihn wieder ins Bett bringe.

»So ein guter Neffe«, sagt er wieder.

»Gute Nacht, Papa«, antworte ich. »Versuch jetzt zu schlafen.«

Als wir zwanzig Minuten später meine Stiefmutter ins Bett bringen wollen, sitzt mein Vater aufrecht im Bett und hält sich die Brust.

»Hör mal zu«, flüstert er und atmet offensichtlich schwer. »Es röchelt hier drin.«

Und tatsächlich, ein gurgelndes Geräusch wie von einer kaputten Wasserpumpe kommt aus der Mitte seines Brustkorbs.

»Pass mal kurz auf ihn auf«, sage ich meiner Frau. »Ich rufe einen Krankenwagen.« Die freundlichste und nachsichtigste der vielen »verflugten Schickses«, die mein Vater im Lauf der letzten dreißig Jahre verflucht hat, hält ihm jetzt zärtlich die Hand und streichelt seine Stirn, während ich aus dem Zimmer renne.

Sechsunddreißig Jahre lang habe ich meinen Vater zu so vielen Arztterminen begleitet, habe mir seiner vielen Krankheiten wegen Sorgen gemacht, habe in so vielen Krankenhäusern neben ihm gesessen (Harkness Pavillion, Columbia Presbyterian, Flushing, Doctors, Elmhurst, Mt. Sinai – die Namen klingen wie eine Liturgie in meinem Kopf), dass ich kaum glauben kann, als ich jetzt dem Krankenwagen mit eingeschaltetem Blaulicht durch mir vertraute Städte wie Woodbourne, South Fallsburg, Liberty und Monticello folge, dass dies die letzte solcher Fahrten sein soll.

Eine merkwürdige Ruhe überkommt mich, während ich fahre, so etwas wie Emily Dickinsons »Auf großen Schmerz folgt herkömmliches Fühlen«. Es ist eine klare, kühle Nacht in den Catskills, außer dem Krankenwagen und meinem Auto ist gut wie niemand unterwegs, und während ich fahre, wird mir bewusst, dass ich vielleicht zum ersten Mal in meinem Leben als Erwachsener meinem Vater und mir dasselbe wünsche – dass er die Nacht nicht überleben möge. Wenn es je für ihn eine gute Zeit zum Sterben gab, dann jetzt: Er hat auf mich und meine Familie »gewartet«. Er hat nicht sehr gelitten. Da er praktisch nicht mehr klar im Kopf ist, hat er auch nicht mehr viel, worauf er sich noch freuen kann. Würde er meine Stiefmutter überleben, wäre das aus physischer und psychologischer Sicht für alle Beteiligten eine Katastrophe.

Es ist ungefähr 21.45 Uhr, als wir auf den Parkplatz des Sullivan County Hospitals zur Notaufnahme fahren. Die hintere Krankenwagentür wird geöffnet und gibt den Blick frei auf meinen Vater, der gerade noch bei Bewusstsein ist, aber starke schmerzlindernde Mittel nach dem erlittenen Herzinfarkt bekommen hat.

»Was für ein lieber Mann«, sagt der Sanitäter zu mir, als er die Trage durch die Automatiktüren schiebt, und ich stelle mir vor, was mein Vater ihm noch einen Augenblick zuvor wohl als Letztes gesagt hat:

»Gott liebt Sie, und ich Sie auch.«

Stunden später, als die diensthabende Ärztin mich aus dem Wartezimmer holt, ist mein Vater bereits bewusstlos, sein Blutzucker auf den astronomischen Wert von 400 angestiegen, seine Stirn kalt. Sie fragt mich, ob irgendwelche »außerordentlichen Maßnahmen« ergriffen werden sollen. Ohne auch nur eine Sekunde zu zögern, sage ich »Nein. Es gab schon«, füge ich leise noch hinzu, »mehr als genug außerordentliche Maßnahmen.« Die ersten fünfundzwanzig Jahre meines Lebens habe ich in der ständigen Angst gelebt, dass mein Vater mich verlassen und sterben würde; jetzt aber ergreift mich genau die gegenteilige Panik: Er wird ewig leben ... Sie beide werden bestimmt ewig leben. Ein ironischer kleiner Zweizeiler, den ich einst geschrieben habe, kommt mir in den Sinn, wie ich da stehe und auf ihn herunterschaue:

Jahrelang habe ich vergeblich versucht, ihnen zu verzeihen.
Jetzt will ich sie nur noch überleben.

Ich sitze neben meinem Vater und warte darauf, dass er nach oben in die Kardiologie gebracht wird, streichle seinen Kopf, spreche leise auf Deutsch mit ihm, damit er weiß, dass jemand bei ihm ist – ob Neffe, ob Sohn, ist das denn so wichtig, wer es ist? Doch er scheint zu diesem Zeitpunkt schon jenseits allen Wissens und ich in gewissem Sinn, jenseits allen Fühlens. Worte wie die von Claudius in »Hamlet« kommen in mir hoch; meine Gedanken bleiben versunken. Um kurz nach 2.00 Uhr morgens kommen die Schwestern endlich, um meinen Vater nach oben zu bringen. »Sie können hier bleiben und ein bisschen schlafen«, sagt die Oberschwester und weist auf einen Warteraum neben dem Fahrstuhl. »Falls etwas passiert, kommt jemand und holt Sie.«

Gegen drei Uhr morgens gehe ich leise in sein Zimmer, weil ich meinen Vater wenigstens noch einmal sehen will; nur eine einzige Krankenschwester überwacht seine Beatmungsmaschine. Der Kopf meines Vaters fühlt sich jetzt fast völlig kalt an. »Er bekommt reinen, hundertprozentigen Sauerstoff«, sagt die Schwester, »er zeigt kaum noch Lebenszeichen.«

Ungefähr eine halbe Stunde später, als ich auf dem Sofa neben dem Getränkeautomaten liege, um mich ein bisschen auszuruhen, höre ich irgendwo auf dem Flur so etwas wie eine Alarmglocke und dann Gerenne. Ich weiß plötzlich, dass, wenn mein Vater in dieser Nacht stirbt, ich dabei sein und es mitkriegen will, nicht, um seinen letzten Atem einzuatmen, wie es, wie ich gelesen habe, Sitte in archaischen Gesellschaften ist, sondern einfach, um es zu bezeugen – einfach um dieses Mal dabei zu sein.

Ich stehe auf und gehe schnell in sein Zimmer. Aber ich komme schon zu spät. Sanitäter, Schwestern und Ärzte stehen in einer kleinen Schar um das Bett meines Vaters herum und versuchen mit aller Macht, den toten Mann per Herzmassage wiederzubeleben.

Als ich von der Tür aus zusehe, habe ich plötzlich wieder ein altes Bild vor Augen – eines, das sich mir seit meiner Kindheit tausendfach verschieden gezeigt hatte: Ich werde ihn beschützen. Niemand soll das Recht haben, diesen Mann zu verletzen, den das Leben selbst schon so sehr verletzt hat. Es ist dasselbe Bild, das ich hatte, als ich mir vorstellte, er würde von jemandem auf dem Pelzmarkt überfallen; dieselbe Vorstellung wie die, Rache an dem Mann zu nehmen, der meinen Vater dafür, dass der ihm nach einem »Sturz« in der New Yorker U-Bahn wieder auf die Beine half, um die Brieftasche erleichterte; die Vorstellung, jeden jungen Punk zu Brei zu schlagen, der es auch nur wagen sollte, meinen alternden, herzkranken, Mundharmonika spielenden Vater auszunehmen.

Doch meinem Vater ist jetzt nicht mehr zu helfen, und wenn ich daran denke, dass ich von so vielen Jahren des Verrats, der Enttäuschungen, Flüche und Weigerungen geprägt worden bin, möchte ich auch nicht mehr helfen. »Warten Sie im Nebenzimmer«, unterbricht eine der Schwestern meine Träumereien. »Ich hole Sie gleich.« Einige Minuten später ist es so weit.

»Es tut mir sehr leid«, sagt die Schwester, umarmt mich und übergibt mir Uhr, Ring und Brieftasche meines Vaters. Es ist 3.30 Uhr morgens, der 22. Juli 1996. In dieser Mittsommernacht in den Catskills, mehr als siebenundvierzig Jahre, nachdem er nach New Jersey gekommen war, um mich »abzuholen«, ist das Leben mit meinem Vater beendet.

Ich weiß, dass ich eigentlich – und sei es auch nur, um die moralischen Doppeldeutigkeiten meiner Berufung zum Schriftsteller zu unterstützen – eine Zeit lang mit dem Leichnam meines Vaters allein bleiben sollte. Vielleicht hat sein Geist ja eine Nachricht für mich, die sein lebendiges Ich nie aussprechen konnte? Wenn ich neben seinem kalten, leblosen Körper sitze, aus dessen Nasenlöchern immer noch die gelblichen Enden der Sauerstoffschläuche ragen, vielleicht erwartet mich dann ja eine letzte Einsicht, eine erschütternde Abschiedsszene … irgendetwas, das ich, so kommt mir jetzt der Gedanke, in diesem Buch hätte verwenden können.

Aber ich will nicht länger hierbleiben, habe meinem Vater jetzt nichts mehr zu sagen. Er lag – seit ich ihn damals ständig zu Dr. Werther, dem Kardiologen begleitet habe – im Sterben, und jetzt endlich hat er es auch wirklich gemacht. Wie der Junge, der immer »Wolf« schrie, hat er nahezu mein ganzes Leben lang »Tod« geschrien. Und jetzt ist er tatsächlich tot. Und ich – der Sohn, der bis ans Ende seines Lebens der »Neffe« war, der Neffe, der nie ganz sein Sohn war – will raus aus diesem Krankenhaus, raus aus diesem Raum, weg vom Leichnam meines Vaters.

Später denke ich, vielleicht *hätte* ich doch tun sollen, was ich nicht getan habe: Vielleicht *hätte* ich in diesem Zimmer im Sullivan County Hospital bleiben und lange und unerbittlich seinen Leichnam anstarren und immer wieder sagen sollen: *Jetzt bist Du tot und kannst Deine Flüche nicht mehr über jeden Augenblick potenziellen Glücks in meinem Leben ausstoßen. Jetzt kannst Du nicht länger meinen Sohn und meine Frau verfluchen und jede andere Frau, mit der ich Vergnügen empfunden habe. Du kannst nicht länger wollen, dass ich die sexuelle und eheliche Misere Deines eigenen Lebens wiederhole. Du kannst mir nicht länger Deine tote Mutter und Deine beschissene Kindheit und Deine kranke Religion und Deine erbärmliche Frau und Deine brutalen Nazis und Deine geopferte Liebe aufzwingen. Du kannst mir nicht länger mit Deinen pietistischen Predigten in den Ohren liegen und versuchen, mich davon zu überzeugen, dass es besser ist, nicht Verursacher, sondern lieber Opfer einer Ungerechtigkeit zu sein, dass, wie man in den Wald hineinruft, es wieder herausschallt, dass, wer sich mit Hunden bettet, mit Flöhen aufwacht.*

Du bist tot, Vater, der nicht mein Vater war, Schmerz, der nicht mein Schmerz hätte sein sollen. Du bist tot Du bist tot Du bist tot Du bist tot Du bist tot Du bist tot.

Aber das will ich im Augenblick gar nicht. Ich will jetzt einfach nur so schnell wie möglich weg von hier. Ich will heim zu meiner schlafenden Frau und meinem Sohn, heim zu etwas, in dem Blut fließt.

Meine Stiefmutter, das arme Ding, ist schon von Natur aus hysterisch; *dies* jetzt – ihre dritte Reise in das Witwendasein und hin zu etwas, das sie seit nunmehr fünfunddreißig Jahren gefürchtet hat – wird sicher zu viel für sie sein. Isabelle und ich beschließen, ihr die Nachricht erst dann zu überbringen, wenn ein Arzt dabei ist, der ihr ein Beruhigungsmittel geben kann.

Ich gehe in ihr Zimmer, sie ist schon wach, hat kaum geschlafen. Ich sage ihr, dass es meinem Vater im Krankenhaus gutgeht und dass wir ihn nach dem Frühstück besuchen werden. Während sie frühstückt, gehe ich zur Telefonzelle und rufe die Ärztin an, die meinen Vater in Obhut nahm, als wir ihn ins Krankenhaus brachten, schildere ihr die Situation und frage sie, ob wir mit meiner Stiefmutter in ihre Praxis kommen könnten, um ihr *dort* die Nachricht mitzuteilen, und sie ihr dann freundlicherweise eine Beruhigungsspritze geben könnte.

Die Ärztin mit der Empathie von Attila dem Hunnen stimmt widerwillig zu und brummelt kurz, wie wir zu ihrer Praxis kommen können, die irgendwo an einer Landstraße in einem ziemlich abgelegenen Dorf in den Catskills liegt, ungefähr eine halbe Stunde von unserem Hotel entfernt. Ich sage ihr, dass wir hoffen, so gegen zehn Uhr da zu sein.

Nachdem meine Stiefmutter die Kellnerin wie üblich beim Frühstück ordentlich schikaniert hat – heißeren Kaffee, weichere Eier, eine frische Grapefruit statt Saft –, verfrachten wir sie in unseren Mietwagen, fahren aus Woodbourne raus und machen uns auf die Suche nach der Arztpraxis. »Ach, der Mann wird mir doch wieder gesund werden«, wiederholt meine Stiefmutter immer wieder, weil ihr offensichtlich nicht in den Sinn kommt, dass er selber vielleicht auch wieder gesund werden möchte.

Die Arztpraxis ist schwer zu finden; wir verfahren uns ein paar Mal, und als wir erst kurz vor elf ankommen, gerät meine Stiefmutter schon in Panik und fragt sich natürlich, warum ich mich so schwer tue, das Krankenhaus zu finden. Ich erkläre ihr, dass ich der Ärztin gesagt habe, wir würden zuerst in ihrer Praxis vorbeikommen, was sie anscheinend ein wenig beruhigt. Als wir in das Wartezimmer der Ärztin kommen, lässt sie uns – ihr hippokratischer Eid hat offensichtlich nicht vorgesehen, sich besonders um neunzigjährige frischverwitwete Frauen zu kümmern – trotz meiner wiederholten Bitten warten, bis wir an der Reihe sind, während sie diverse Kinder mit Schnittwunden und Erkältungen behandelt und eine Reihe anderer, die an Allergien leiden.

Gegen Mittag endlich werden wir in den Behandlungsraum gerufen, der das Format einer Zelle hat, wo ich – während die Ärztin still und mit versteinerter Mine danebensteht – meiner Stiefmutter sage, dass mein Vater in der Nacht gestorben ist.

»Ich dachte mir schon, dass es dieser Mann nicht überlebt«, sagt sie, und dann, nachdem sie mehrmals »Was mach ich jetzt ohne den Mann?« gemurmelt hat, zeugt der panisch umherschweifende Blick meiner Stiefmutter nicht so sehr von dem Bedürfnis nach einem Beruhigungsmittel, sondern von dem Gedanken, sie könnte ihre geliebte Brieftasche irgendwo verlegt haben.

»Es tut mir sehr leid, Frau Blumenthal«, bringt die Ärztin endlich in einem Anfall von Sentimentalität noch heraus, bevor sie uns freundlich aus dem Zimmer komplimentiert, um den nächsten Allergiepatienten hereinzubitten.

Nachdem die Nothilfe für meine Stiefmutter beendet ist, fahren wir auf dem direkten Weg ins Hotel zurück, besprechen unterwegs das Begräbnis und andere Formalitäten. Man muss meiner Stiefmutter ausdrücklich zugute halten, dass sie sich wenigstens einmal danach erkundigt, ob mein Vater leiden musste, bevor er starb, was ich verneine.

Als wir ins South Wind zurückkommen, ist es Zeit zum Mittagessen, und meine nunmehr dreifach verwitwete Stiefmutter ist wieder ganz die Alte. Zu unser aller Erstaunen zeigt sie mehr Appetit als gewöhnlich: Vorspeise, Suppe, eine große Portion des Hauptgangs – Schmorfleisch – und als Nachtisch ein großes Stück Apfelkuchen mit Eis.

»Ich muss doch richtig essen«, sagt sie. »Wenn nicht für mich selbst, dann wenigstens dem guten Mann zuliebe ... Er hätte es doch so gewollt.«

Als wir am nächsten Tag von Woodbourne zurück nach New York fahren, zum Begräbnis meines Vaters, fällt meiner Stiefmutter ein, dass sie, bevor sie nach Hause, nach Jackson Heights, fährt, erst noch zum Friseur muss. »So kann ich doch nicht unter die Leute«, sagt sie und streicht sich über die grauweißen Locken.

Es regnet stark, als wir auf dem New York Thruway in die Bronx hineinfahren; die geliebte Nichte und der Neffe meiner Stiefmutter, Rosi und Alfred Oestrich – die auch so ziemlich alles erben werden, was sie besitzt – sollen vor ihrem Haus im mittlerweile sintflutartigen Regen auf uns warten.

»Willst Du nicht erst Zuhause anhalten, um Alfred und Rosi ins Haus zu lassen?«, frage ich sie, als wir die Triborobrücke passieren.

»Sie können warten«, sagt meine Stiefmutter über ihre zwei liebsten Verwandten, beide selber knapp achtzig und nicht bei bester Gesundheit. »Ich muss mich erst um meine Haare kümmern.«

»Du wirst unangenehm vom Testament Deines Vaters überrascht sein«, sagt mir mein Cousin Edgar, das einzig wirklich anständige Mitglied aus der gesamten Sippe meines Vaters und meiner Stiefmutter, als wir von Alices Haus in Jackson Heights in die Stadt fahren, um den Leichnam meines Vaters in der Riverside Memorial Kapelle zu identifizieren. »Ich habe immer gesagt, dass Dein Vater ein guter Mann ist – aber ich fürchte, er war auch ein Waschlappen.«

Inzwischen kann mich natürlich kaum noch etwas überraschen. Ich wäre schon glücklich, wenn mein Vater nicht noch einmal aus der Welt der Toten zurückkäme. Ich will nur meine Ruhe.

»Und mit Alice«, fährt Edgar fort, »ist das noch eine ganz andere Geschichte.« Meine Stiefmutter ist, wie sich herausstellt, der Homer der Letzten Willen und Testamente. »Weißt Du eigentlich«, fragt Edgar, »dass ich nicht weniger als neunzehn nicht unterschriebene Testamente von ihr in meiner Aktentasche habe, die sie zwar alle angefertigt, aber nie von ihrem Anwalt Lissner bei sich zu Hause hat unterzeichnen lassen, weil sie zu geizig war, dafür hundertfünfzig Dollar zu bezahlen? Tja, jedes Mal wenn ihr jemand eine Schachtel Pralinen mitbrachte oder ihr sonst irgendeinen Gefallen tat, hat die Frau sofort ihr Testament geändert.«

Auch dies überrascht mich nicht, da ich schon immer wusste, dass meine Stiefmutter die lebendige Verkörperung eines der halbjüdischen Lieblingssprichwörter meines jetzt verstorbenen Vaters ist: »Wer nicht gibt eret, gibt beret.« Was soviel heißt wie: Wer nicht mit warmen Händen gibt, gibt mit kalten.

Wir finden endlich einen Parkplatz in der Nähe des Beerdigungsinstituts, wo uns eine sympathische Afro-Amerikanerin, nachdem sie uns die Aufstellung der Beerdigungskosten (wahnsinnige 8.864 Dollar) überreicht hat, in einen Privatraum geleitet, in dem der Leichnam meines Vaters steif in einem einfachen Holzsarg liegt, ausdruckslos gen Himmel blickt und in einen einfachen, weißen Gebetsschal gehüllt ist.

Ich schaue nicht lange hin – vielleicht kann ich es auch nicht –, aber doch lange genug, um mich zu vergewissern, dass er es wirklich ist, während Edgar, ganz der gute Neffe im Tod wie im Leben, seine Hand sachte an seine Lippen und dann an die Stirn meines Vaters führt.

Ein besserer Mensch als ich, denke ich, der aber auch ein bisschen mehr Glück hat: Dieser Mann, der tot in der Holzkiste dort liegt, war nur sein Onkel.

Das Begräbnis meines Vaters ist, nicht viel anders als sein Leben, ein Lehrstück in Sachen Ironie: der Rabbi, den die Riverside Memorial Chapel zur Verfügung gestellt hat, ein geselliger Mann mit einem sanften Gesicht namens Rabbi Jacob Goldberg, war früher, wie sich herausstellt, als Rabbiner im assimilierten und wenig orthodoxen jüdischen Fort Tyron Center tätig – jener Synagoge (die zu assimiliert und somit nicht orthodox genug für meinen frustrierten Kantorenvater war), in der alle meine Freunde, außer Raymond Fleischhaker, ihre Bar Mitzwah feierten.

Ich halte die beiden kleinen Hände meines Sohnes Noah in den meinen, als wir eine Schaufel Erde auf den Fichtensarg werfen, der die sterblichen Überreste seines Großvaters enthält, und die Worte »Yisgadal v'yiskadash sh'may rabbo, B'olmo deev'ro chirusay, v'yamleech malchusay ...« sprechen. Aber es sind doch wieder die Worte des irischen Barden Yeats, die irgendwie in meinem Herzen und meiner Seele klingen:

> Wenn auch die Schwerarbeit der Totengräber lang
> und ihre Spaten scharf, die Muskeln stark,
> sie schleudern die begrabenen Menschen nur
> zurück ins menschliche Gedenken.

Noah drückt meine Hand, starrt auf den Sarg, der in der Erde verschwindet, und lauscht aufmerksam den Worten des Rabbis. Nach der taktvollen, der Situation angemessenen Grabrede des Rabbiners, ist jetzt der stets loyale, verlorene Sohn mit seiner Rede dran.

»Mein Vater«, fange ich an, »war ein Mann, der sein Leben und sein Sterben nach Sprichwörtern und Aphorismen ausrichtete. ›Besser Unrecht ertragen, als Unrecht tun‹, sagte er immer, und er war auch oft ein Opfer der Ungerechtigkeit – denken wir nur an sein Schicksal oder seine lieblose Stiefmutter oder die Nazis. ›Wie man in den Wald hineinruft, so schallt es wieder heraus‹, sagte er. ›Mit dem Hut in der Hand geht man durch das ganze Land.‹ Wo immer er hinging, hatte er seinen Hut in der Hand und ein schmeichelndes Wort auf den Lippen.

›Es ist nicht nötig dass man lebt‹, versicherte er immer, ›aber dass man seine Pflicht tut.‹ Und er hat sich immer, bis zu seinem Tode, bemüht, seine Pflicht zu tun. ›Möge er in Frieden ruhen‹, sagte mein Vater, wenn ein Freund oder Verwandter gestorben war oder er an jemandes Grab stand. Und so lasst uns jetzt auch zu ihm sagen: Möge er in Frieden ruhen. Amen.«

Nach dem Gottesdienst kommt Rabbi Goldberg zu mir, um mir die Hand zu schütteln. »Ich hoffe, wir bleiben in Verbindung«, sagt er herzlich und erinnert mich ein wenig an meinen Vater und die Officer Tumilinskys in aller Welt, als er mir seine Visitenkarte in die Hand drückt. Ich schaue mir die Karte näher an und sehe folgenden Aufdruck:

TRAUERNACHSORGEINSTITUT
Rabbi Jacob Goldberg, *Präsident*

»Ich fürchte, Rabbi«, sage ich, halb lachend und halb weinend, »Sie kommen ungefähr siebenunddreißig Jahre zu spät.«

Ich sitze in der Kanzlei des Anwalts meines Vaters – Michael D. Lissner, Esq., in der 57. Straße West –, ein Anwalt, der auf Immobilienrecht für deutsch-jüdische Flüchtlinge spezialisiert ist. Nur dank der Großzügigkeit meiner Stiefmutter – nachdem sie telefonisch ihr Einverständnis gegeben hat – darf ich überhaupt das Testament meines Vaters *sehen*. Da mein Gefühl mir sagt, dass inzwischen jede Interaktion mit meinem toten oder lebendigen Vater zu irgendeiner Form von Verrat führen wird – und eingedenk der Warnung des Neffen meines Vaters, Edgar, der das Testament schon gesehen hat, ich werde eine böse Überraschung erleben – bin ich auf das Schlimmste gefasst.

Und das Schlimmste – so irrsinnig und unglaublich schlimm, dass mir nicht viel mehr übrig bleibt, als über seine tragikomischen Dimensionen zu lachen – ist genau das, was ich jetzt sehe. LETZTER WILLE UND TESTAMENT VON JULIUS BLUMENTHAL besteht aus zwei Teilen, von denen nur der erste relevant ist – da meine Stiefmutter ihren Mann ja überlebt hat. Erst kommt die Regelung der Beerdigungskosten und dann, im maßgeblichen Teil, nur ein einziger, aber wichtiger Satz: »Alles Übrige aus meinem Nachlass und alles, was mir zum Zeitpunkt meines Todes noch verbleibt, über das ich Verfügungsgewalt habe, vermache ich meiner Frau ALICE BLUMENTHAL.«

Doch das Beste, das aberwitzig Komischste, kommt erst noch – der Abschnitt, der in Kraft getreten *wäre*, wäre meine Stiefmutter vor ihm gestorben:

»Wenn sie mich nicht überlebt, dann gehen wie folgt:

1. ZEHNTAUSEND (10.000 $) Dollar an Noah Blumenthal, zurzeit wohnhaft in 40, Inman Street, Cambridge, Mass. 02139.
2. FÜNFTAUSEND (5.000 $) Dollar an *jede* der folgenden Personen:
a) Meine Nichte, JUDITH WILLIS, zurzeit wohnhaft in 1210 Kathy Lane, Newfield, N.J. 08344.
b) CLAIRE HAAS, zurzeit wohnhaft in Bettenweg 17, 64542 Hainburg, Germany.«

Als wären Pathos und der Schock über das gerade Gelesene nicht schon genug, kommt dann noch der posthume Hammer:

3. Die Summe meines Immobilienvermögens geht wie folgt zu:
a) FÜNFZIG (50%) Prozent an das JÜDISCHE GEMEIN-DEZENTRUM JACKSON HEIGHTS.
b) FÜNFZIG (50%) Prozent an die BETH HILLEL GEMEINDE in Washington Heights, New York.

Das also ist das letzte bittere, in perfektem Englisch verfasste Schreiben aus dem Leben meines Vaters: zehntausend Dollar an sein einziges Enkelkind; fünftausend Dollar an meine leibliche Schwester, seine Nichte; fünftausend Dollar an seine längst verstorbene, ehemalige Freundin (wie, frage ich mich spaßeshalber, hätten sie es ihr wohl zukommen lassen?) und der Rest seines Immobilienbesitzes – dieser Mann, der einen lebenden Sohn und lebenden Enkelsohn hat – an eine dem Untergang geweihte Synagoge in Washington Heights, die er seit dreißig Jahren nicht mehr besucht, und an eine hiesige in Jackson Heights, zu der er kaum einen geschichtlichen Bezug hatte.

Biologie, sage ich mir, als ich dieses unglaubliche Dokument anschaue, *muss* Schicksal sein: Nirgendwo gibt der letzte Wille und das Testament meines Vaters auch nur den geringsten Hinweis darauf, dass er jemals einen Sohn hatte.

Ich steige an der Haltestelle 181. Straße aus der Metro der Linie A aus, tauche gegenüber dem Wohnhaus, in dem ich die ersten sechzehn Jahre meines Lebens verbracht habe, wieder ins späte Nachmittagslicht und gehe auf die Amsterdam Avenue zu – derselbe Weg, den mein Vater und ich an vielen jüdischen Feiertagen und Sabbats genommen haben, wenn wir auf dem Weg zur Beth Hillel Gemeinde waren.

Doch jetzt bin ich dreißig Jahre lang diesen Weg nicht mehr gegangen und fühle mich sehr verloren, als ich nachdenklich durch dieses früher ausnahmslos deutsch-jüdische Flüchtlingsviertel schlendere, das jetzt ein lateinamerikanischer Barrio geworden ist. Was mich erstaunt, als ich überall das melodisch klingende Spanisch und nur wenig Deutsch höre, ist nicht so sehr, dass so wenige der kleinen Geschäfte und Einzelhandelsläden, die ich als Kind kannte, überlebt haben, sondern dass es überhaupt noch welche gibt: Ich staune, dass Josephs kleiner familienbetriebener Schuhladen noch existiert, genau wie Wertheimers Kaufhaus und Cushmans Bäckerei.

Zum größten Teil jedoch ist es eine veränderte und nicht wiederzuerkennende Welt: Verschwunden sind die koscheren Schlachter und der Daitch Milchladen; verschwunden ist Hobbyland, wo wir gegenüber der Synagoge (heimlich) immer Spielzeug gekauft haben; verschwunden ist der kleine Fischmarkt, wo ich mit meiner Mutter immer einkaufen ging und die glänzenden Schuppenreihen von Kabeljaus, Heilbutts und Flundern bestaunte; verschwunden ist das fremdsprachige Heights-Kino, wo ich bei meinem ersten

Ausflug in die Welt des Films mit meinem Vater und Helen den »Hauptmann von Köpenick« auf Deutsch sah.

Doch jetzt, noch nicht einmal zwei Wochen nach dem Tod meines Vaters, ist das hier für mich eine andere Welt, als ich das irgendwie kleiner und schäbiger gewordene Gelände der Beth Hillel Gemeinde betrete und zu dem Sitz in der dritten Reihe gehe, wo früher das Namensschild meines Vaters angebracht war (und immer noch sein sollte).

Ich suche vergeblich nach dem Namen meines Vaters, finde stattdessen nur den verblichenen Umriss des Metallschildes mit einer einzelnen übriggebliebenen Schraube. Ich blicke auf die verschlossene, hölzerne Kiste zu meinen Füßen, in der mein Vater immer seine Gebetsbücher und seinen Gebetsschal aufbewahrte, als mir plötzlich klar wird, dass ich keinen Schlüssel und auch nicht die geringste Ahnung habe, wo er sich zwischen den Hinterlassenschaften meines Vaters befinden könnte. Ich gehe schnell zum Ausgang des Tempels und nehme ein Buch und einen Gebetsschal mit, die für Gläubige bereitgehalten werden, die nur ab und zu hier sind.

Weil ich sowieso in New York zu tun habe, bin ich heute Abend hergekommen, um das Kaddisch für meinen Vater an dem Ort zu sprechen, an dem ich bei so vielen früheren Gelegenheiten – als Junge, dem es schon damals an wirklicher religiöser Überzeugung mangelte – neben ihm stand. Selbst heute Abend verlangt eher der Schriftsteller als der religiöse Mensch in mir, hier zu sein. Es ist das Verlangen nach Sinnhaftigkeit, nach derselben erzählerischen Kohärenz, die ich auch in meiner Arbeit anstrebe, der Wunsch, die Geschichte meines Vaters zumindest teilweise da zu beenden, wo sie für mich jedenfalls begonnen hat.

Doch als ich meinen Platz einnehme und mich in der kleinen Versammlung von nicht mehr als einem halben Dutzend Männern umsehe, ob ich nicht ein bekanntes Gesicht entdecke, begreife ich plötzlich, dass nicht nur mein Vater nicht mehr hier ist: Die Gesichter in diesem Tempel, den er mitbegründet hat und dem er am Ende ein Großteil seines Immobilienbesitzes vermachte, gehören, obwohl weit älter als ich, nicht mehr seiner Generation an, sondern der nächsten. Und *diese* Generation mit gekrümmtem Rücken und hinkendem Gang stirbt auch schon aus. Tatsächlich musste sich die Gemeinde vor mehr als zehn Jahren, wie mir der jetzige Vorsteher sagt, mit einer anderen, weniger orthodoxen aus der näheren Umgebung zusammentun, nur um weiter existieren zu können.

Als ich zu den bunten Glasfenstern hochblicke, sehe ich die Gedenkplaketten für die zwei Rabbis meiner Kindheit, Baerwald und Stransky – die Rabbis, die beide meine Witze nicht mochten und mich nicht am Begräbnis meiner Mutter teilnehmen ließen und die beide längst verstorben sind. Dann, in der Reihe direkt hinter mir, ist das Namensschild des Kantors, mit dem ich mich auf meine Bar Mitzwah vorbereitet habe, Fred Kornfeld, auch schon tot. Als dann meine Augen die heruntergekommenen Wände der Synagoge entlangwandern, sehe ich, seit ich vor Jahrzehnten zuletzt in dieser Bank saß, Aberdutzende neuer Gedenklichter an den Wänden; jetzt ist die Gemeinde der Toten buchstäblich größer als die der Lebenden.

»Jitgadal vejitkadasch sch'mei rabah. B'allma di v'ra chir'usei v'jamlich malchusei ...«, spreche ich dann wieder die Worte des jüdischen Gebets für die Toten zu Ehren meines Vaters. Doch während ich bete, ist mir völlig klar, dass ich seinen Tod eigentlich nicht beklage.

Nach dem Gottesdienst gehe ich die Treppen zum Empfangsraum hinunter, in dem vor fast fünfunddreißig Jahren der Empfang zu Ehren meiner Bar Mitzwah stattfand. Es riecht stark nach vergammeltem Holz und städtischer Feuchte, als ich den auffällig leeren und baufälligen Raum mit willkürlich verteilten Klappstühlen betrete, den nackte Glühbirnen in ein kaltes, schummeriges Licht tauchen. Ich spüre überhaupt keinen Hauch von Festlichkeit mehr, nur noch eine Welt, die es nicht mehr gibt und auch nie wieder geben wird. Ich gehe noch auf die feuchte, heruntergekommene Toilette und dann wieder über die knarrenden Treppen nach oben und schalte das Licht aus.

Auf dem Rückweg zur Fort Washington Avenue komme ich an jener Pizzeria vorbei, in die mein Freund Raymond und ich jedes Jahr nach dem Gang in die Synagoge ungeduldig gerannt sind und mit einem riesigen Stück für fünfzehn Cents das Fasten am

Yom Kippur gebrochen haben. Ich komme an dem alten Woolworth vorbei und sehe mich – das ist schon so lange her, dass es mir jetzt wie ein Traum vorkommt, nur bekommt die Geschichte heute einen bedeutungsschwangeren Sinn – an der Hand meines Vaters, wie ich dachte, auf den Ausgang zugehen, bis ich merke, dass ich fälschlicherweise die Hand eines Fremden halte. Ich komme am RKO Coliseum vorbei, jetzt ein Multiplex-Kino, wo ich mir einmal für fünfundsiebzig Cents nacheinander die beiden Horrorfilme »Das Haus auf dem Geisterhügel« und »Schrei, wenn der Tingler kommt« angesehen habe.

Als ich die belebten Straßen weiter entlanggehe, kommen mir Klänge einer Sprache zu Ohr, die ich liebe, aber nicht wirklich spreche; ich sehe rennende und hüpfende Latinojungen und keine alten hinkenden Juden mehr. Bald wird auch der Name meines Vaters neben einem weiteren Gedenklicht an der überfüllten Wand der Gemeinde Beth Hillel zu lesen sein.

Doch ihn und auch seine Welt gibt es nicht mehr, denke ich, als ich jetzt wieder in die U-Bahn-Station hinuntergehe, die ich als Kind so oft benutzt habe. Die Welt meines Vaters ist verschwunden. Jetzt ist es die Welt meines Sohnes.

Es ist Donnerstag, der 6. September 1996, vier Tage, bevor mein Vater zweiundneunzig Jahre alt geworden wäre. Ich bin gerade mit einem Flugzeug aus Tel Aviv angekommen, auf dem Weg zu einem vierwöchigen Lehrauftrag in Boise, Idaho. Doch zuerst haben meine Stiefmutter und ich Wichtiges zu erledigen: Was immer jenseits der schwarzen Grenzen des letzten Willens meines Vaters von meinem Erbe übrig sein mag, wartet jetzt auf mich.

Kurz nach 10 Uhr morgens, als die Filiale der Chemical Bank in Jackson Heights an der Ecke der 82. Straße und Roosevelt Avenue gerade aufgemacht hat, stelle ich den Wagen meines Vaters an einer Parkuhr davor ab und öffne die Beifahrertür, um meiner Stiefmutter beim Aussteigen zu helfen. Ich werfe zwei Vierteldollarstücke ein, und sie ermahnt mich daran zu denken, dass wir nur eine Stunde Zeit haben, um alles zu erledigen, ohne noch einen Vierteldollar einwerfen zu müssen oder – noch schlimmer – eine Zehn-Dollar-Strafe zu riskieren.

Als wir die Bank betreten, greift meine Stiefmutter vorsichtig in ihre Brieftasche und holt einen Schlüssel raus. Wir sagen einem Bankangestellten, dass wir einige Dinge aus dem Schließfach meiner Eltern holen möchten. Er bringt uns nach unten, und nachdem meine Stiefmutter jede mögliche Vorsichtsmaßnahme ergriffen hat, damit ich den Code bloß nicht sehe, gibt sie einem Angestellten den Schlüssel. Als er im Tresorraum dann eine lange Aluminiumbox herausgeholt hat, führt der Angestellte uns in einen kleinen privaten Nebenraum, wo wir unserem Geschäft völlig ungestört nachgehen können.

Wir setzen uns und ich räume verschiedenen Plunder wie Aschenbecher und anderes vom Tisch, damit wir genügend Platz haben, um die Aufgabe des heutigen Tages zu erledigen. Dann mache ich die Kassette aus dem Schließfach auf, die zwei große Stapel von einem Gummiband zusammengehaltener Aktienzertifikate und einen kleinen Lederbeutel mit Reißverschluss enthält, die meine Stiefmutter in einem seltenen Anflug von Großzügigkeit vor mir auf den Tisch legt.

»Dass sin die Rings von Betty«, sagt sie. »Sie gehören dir.« Als ich den Beutel öffne, finde ich darin drei zerknitterte, jetzt wie Pergament aussehende Papierrollen und einen mit einem Stück Tesafilm umwickelten durchsichtigen Plastiksack, in dem ein kleiner diamantartiger Stein steckt. Zitternd öffne ich das erste Papier, aus dem ein schmaler goldener Ehering zu Boden fällt.

»MEIN Ehering«, lese ich, von meinem Vater geschrieben, auf dem gelben Schreibblockpapier. »2. Februar 38 Freiburg Rabbi Dr. Sheuermann s.o.« Und dann in andersfarbiger Tinte, offensichtlich zu einem späteren Zeitpunkt geschrieben: »FÜR MEINEN SOHN MICHAEL.«

Halb um den kleinen Plastiksack ist ein fettfleckiger Papierfetzen gewickelt, auf dem, wieder in der Schrift meines Vaters, die Worte stehen »bitte PASS AUF den Brilliantstein auf, der lose im Papier ist.« Und dann auf einem einzelnen, winzigen Stückchen Klebeband, das einmal um die Tüte gewickelt gewesen sein muss, die Worte »Gehört Sohn MICHAEL, von Jettchen s.o.«.

Ich gehe das, was mir von meinem Erbe geblieben ist, durch, während meine Stiefmutter nervös ihre Aktienpakete neben mir befingert, und rolle dann dieses Mal ein weißes und wieder arg zerfleddertes Stück Papier auseinander, aus dem ein Silberring mit gefassten Diamanten, von denen einer fehlt, und ein ovaler Goldring mit einer weißen Perle herausfallen. Auf beiden Seiten des Goldrings sind zwei kleine rote Steine eingesetzt, deren vier Ecken jeweils von winzigen Diamanten umrahmt sind.

Auf das Papier hat mein Vater in seiner unnachahmlichen Handschrift geschrieben:

LIEBER SOHN! BITTE PASS AUF den EINEN LOSEN DIAMANTEN IN DEM PLASTIK Papier auf DER Ring ohne STEINE Erklärung: ein Stein ist in diesem PLASTIK Papier den anderen gabst du mir Lieber Michael um ihn in meinen SIEGELRING zu setzen / den ich bis heute bei glücklichen Anlässen trug.

Dann entdecke ich auf der Rückseite, in dem üblichen Mischmasch aus Deutsch und Englisch, die Worte: »Von seinem Ring (silber) hat mir Michael einen Brilliant STONE geschenkt um meinen Siegel Ring zu zieren.«

Das allerdings habe ich anders in Erinnerung, als es mein Vater darstellt: Den ursprünglichen diamantenbesetzten Silberring hatte mir Jette aus Dänemark geschenkt, die Cousine meiner Großmutter; meine Eltern hatten, ohne mich zu fragen, einfach einen Stein herausgenommen, um ihn in den Onyxring zu setzen, den mein Vater zu seinem Siebzigsten als Geburtstagsgeschenk von meiner Stiefmutter bekam.

Ich wickle das dritte »Paket« auf, wieder ein von einem Gummiband gehaltener dicker Klumpen gelblichen Papiers, auf den die Worte »Ringe von Betzele selig FÜR Michael« gekritzelt sind, und lasse einen mit länglichen Diamanten besetzten Silberring, den ich sofort als den meiner Mutter erkenne, auf den mit Aktien bedeckten Tisch plumpsen. Auf einem zweiten gefalteten Blatt gelben Papiers, dessen Kopf mit den klassischen Blatt- und-Feder-Insignien meines Vaters und auch seiner charakteristischen Kombination aus Hand- und Druckschrift geschmückt ist, steht:

BETZELE SELIGS RINGE GENOMMEN VON IHRER Hand auf dem STERBEBETT 25.9.1959 8.45. Wir liebten dich so sehr ruhe in FriEDEN LIEBE BETZELE! DR. Weismann zog ihr den Ehering vom Finger.

Ebenfalls in dem kleinen Paket, das den Ring meiner Mutter enthält, steckt eine der alten weißen Visitenkarten meines Vaters – »JULIUS BLUMENTHAL Feine Pelze« –, auf deren Rückseite abwechselnd mit roter und blauer Tinte – in einem Fall sogar in einem einzigen Wort und mit Umlaut – und auf Deutsch und Englisch steht: »STERBETAG of UNSERE beloved Mama 25.9.1958. LIEBE LIESEL! Dieses gehört *nur* Michael zum Andenken an seine gute Mama Betty. Thank you!«

Inzwischen kriegt meine Stiefmutter vor Ungeduld fast einen Anfall – die Parkuhr läuft nämlich ab. Also stecke ich mein Geschenk vorsichtig in meine Jackentasche und ziehe dann die Gummibänder von zwei dicken Rollen mit Aktienzertifikaten ab.

»Wir werden drei Haufen machen«, sagt sie und dreht sich zu mir um. »Einen für die Aktien, die nur mir gehören, einen für die, die mir und Deinem Vater gehörten (die jetzt auch ihre sind) und einen für die, die Dir gehören. Okay?«

»Okay«, sage ich und nicke.

»Aber sei vorsichtig«, fügt sie hinzu. »Bring sie nicht durcheinander.«

Ich versichere ihr von ganzem Herzen, dass ich das nicht tun werde, denn eigentlich gibt es nichts durcheinanderzubringen. Es geht nicht länger um die Schrift an der Wand, sage ich mir und könnte es fast für Humor halten, sondern um das Aufgedruckte auf den Aktien.

Und so beginnt also unser kleines Sortierspiel, als die Torah-Rolle der gesammelten Aktien meiner Stiefmutter langsam die Litanei ihres Lebens und ihrer Vorlieben offenbart: 3000 Anteile Consolidated Edison: Alice Blumenthal; 5000 Anteile von Exxon: Alice Blumenthal; 1300 Anteile von Coca-Cola: Alice Blumenthal; 300 Anteile von IBM: Alice Blumenthal; 500 Anteile von Phillips Petroleum: Alice Blumenthal; 300 Anteile von Bell Atlantic: Julius und Alice Blumenthal; 500 Anteile von Pacific Telesis: Julius und

Alice Blumenthal; 500 Anteile von Ohio Edison: Julius und Alice Blumenthal. Und so weiter und so fort; mir kommt es wie eine Ewigkeit vor, und die Parkuhr läuft und läuft.

Nach ungefähr jedem fünfundzwanzigsten Zertifikat bekommt unser Prozedere immer dann so etwas wie einen Finanzschluckauf, wenn ein Aktienpaket mit der Aufschrift JULIUS BLUMENTHAL GEHANDELT FÜR MICHAEL CHARLES BLUMENTHAL U-D (unter dem) NEW YORKER GESETZ ZUR SCHENKUNG AN MINDERJÄHRIGE, jedes mit einem Kaufdatum aus den frühen sechziger Jahren versehen, dem Gemetzel entgeht. Jedes Mal wenn das passiert – und bevor ich es auf den strudelteigdünnen Haufen legen darf, der jetzt unwiderruflich mir gehört –, hält sich meine Stiefmutter das Zertifikat buchstäblich vor die Nase, für den Fall, dass da doch noch ein Irrtum besteht, der behoben werden muss, und lässt das Finanzpapier dann mit einem Ruck, so wie jemand, der die Hand, die ihn vor dem Ertrinken gerettet hat, wieder loslässt, in meine inzwischen müde gewordene Hand fallen.

In dieser halben Stunde, in der unsere Parkuhr, an die mich meine Stiefmutter unentwegt erinnert, endgültig abläuft, weisen die drei Stapel vor uns – der eine gut dreißig Zentimeter hoch, der zweite ungefähr halb so groß, der dritte in Gefahr, von dem bloßen Luftzug des Deckenventilators weggeweht zu werden – unbarmherzig deutlich auf etwas hin, das ich irgendwo tief in meinem Herzen schon immer vermutet, wenn nicht gar gewusst habe: Die Frau neben mir am Tisch – meine »Mutter«, um deren Krankenlager und Traumata und Notfälle und Ehemann ich mich jetzt fast vierzig Jahre lang gekümmert habe, ohne je einen Schlüssel zu ihrem Haus gehabt zu haben – ist eine extrem wohlhabende Frau; neben ihrem eigenen Vermögen hat sie fast sein gesamtes Geld an sich genommen. Und da auf dem Tisch liegt nun in all ihrer nackten Pracht die geballte Belohnung dafür, dass ich – wie meine Stiefmutter selbst immer sagte – »zu gut, zu anständig, zu zart, zu weich« – bin: Ich, der Sohn, der nie wirklich ein Sohn war, der Junge, der immer, aktiv oder passiv, entmutigt wurde, ein Mann zu sein, bin ganz praktisch gesehen enterbt.

»Wir müssen gehen – der Meter läuft ab«, sagt die dreimal verwitwete Erbin und nimmt ihre geliebten Zertifikate in ihre

Arme, wie es eine müde Chippewafrau wohl mit ihrem Kind tun würde.

Ja, sage ich, es wird Zeit, dass wir gehen. Hier wurde mir schließlich die nackte Wahrheit präsentiert, die ich hier auch finden wollte. Endlich bin ich frei.

So hoffe ich.

Wir fahren zum Haus meiner Stiefmutter zurück. Sie will, dass ich die Aktienzertifikate meines Vaters auf ihren Namen umschreiben lasse und mich um ihre diversen anderen zahlreichen »finanziellen« Angelegenheiten kümmere, bevor ich am nächsten Morgen für einen Monat nach Idaho reise, um dort zu unterrichten.

»Sei gut zu ihr«, hatte der Schwiegervater meines Cousins, Abe Greenberg, mir gleich nach der Beerdigung meines Vaters zugeflüstert, in der Annahme, denke ich, dass mit meiner Gutmütigkeit Geld zu machen sei. Doch mir ist inzwischen klar – wie es mir schon vor sechsunddreißig Jahren hätte klar sein sollen –, dass an diesem Ort weder Geld noch Liebe zu finden sind, und ich vertreibe mir einfach die Zeit bis zu meinem Abflug mit Northwest Airlines nach Minneapolis, der für den nächsten Morgen geplant ist.

»Wie«, wende ich mich an meine Stiefmutter, in der Hoffnung wenigstens teilweise eine Antwort auf einige letzte Fragen zu bekommen, »kann ein Mann mit einem einzigen Sohn und einem einzigen lebenden Enkelsohn sich nur dazu entschließen, sein ganzes Geld zwei Synagogen zu vermachen?«

Sie hält einen Moment inne und blickt mir in die Augen – soweit ihr so etwas überhaupt möglich ist. »Dein Vater sagte mir«, sagt sie ohne eine Spur von Entschuldigung in ihrer Stimme, »dass er nicht wollte, dass das Geld, für das er sein Leben lang so hart gearbeitet hat, an eine gojische Familie geht.«

»Und was ist mit dem Auto?« frage ich, jetzt am Rande der Verzweiflung, nach dem kaum gefahrenen 1992er Buick meines Vaters, der vor uns in der Auffahrt geparkt ist.

»Oh, es tut mir so leid«, sagt meine Stiefmutter. »Ich habe es schon der Putzfrau versprochen.«

Ich werde immer stumpfer, hole ein Paar Klappstühle aus dem Schrank im Flur und meine Stiefmutter und ich setzen uns, wie sie und mein Vater es in vornehmer Manier immer gemacht haben, auf die Betonterrasse vor ihrem Haus und sprechen – natürlich – über Geld. Sie hat das Telefon dank einer Verlängerungsschnur aus der Küche in der Hand und führt – widerwillig und nur, weil sie sich letztendlich davon einen finanziellen Vorteil erhofft – ein »Ferngespräch« mit einem Bekannten im fünfunddreißig Cents in der Minute entfernten Fort Lee, New Jersey. Sie hatte gehört, dass er möglicherweise helfen kann, die deutsche Wiedergutmachungszahlung an meinen Vater auf ihren Namen umzuschreiben.

Innerhalb von Sekunden ist sie ganz trauernde Witwe, in Tränen aufgelöst und fleht einen gewissen einundneunzigjährigen Herrn Weinbaum schluchzend an, ihr *bitte, bitte* zu helfen, diese Situation *sofort* zu klären – es sei furchtbar eilig. Immerhin geht es um gut sechshundert Dollar im Monat und auf dieses Geld ist sie doch dringend angewiesen. Wie soll sie denn sonst überleben?

Nachdem das Telefongespräch mit Herrn Weinbaum beendet ist, der nur vage zugesagt hat, morgen nach Jackson Heights zu kommen, um ihr bei der Krisenbewältigung zu helfen, legt meine Stiefmutter den Hörer ganz schnell auf, damit keine weiteren Gebühren für ihre Trauernde-Witwen-Show anfallen, und bricht in Schluchzen aus – nicht weil ihr Ehemann dahingeschieden ist, sondern weil Panik sie ergriffen hat, ohne den zusätzlichen Betrag aus der Wiedergutmachung finanziell nicht überleben zu können.

Trotz meiner sechsunddreißigjährigen Erfahrung mit einem solchen Verhalten bin ich einen Augenblick lang perplex – empfinde tatsächlich fast Mitleid – angesichts des Pathos, in das meine Stiefmutter ausgebrochen ist. Hier, direkt neben mir, sitzt eine neunzigjährige Frau, deren Nettovermögen, wie ich eben miterleben durfte, sich auf Millionen belaufen muss, die aber tatsächlich weint, weil sich die Zahlung von weiteren sechshundert Dollar im Monat verzögern wird!

Natürlich *hat* das alles etwas Herzergreifendes und Bedauernswertes – wäre ich selbst nicht so stark involviert und auch verletzt. Ich frage mich, welches Fazit aus all ihren Lebenserfahrungen, welches Trauma vor oder nach dem Holocaust wohl der Auslöser dafür gewesen sein könnte, dass aus einem potenziell normalen Menschen so ein erbärmliches Wrack geworden ist, so ein armseliges

Bündel, dem nicht einmal alle ihre gehorteten Millionen etwas Trost spenden können – selbst im Alter von neunzig Jahren nicht? Doch bedauerlicherweise habe ich nicht ein Quäntchen Mitleid mit ihr und versuche auch mit aller Macht, mich nicht in Selbstmitleid zu ergehen – denn das wäre das Allerunerfreulichste. Ich wende mich von der tränenüberströmten Person neben mir auf der Terrasse ab und denke an den bevorstehenden Abflug, Flug Northwest 861, der mich für immer von ihren Aktien, Gebetsbüchern, ihren eingeweichten Briefmarken und ihrem pathetischen, lieblosen Leben weit wegbringen wird.

Einen Monat später, als ich wieder in New York bin, gehe ich mit Melanie, einer meiner ehemaligen Studentinnen, den Riverside Drive entlang und spreche mit ihr über den Tod meines Vaters und – abgesehen von dem mickrigen Aktienpaket, das er mir nicht rauben konnte – über meine faktische Enterbung. Melanie und ich sind seit ihrer Studienzeit in Harvard Freunde; was ich an ihr bewundere – und beneide – ist, abgesehen von ihrem literarischen Talent, ihr gesunder Menschenverstand und dass ihr jegliche Sentimentalität abgeht, was bei Kindern von Harvardprofessoren und ihresgleichen viel eher zu finden ist als bei Nachkommen von Holocaustüberlebenden. Und tatsächlich, als wir uns am vereinbarten Ort, im Buchladen Barnes & Noble an der Upper West Side treffen, liest Melanie nicht etwa in Rilkes »Über die Liebe und andere Schwierigkeiten«, sondern in der Zeitschrift »Money«.

Genau der Typ Mädchen, den ich mag.

Als ich Melanie erst von all dem erzähle, was sich rund um die letzten Lebensstunden meines Vaters ereignet hat, und dann von den darauf folgenden irgendwie lustigen, aber auch makabren Geschehnissen, deren Höhepunkt der Besuch in der Chemical Bank und in der Kanzlei des Anwalts meines Vaters war, blitzt es in Melanies Augen plötzlich auf.

»Wie alt warst du, als er diese Aktien für Dich anlegte?«, fragt sie.

»Na, so zehn oder zwölf.«

»Und was passierte all die Jahre über mit der Dividende?«

»Das weiß ich nicht. Ich nehme an, sie haben das Geld ausgegeben.«

»Sie?«

»Ja, meine Eltern.«

»Aber diese Dividenden«, sagt Melanie mit Nachdruck und sieht mich an, »diese Dividenden gehörten Dir. Wer hat denn überhaupt die Steuern dafür bezahlt?«

»Tja«, sage ich, und es ist mir geradezu peinlich, wie wenig finanziellen Sachverstand ich habe, »in den letzten paar Jahren habe ich die bezahlt.«

»Ja dann«, sagt Melanie schließlich mit der Bestimmtheit eines Staatsanwalts, »solltest Du da wirklich etwas unternehmen.«

Irgendwann in ihren mittleren Lebensjahren muss Alice Bernheimer Kahn Guggenheim Blumenthal eine brillante Idee gehabt haben: Obwohl die Aktien, die mein Vater zu Beginn ihrer Ehe mithilfe des »New Yorker Gesetzes über Schenkungen an Minderjährige« für mich angelegt hatte, für meine Eltern also nicht verfügbar waren – was sie schmerzhaft enttäuscht haben muss –, so waren die Schecks mit den Dividenden, die jedes Quartal eintrafen, auf den Namen meines Vaters ausgestellt, sodass sie ganz nach ihrem Willen darüber verfügen konnten.

Und das haben sie dann auch tatsächlich getan: mehr als vierzig Jahre lang, bei einem damaligen Nettowert von 62.809,95 Dollar, und zwar ohne Zinsen und Wertsteigerung.

Doch damit hörte der finanzielle Einfallsreichtum meiner Stiefmutter noch nicht auf: Warum schicke ich nicht, muss sie sich gedacht haben, dem süßen Mikeylein das Einkommenssteuerformular 1099 zu und lasse ihn die Steuern auf die Dividenden zahlen?

Also habe ich Vollidiot jahrelang Steuern für Geld bezahlt, das ich nie zu Gesicht bekommen habe.

Die Blindheit eines guten Sohnes kennt eben keine Grenzen.

Während ich noch in New York bin, telefoniere ich auch von meinem Hotelzimmer in Manhattan aus mit meiner »Tante« Nelly – meiner *Mutter* –, die jetzt in einem Altersheim im Norden New Jerseys lebt.

In den nun fast fünfzig Jahren meines Lebens hat sie nicht ein einziges Mal das dunkle, schlecht gehütete Geheimnis erwähnt, das in all den Jahren zwischen uns stand. Doch als wir eher andeutungsweise über das Testament meines Vaters sprechen und ich noch einmal die Frage wiederhole, die ich schon meiner Stiefmutter gestellt habe (»Wie kann ein Mann mit einem einzigen Sohn und einem einzigen lebenden Enkel nur sein ganzes Vermögen zwei Synagogen vermachen?«), herrscht am anderen Ende der Leitung plötzlich nur noch unangenehmes Schweigen.

Und dann – so wie mit der nachträglich überreichten Visitenkarte des Rabbi Goldberg und seines Trauernachsorgeinstituts – bahnt sich ein lange zurückgehaltenes Geständnis durch die Telefonleitung von South Orange, New Jersey seinen Weg an mein gespanntes Ohr in Manhattan.

»Wenn wir gewusst hätten, dass Betty sterben wird«, sagt die Frau, die, Biologie hin, Biologie her, für immer meine Tante bleiben wird – und spricht das aus, was sie, denke ich, einiges an Mut und Pein kostet – »hätten wir Dich nie weggegeben«.

Obwohl es überhaupt nicht ausreicht und obendrein viel zu spät ist, entschließe ich mich letztendlich trotzdem, die Dinge auf amerikanische Art zu regeln: Ich nehme mir einen Anwalt, eine sehr nette Frau namens Ninette Bordoff, eine angeheiratete Verwandte meines Cousins Amos, die – sehr zur Freude meines Sohnes – tatsächlich für eine Kanzlei arbeitet, die ihre Büros im Empire State Building hat, dem Wolkenkratzer seiner Träume.

Meine Stiefmutter, deren bisheriger Anwalt, Michael Lissner, anscheinend genug hatte von all den nicht unterzeichneten Testamenten und ihrer Weigerung, für die Unterzeichnung lausige 150 Dollar zu berappen, kontert mit einem netten italienischen Herrn, Paul Fusco, den ihr Neffe und Mädchen für alles, Charles Selig, ein Versicherungsvertreter, besorgt hat.

Charles, der Gute, wird am Ende 35.000 Dollar und das Haus erben.

Dass sie diesen Anwalt tatsächlich *bezahlen* muss, wird wohl ihr *echt* deutsch-jüdisches Herz brechen, und ich für meinen Teil werde ihr nicht helfen, die Scherben wieder aufzusammeln. Doch auch ich, der ich es mir viel weniger leisten kann, musste der lieben Ninette und ihrem Kollegen, einem höchst sympathischen, Fliege tragenden Prozessanwalt namens Gorman Reilly, 5.000 Dollar als Vorschuss zahlen. Ninette und Gorman arbeiten für eine Anwaltskanzlei, die für prozessfreudige Nichterben nicht unbedingt gratis tätig wird.

Als schließlich nichts zum Erfolg führt, setzen die Gorman Reilly und Paul Fusco ein »Gipfeltreffen« im Haus meiner Stiefmutter an; die Liste der Geladenen liest sich nicht gerade wie die für einen typischen Sederabend zu Ostern: ich, mein Cousin Amos, meine Stiefmutter, ihr Neffe Charles und die Anwälte beider Seiten.

»Was wir hier vor uns haben«, fängt Herr Fusco, das rednerische Vorrecht seines Berufsstands ausübend, an, »ist das Drama einer Familie, die von ihrem Weg abgekommen ist.«

»Entschuldigen Sie bitte«, unterbreche ich ihn und sehe, dass der Gesichtsausdruck meiner Stiefmutter, voller Langeweile und Abscheu, durch das stille Ticken der Zweihundert-Dollar-pro-Stunde-Uhr ihres Anwalts noch verzerrter wird. »Aber was wir hier *wirklich* vor uns haben, ist eine Familie, die mir stets *verweigert* hat, ein Teil von ihr zu sein. Tatsache ist, Herr Rechtsanwalt, dass es sich hier überhaupt nicht um eine Familie handelt.«

Vielleicht hat für mich ja eine solche Rede überhaupt keinen Zweck – außer natürlich den, dass die Litanei, die ich gleich beginnen werde, eine notwendige persönliche Reinigung für mich ist –, doch dann lege ich einen kurzen und sorgfältig bearbeiteten Abriss der letzten fünfunddreißig Jahre *chez Alice und Ernst* vor, lasse die eingeweichten Briefmarken weg, schildere aber in deutlichen Worten, wie sie mich fortschreitend den Gefühlen meines Vaters zu mir entfremdet hat und wie viele »Pfeil' und Schleudern des wütenden Geschicks« die gar nicht so »fröhliche Witwe« auf mich abgeschossen hat.

Plötzlich nehme ich vom anderen Ende des runden Küchentisches meiner Stiefmutter einen unerwarteten Laut wahr. Ich blicke hinüber und sehe dort, wie mein Cousin – mein *Bruder* – Amos, sein Gesicht in seinen Händen verbirgt und vom Schluchzen geschüttelt wird.

»Mach weiter«, sagt er tapfer. »Es tut mir leid.«

Was soll einem hier denn Leid tun? »Der Glückliche«, denke ich. Er bringt wenigstens genug Gefühl auf zu weinen. Sein Blutsbruder hat im Gegensatz dazu die Schriftstellerkrankheit. Er kann nur auf Papier weinen.

Epilog I: Haifa, Israel

Fünf Faden tief liegt dein Vater, Kind.
Sein Gebein ist nun Korall'n,
Perlen seine Augen sind:
Nichts an ihm mehr muss zerfall'n,
Nur verwandelt hat's die Flut:
Seltsam ist es nun und gut.

Shakespeare, »Der Sturm«

Die Hand, die jetzt die Kamera führt, ist ruhiger, konzentrierter: Es ist meine. Als ich den Film zurückspule, den ich nur wenige Stunden vor dem Tod meines Vaters gemacht habe, und ihn mir jetzt noch einmal ansehe, bin ich in Haifa, wo ich dieses Jahr unterrichte, nur wenige Meilen vom Geburtsort meiner biologischen Geschwister in Afula entfernt, in der Nähe des Kibbutz, in dem meine biologischen Eltern sich kennenlernten und lebten.

Ich bin überrascht, wie wenig ich empfinde, als ich durch den Sucher auf den Mann blicke, der siebenundvierzig Jahre lang der einzige Vater war, den ich kannte; dieser Mann, der mit letzter Kraft noch einmal mit dem weißen Taschentuch winkt und schon unter den Toten zu sein scheint – der, als ich ihn jetzt betrachte, offenbar nur noch eines von diesem Leben will: schlafen.

Ab wann, sage ich halblaut zu mir, erschien mir mein Vater schon so tot? Als er mir zum ersten Mal das Nachthemd meiner toten Mutter an die Lippen presste, anstatt mir zu erlauben, mich von ihrem wirklichen, toten Körper zu verabschieden? Als er genau die Frau heiratete, die ich als Stiefmutter fürchtete, die mich, das wusste ich von Anfang an, niemals lieben oder zum Sohn haben könnte? Als er jede Frau, die ich liebte oder zu der ich mich hingezogen fühlte, ablehnte, verdammte, verfluchte? Als ich das erste Mal begriff, dass er zu schwach, zu verwirrt war und sich zu verraten fühlte, um seinem eigenen Herzen zu folgen – oder wenigstens zu hören, was es ihm sagte? Als mir zum ersten Mal klar wurde, dass ich, egal, wie sehr ich mich auch danach verzehrte, nie den Segen von ihm bekommen würde, den sich jeder Sohn von seinem Vater so sehnlichst für nur eines wünscht – Mann zu werden? Oder war es vielleicht an jenem Tag, als wir in seinem Auto über die Triborobrücke zwischen Queens und Manhattan fuhren und er meine Frau, meinen Sohn, mein ganzes Leben verfluchte und verdammte?

So lange schon ist mein Vater für mich gestorben, so lange schon hat er seine tiefste Loyalität überall, nur nicht mir gegenüber gezeigt. So lange schon war er wie eine Schallplatte, die einen Sprung hat, die immer das gleiche »Gott segne Dich« und »Gott liebt Dich« herunterleiert und allen sagt, dass sie »den Verkehr schtoppen« können.

Wann, fragte ich mich, als ich diesem halbtoten Mann im pastellfarbenen Pullover, den ich ihm mal zum Geburtstag geschenkt hatte, zusah, wie er tapfer versucht, für die Kamera lebendig zu wirken, hatte ich zum letzten Mal – oder *überhaupt jemals* so etwas wie ein Gespräch mit ihm geführt? Wer war er – dieser Mann, der kein Kind zeugen, keinen Sex mit seinen Ehefrauen haben konnte, der nicht sagen konnte, was er meinte, dessen Leben voller geheimer Postfächer und geheimer Adressen und geheimer Bankkonten gewesen war und wohl auch geheimer Liebschaften – der aber keine wirklichen Freunde hatte?

Als ich mir noch einmal dieses Gesicht anschaue, das kaum zehn Stunden später zu einem Leichnam gehören wird, versuche ich mir klar zu machen, was mich eigentlich veranlasst hat, so viele Jahre lang und an so vielen Krankenbetten der pflichtbewusste Sohn zu sein, der loyale Sohn, der ergebene Sohn ... der stets hoffnungsvolle Sohn, der fünfzehn Jahre zuvor in einem Gedicht mit dem Titel »Beim Besuch von ›La Bohème‹ mit meinem Vater« geschrieben hatte:

Doch jetzt sitzen wir hier wie zwei alte Tenöre,
und schauen zu, wie Mimi Rodolfo eine Serenade singt,

und ich verstehe endlich die Erschütterungen unseres
langen Singens und seinen Zweck. Ich spotte nicht mehr
über diese endlosen, üppigen Libretti aus Verlauf und
Ausgang,
ich lausche ehrfurchtsvoll, wenn Mimi sich über die Bühne
schleppt.

Und ich denke über die langen schmerzvollen Arien
unseres Duetts nach, dies seltsam uralte Repertoire,
das durch verfaulende Menschenbande und Barrieren
widerhallt.
O Vater, wir sitzen endlich hier, in ihrem Boudoir, sind
überzeugt, dass Lieblichkeit des Liedes Traurigkeit
verscheucht,
dass gar Tragödie, wenn gut gesungen, Frohsein zeugt

in einem nicht erloschenen Herzen. Und daher lernen
wir schließlich, einander so zu lieben: Die zu Asche
gewordenen Jahre
sind nur ein Prolog zu unsrer lang andauernden Kantate,
alle Arien sind gesungen, sind Abdruck unseres Sterbens.
Denn wir erlernten erstaunlich gut, gemeinsam zu singen –
ehe das Licht ausging, ehe der Vorhang fiel.

Was wäre gewesen, frage ich mich, als der Film mit den letzten Augenblicken meines Vaters in der Sonne sich wieder ins Grau zurückspult, wenn er damals in dem Moment gestorben wäre, als wir oben im Haus meiner Stiefmutter saßen und ich einen Augenblick lang die Verbundenheit zweier trauriger Männer spürte, die sich zusammen eine tragisch schöne Oper anschauten?

Aber mein Vater starb damals *nicht*, und jetzt sitze ich hier, krame in den Jahren, in denen ein Verrat dem anderen, eine Enttäuschung der anderen folgte, und versuche sogar jetzt noch, wo er tot ist – aus einem selbstzerstörerischen Gefühl der Loyalität zu diesem Mann heraus, der wie ich selbst das Kind einer frühzeitig verstorbenen Mutter und einer lieblosen Stiefmutter war –, mich an die tragische Person mit all ihren Fehlern zu erinnern, die trotz all ihrer Schwächen und Schattenseiten einst versuchte, mir Liebe entgegenzubringen.

Wenn ich heute nachts mit meiner Frau im Bett liege und mich tiefe Traurigkeit wegen der unterschiedlichsten Schwierigkeiten in unserer Ehe überkommt, erkenne ich, dass ich, ob ich es mag oder nicht, in hohem Maße der Sohn dieses Mannes bin –, wenn auch nicht durch Blutsverwandtschaft, so doch durch Schicksal. Und dieses Schicksal, das ich nicht nur in meinem Verstand oder meinem Herzen oder meinem Penis oder in Worten durchlebe, sondern unfreiwillig in jeder Faser meines innersten Wesens – sagt mir, dass die wirkliche Entscheidung darüber, wer wir sind und wie wir enden, nicht bei uns liegt – auch wenn wir einen gewissen Spielraum haben, selbst zu bestimmen.

Und jetzt habe *ich* einen Sohn: Noah Gabriel Blumenthal – der einzige blutsverwandte Enkelsohn meines leiblichen Vaters, der einzige Enkel meines Adoptivvaters überhaupt. Die Vornamen, zum einen nach dem letzten aufrechten Menschen – der Gottes Zorn *und* seine Güte überlebt hat; zum anderen nach dem Erzengel, der gute Nachrichten überbrachte; und zuletzt nach meinem Vater und mir.

Was wäre gewesen, wenn dieser Sohn mit seinem wuscheligen braunen Haar und seinen kastanienbraunen Augen, der begeisterungsfähig ist, Lebensfreude sucht, ein einnehmendes Lächeln und ein ansteckendes Lachen hat und Lego, Smashmouth und Mister Bean liebt, nie geboren worden wäre? Was, wenn diese Seele nie einen Körper in dieser Welt gefunden hätte? Was wäre, wenn ich jetzt kein Kind mein eigen nennen könnte, es kein eigenes Blut mehr gäbe, wenn es, außer auf dieser Seite darüber zu schreiben, nichts gäbe, wo ich meine Liebe, die sich manchmal so eingeengt fühlt, der Welt gestehen könnte?

Wenn ich mir jetzt noch einmal den Film ansehe, erinnere ich mich an den Mann, der in meiner Kindheit oft morgens aufstand und wie Caruso »Oh, what a beautiful morning« sang. Ich erinnere mich an den Mann, der pfeifend im fünften Stock aus dem Aufzug trat und mir ein Pfund meines geliebten Reispuddings von Horn & Hardart mitbrachte, der mich mit in die Stadt nahm, damit ich am Weihnachtsabend auf dem Schoß des Weihnachtsmanns sitzen konnte und der mir einen neuen Waggon für meine Lionel-Eisenbahn kaufte. Ich erinnere mich an den Mann, auf dessen Schoß ich in der Aufnahmekabine an der 53. Straße saß und der – einen Dollar kostete die Aufnahme – »Golden Days« sang. Ich erinnere mich an den nicht mehr ganz jungen Witwer mit einer blinden Schwiegermutter und einem zehnjährigen Sohn, der oft am Morgen aufstand, um mir mein Pausenbrot zu machen, bevor er ins Pelzviertel ging, und der eine gelbe 45er-Schallplatte auf unseren alten Grundig Majestic auflegte, auf der Mickey Maus und Donald Duck »School Days« sangen.

Am meisten noch erinnere ich mich aber an den Mann – meinen verratenen und Verrat übenden Vater –, der auf seiner Mundharmonika spielt, sein weißes Taschentuch schwenkt, seine Pelze durch die Gegend schleppt und, egal ob er es so meint oder nicht, allen und jedem sagt: »Gott liebt Euch, und ich Euch auch.«

Epilog II: Jackson Heights, Queens

Als mein Flugzeug auf dem La Guardia Flughafen landet, wo mein Vater am Ende seines Lebens so oft »Auf Wiedersehen« gesungen hat, ist mir der Gedanke plötzlich ganz gegenwärtig: In nur sechs Tagen werde ich fünfzig Jahre alt. Nur fünf Jahre jünger, als mein Vater beim Tod meiner Mutter war, zwei Jahre jünger als sie auf dem Sterbebett.

Ungefähr vierzig Jahre später liegt meine Stiefmutter mit zweiundneunzig Jahren im Sterben, und meine Tante – meine »wirkliche« Mutter – liegt fünfzig Meilen entfernt in einem Krankenhaus in Livingston, New Jersey, weil sie, nachdem sie einige Male in dem Altersheim, in dem sie jetzt lebt, böse gestürzt ist, sich beim letzten Sturz eine Knochenfissur zugezogen hat.

Ich habe meine Stiefmutter seit circa sechs Monaten nicht mehr gesehen, seitdem sie die beiden Steinstufen zu ihrer Terrasse hinuntergefallen ist und sich dabei eine Hüfte und mehrere Rippen gebrochen hat. Sie lag auf der Intensivstation im Krankenhaus in Flushing und ihr Zustand war mehrere Tage lang kritisch; sie wurde an eine Beatmungsmaschine angeschlossen, als eine der gebrochenen Rippen ihre Lunge durchbohrt hatte. Sie musste noch einen Monat länger im Krankenhaus bleiben und wurde dann in das Silvercrest-Rehabilitationszentrum in Flushing verlegt, aus dem sie in ihr geliebtes Zuhause entlassen wurde und jetzt rund um die Uhr gepflegt wird – mit anderen Worten, sie wurde zum Sterben nach Hause geschickt.

Jetzt also sterben vielleicht diese beiden Frauen – die Frau, die mich geboren hat und die Frau, die vierzig Jahre lang meine »Mutter« war. Während ich auf dem Weg zum Haus meiner Stiefmutter bin, gehen mir folgende herzzerreißenden Zeilen aus dem wunderschönen Gedicht meines Freundes Stephen Dunn »Die Routineangelegenheiten im Haus« durch den Sinn:

Jetzt, Jahre später, sagt mir jemand
dass Krebse, die nie Mutterliebe spürten,
dem Tod geweiht sind und ich, ein Krebs,

fühle mich wieder gesegnet. Welch Glück,
eine Mutter gehabt zu haben,
die mir die Brüste zeigte ...

Doch ich, Sternzeichen Fisch, habe niemals – bis auf jene gesegneten zehn Jahre mit meiner sterbenden Mutter und meiner blinden Großmutter – »Mutterliebe« erfahren. Und mit der Liebe der Frauen – mit der Liebe der zwei Frauen, die mich liebten und die ich geheiratet habe, der Liebe der vielen Frauen, die es mit mir versucht haben – habe ich mich immer schwer getan. Und ich, ein Fisch, möchte nicht dem »Tod geweiht« sein.

Und doch denke ich, dass es für mich mit fünfzig Jahren, hauptsächlich dank dieser sterbenden Frau, die ich gerade besuchen will – diese Frau, die in das Leben eines trauernden Zehnjährigen trat, der gerade seine Mutter verloren hatte und die wirklich nicht mithalf, seine Wunden zu heilen, noch *nicht* zu spät ist, um erlöst, wohl aber – wie ich mir eingestehen muss – zu spät, um geheilt zu werden.

Als Vater eines fast Zehnjährigen bin ich mir nur allzu bewusst, was *er* jetzt hat und woran es *mir* mangelte, welche Wunden auch ich ihm gerade zweifellos zufüge – meiner eigenen Wunden wegen, die zu heilen es jetzt zu spät ist: Wunden, die es mir fast unmöglich machen, mich als Teil meiner eigenen Familie zu fühlen.

Was wünsche ich dieser Frau, die ich gleich an ihrem Sterbebett besuchen werde? Ein Teil, so merke ich, wünscht sich, dass ihr Leiden kein Ende haben, dass es grenzenlos sein möge: Ich wünsche ihr, jetzt selbst zu leiden. Dieser Teil von mir, der sie so lange und vor so langer Zeit treten und schlagen und bestrafen und leiden lassen wollte, bis sie für alle meine weltlichen Schmerzen bezahlt hätte, für all die Mütterlichkeit, die sie mir vorenthalten hat, verlangt nach Buße.

Doch als ich in das Haus komme und die Frau in dem Krankenbett sehe – eine dreifach verwitwete, eingefallene, zahnlose, halbverhungerte Zweiundneunzigjährige, die einen Plastikschlauch in der Luftröhre hat und am Tropf hängt, die von einer Beatmungsmaschine am Leben gehalten wird und eine große, infizierte, eiternde Wunde wie Philoktetes am Fuß hat, die von zwei Frauen gepflegt wird, deren einzige Beziehung zu ihr in dem Scheck besteht, den sie am Ende jedes Monats erhalten, ist das ein so jämmerlicher, so herzzerreißender, so – wie soll ich es anders sagen? – todtrauriger Anblick, dass es da tatsächlich kaum mehr etwas zu hassen gibt, kaum mehr etwas, um das man trauern könnte, abgesehen von einem Leben, das mit seiner Hingabe an das Kleinliche, Selbstsüchtige und der Unfähigkeit zu lieben vertan wurde, ein Leben so sehr ohne caritas und amor, dass es alle klein machte, die damit in Berührung kamen.

»Sie ist«, sagt mir ihr Neffe Charles in der Küche des Hauses, das alles andere als mein Zuhause ist, »die letzte einer aussterbenden Spezies.«

Damit meint er natürlich die deutsch-jüdischen Flüchtlinge und Überlebenden des Holocaust.

Für mich jedoch ist das eine viel zu unspezifische Gruppe: Auf mich hatte sie einen viel zu spürbaren, viel zu *individuellen* Einfluss, als dass sie einer »Spezies« angehören könnte, wie verbunden auch immer die Einzelnen durch ihre seelischen Wunden sein mochten. Für mich war sie nur – und *ist* es in diesem Augenblick immer noch: die »Mutter«, die nicht meine Mutter sein konnte, die Frau, die, zusammen mit der Frau, die mich gebar und aufgab, möglicherweise für immer meine Fähigkeit zerstörte, so zu lieben, wie ich es gerne würde – sogar die Fähigkeit, *mich selbst* so zu lieben, wie jeder gesunde Mensch es tun sollte.

Und mir wird klar, dass ich in gewisser Weise meinem Onkel bzw. Vater Berthold mehr gleiche, als die Biologie es vorgesehen hat: ein Mann, der keine Kugel im Arm hat, sondern eine Wunde in seinem Herzen – dem nichts übrig blieb, als diese Wunde auf allen Nebenstraßen, zu allen Krankenlagern und Hühnerfarmen seines Lebens mit sich herumzutragen. Ein Mann, der seine Wunde – anders als im Falle des griechischen Kriegers Philoktetes, der als sicher Mann aus seinem Exil auf Lemnos rechtzeitig gerettet wurde, um im Trojanischen Krieg zu helfen – nicht nutzen kann, um damit einen Krieg zu gewinnen, sondern nur, wie ein Schriftsteller es eben tun kann: um ein Buch zu schreiben.

In meinen Worten steckt kein Selbstmitleid, sondern die Wahrheit. Denn Selbstmitleid erfordert keinerlei Mut, Wahrheit allerdings sehr wohl. Und diese jämmerliche und lieblose Frau auf ihrem Sterbebett genauso wie die ebenso jämmerliche und lieblose Frau in ihrem Krankenbett in New Jersey sind ein großer Teil meiner Wahrheit, wie auch die drei guten Frauen – meine tote Mutter, meine Großmutter, meine lebende Frau –, die mir geholfen haben zu überleben, damit ich diese Wahrheit jetzt aussprechen kann, die mir geholfen haben, ein Vater zu werden, der versuchen wird, seinem Sohn, so gut er kann, ein ähnliches Schicksal zu ersparen.

Diese Geschichte ist ebenso sehr meine Wahrheit, wie die, dass ich relativ glücklich in einer Welt leben kann, in der ansonsten riesiges Elend und Leid herrscht. »Tiefe Trauer«, schrieb Frost, »nicht bloß traurig sein«; sowohl unsere Trauer als auch unsere Freude müssen wir, so gut es geht, ausdrücken. Und mehr *können* wir auch nicht tun.

Mein Flugzeug fliegt noch einmal ab. Jetzt bin ich es, der »Auf Wiedersehen« sagen muss:

Ich küsse meine sterbende Stiefmutter auf die Stirn.

Ich gehe aus dem Zimmer.

Postskriptum

Lieber Leser, auch ich möchte, dass diese Geschichte endlich zu Ende ist. Aber nun ja, es gibt noch ein Postskriptum, und das war – in der Literatur wie im Leben – durch alles Vorhergehende vorbestimmt.

Sechs Wochen, nachdem ich das vorangegangene Kapitel beendet habe und an einem Samstagmorgen mit meiner Familie in Austin, Texas gerade beim Frühstück sitze, klingelt das Telefon. Der Neffe meiner Stiefmutter aus zweiter Ehe und ihr Nachlassverwalter, Charles Selig, ist am Apparat.

»Ich habe schlechte Nachrichten«, sagt er. »Alice ist heute früh im Krankenhaus von Flushing verstorben.« Ich atme tief durch.

Was sollte ich jetzt empfinden? Erleichterung? Freude? Trauer? Oder soll ich nur eine Bestandsaufnahme machen? Immerhin habe ich ja noch eine Mutter übrig.

»Du bist der Erste, den ich anrufe«, unterbricht Charles meine Träumereien. »Ich wollte, dass Du es vor allen anderen erfährst.«

»Danke, Charles«, sage ich. »Ich werde den Rest der Familie informieren.«

»Ich nehme an, dass das Begräbnis am Montag sein wird«, sagt Charles. »Aber ich gebe Dir Bescheid, sobald alles in die Wege geleitet ist.«

»Danke«, sage ich noch einmal und lege auf. Dann gehe ich zurück auf die Terrasse und frühstücke mit meiner Frau und meinem Sohn weiter. Sonst wird mein Kaffee noch kalt.

Die Beerdigung ist tatsächlich am Montag, und ich sehe, dass Last-Minute-Flüge nach New York nur noch zu wahnsinnig hohen Preisen zu kriegen sind. Wenn ich allerdings genau überlege (zum Begräbnis meiner Mutter durfte ich ja nicht gehen, warum in aller Welt sollte ich dann zu ihrem gehen?), scheint es mir sinnvoller, den Preis für den Flug in die Ausbildung meines Sohnes zu stecken. Und so wie das Testament meiner Stiefmutter wahrscheinlich aussehen wird, werden wir jeden Cent brauchen.

Mein Cousin Amos – ich frage mich, ob ich nicht endlich mit dieser lächerlichen Farce aufhören und ihn einfach Bruder nennen sollte? – bietet mir als weiteren letzten Beweis für unser seltsames familiäres Ökosystem aus vermischtem Blut und verworrenen Treuebezeugungen an, an meiner Stelle hinzugehen. Ich habe nur einen Vorbehalt: Wenn ich nicht hingehe und nicht mit eigenen Augen sehe, wie sie in die Erde gelegt wird, werde ich dann wirklich glauben können, dass sie weg ist? Aber ich bin gewillt, dieses Risiko einzugehen: Dankbar nehme ich sein Angebot an.

Vier Wochen später taucht tatsächlich eine Kopie des Testaments in meinem Briefkasten auf. Neben ihrem Haus und mehr als 35.000 Dollar, die sie Charles hinterlässt, vererbt sie 40.000 Dollar und ihre gesamten Exxon-Aktien ihrem Neffen Walter; 3.500 Dollar ihrem ehemaligen Klempner Warren; jeweils 2.000 Dollar ihren diversen Krankenschwestern und Putzfrauen; 15.000 Dollar gehen an zwei Synagogen; 2.000 Dollar an meine leibliche Schwester Judy, und fast der gesamte Rest ihres Vermögens von mehreren Millionen geht an ihre fünfundsiebzigjährige Nichte und deren pensionierten Doktorgatten in Connecticut, die das Geld ungefähr so nötig haben wie Bill Gates.

Anders, als ich zunächst dachte, werde ich von der großzügigen Geberlaune meiner Stiefmutter jedoch nicht völlig ignoriert:

»VIERTENS: Ich gebe und vererbe die Summe von Einem (1.00 $) Dollar an den Sohn meines verstorbenen Ehemanns MICHAEL C. BLUMENTHAL.«

Im Tod wie im Leben.

Die Bettys sterben jung und die Alices tattern in die Vergreisung und streichen ihre Dividenden ein. Die Knochen von Luzifer und die vom Heiligen Franz ruhen unter derselben kalten und verpesteten Erde und sehnen sich nach Gerechtigkeit. Die Welt ist geprägt von einem beachtlichen Darwinismus, in dem die Sanftmütigen vielleicht die Erde erben werden, doch die anderen – um mit George Herbert Walker Bush zu sprechen – bekommen die Schürfrechte und Aktienpakete. Der Lohn der Tugend bleibt oft der Schreibmaschine überlassen und derjenige der Grausamkeit und der Gier wird in der Bank hinterlegt oder ruht zwischen Gummibändern in einem Kellersafe in Jackson Heights.

Eine Welt, in der die Guten triumphieren und die Bösen bestraft werden, in der die Tugend Dividenden erzielt und das Böse die Rechnung bezahlt, ist zumeist ein Traum der Dichter. In der wirklichen Welt, in der die meisten von uns leben, triumphiert, wie der russische Dichter Joseph Brodsky bemerkte, die Macht des Bösen nur allzu oft die Macht des Guten.

Die einzig maßgebliche Gleichheit ist am Ende die, dass die Luft allen gehört, Reichen und Armen gleichermaßen – so wie das Grab. Und obwohl wir versuchen können, wie Yeats vorschlug, »Wirklichkeit und Gerechtigkeit in einer einzigen Vision zu erfassen«, können solche Gedanken nur in unserer Vorstellung und nicht in dieser wilden und bösartigen Welt real werden.

Und doch denke ich, Romain Gary sollte dass letzte Wort zum Thema Gerechtigkeit haben: »Und ich habe auch gelernt«, schreibt er in seinen wunderbaren Memoiren »Frühes Versprechen«, »dass, auch wenn es für mich keine Schönheit ohne Gerechtigkeit gibt, sich das Leben wenig um Logik schert und schön sein kann, ohne gerecht zu sein.«

Meine Freundin, die frankokanadische Schriftstellerin Nancy Huston, widmet mir ihr Essay »Dealing with What's Dealt« (also »Das gegebene Blatt spielen«) mit den Worten »Für Michael, der verdammt schlechte Karten hat.«

Ich habe verdammt schlechte Karten, wie so viele andere auf der Welt auch. Doch mit den Karten, die wir bekommen haben und nicht mit denen, die wir uns vielleicht wünschen, müssen wir spielen. Also habe ich versucht – und versuche immer noch – in meiner eigenen, zweifellos stümperhaften Art zu spielen, so gut ich kann.

Für diejenigen unter uns, die im Unglück ausreichend glücklich und gesegnet sind, um – wie Philoktetes auf Lemnos – die Kunst zu beherrschen, unsere Wunden in einen Bogen zu verwandeln, existiert zumindest die Möglichkeit, erlöst zu werden, nämlich die Hoffnung, dass wir anderen durch unsere kleinen heldenhaften eigenen Kämpfe etwas beibringen können. Doch auch Bögen verursachen Wunden – so wie die Kunst, durch die der Künstler sich selbst zu heilen versucht, andere dabei oft verwundet. Und unsere Wunden, unser Schicksal, die unerwünschten Karten sind auch unsere Orakel – wie dieses Gedicht von mir schmerzlich bestätigt:

Ödipus II

Das Orakel sprach: *du wirst ewig einsam sein,*
aber er verliebte sich immer wieder, traf
Geliebte immer wieder, wenn der Weg
in seine eigene Einsamkeit abzweigte.

Das Orakel sprach: *du bekommst kein Kind,*
du streust deinen Samen nur in den Wind.
Doch immer wieder zeugte er Kinder, verspritzte seinen
                                                                         Samen
ins Dunkel unseliger Begattungen.

Das Orakel sprach: *Grausam wirst du sein,*
selbstsüchtig, hartnäckig ungehorsam.
Doch ahmte er stets Freundlichkeit und Nächstenliebe nach,
die kleinen Sittsamkeiten, die er hasste, die er von sich wies.

Das Orakel sprach: *du musst ins Dunkel,*
musst darin schwimmen, leben lernen,
dich wie ein Maulwurf hindurchwühlen. Doch sehnte er
sich stets nach Licht, flog immer wieder auch hinein
wie ein Falter, den die Selbstauslöschung lockt.

Das Orakel sprach zuletzt: *du wirst dein ganzes Leben mit*
Widerstand verbringen, wirst alle Tage durchschreiten voller
Sehnsucht nach Liebe, Kindern, dem hellen Licht deiner
                                             eigenen Läuterung.

Er wurde es leid. *Ja*, sprach er, *ja* und sah empor
in das erlöschende Licht, zu der ihn fliehenden Geliebten,
                                                    zu seinem
einzigen Kind, das von jenseits der Meere nach ihm rief.

Als ich dies hier schreibe, ist mein Sohn, einen Monat und einundvierzig Jahre nach mir geboren, zehn Jahre alt. *Zehn Jahre alt.* In dem Alter brach meine Welt zusammen. Damals, als *ich* zehn Jahre alt war, hatte ich die eine Mutter verloren, die andere war tot, hatte einen permanent sterbenden Vater, eine herzkranke Großmutter und bekam gerade die Stiefmutter, die meine Jugend und mein frühes Erwachsenenalter völlig zerstören sollte. Und bald werde ich zweiundfünfzig sein, genauso alt wie meine Mutter, als sie starb.

Und hier ist mein Sohn: in einem Zuhause mit seiner leiblichen Mutter, seinem leiblichen, wenn auch manchmal zwiespältigen Vater; ein verwöhntes Kind, ein umsorgtes und geliebtes Kind. Und jetzt im Herbst seines zehnten Lebensjahres – im gleichen Herbst, in dem sich meine eigene, bis dahin größtenteils glückliche Kindheit in eine total erbärmliche verwandelte – drängt sich mir ein bestimmter dunkler Gedanke auf:

Beneide ich meinen eigenen Sohn? Würde ich – im tiefsten Winkel meines Innern, der dunkel und mir noch nicht bewusst ist und der danach drängt, dass sich alles noch einmal wiederholt – ihm jetzt in seinem zehnten Lebensjahr gerne ein bisschen von jenem Schaden zufügen, der mir damals zugefügt wurde? Seine Familie im wahrsten Sinne des Wortes zerstückeln, indem ich aus ihr fliehe? Kann ich denn, der ich – Last und Segen zugleich – in viel stärkerem Maße meiner selbst bewusst bin, als es mein tragischer Vater war, wirklich nur noch wiederholen, was ich selber zu erleiden hatte? Kann es sein, dass mein Bewusstsein, für das ich so hart gekämpft und so teuer bezahlt habe, damit erst zur Vollendung gelangt?

Aber ich will *nicht*, dass mein Sohn, mein einziges gottgegebenes Kind »von jenseits der Meere« nach mir ruft. Ich *will* ihm nicht einen ähnlichen Schmerz und ein ähnliches Schicksal zufügen, wie grausam auch mein eigenes gewesen sein mag. Es stimmt, Ödipus mag keine andere Wahl gehabt haben, als seinen Vater zu töten und seine Mutter zu heiraten: Aber er hätte sich nicht auch noch blenden müssen. Unsere Vorsehung lebt in uns, ob uns das gefällt oder nicht. Aber Teil unserer Aufgabe und unseres Bemühens ist der Versuch, sie wenigstens in kleinen, aber wesentlichen Aspekten zu verändern. Mag unser Schicksal bei unserer Geburt auch unterschrieben und ausgefertigt sein, so wird es doch erst besiegelt und abgegeben, wenn wir wieder zu dem Staub werden, aus dem wir kamen.

Wie also kann ich aus diesem Kreislauf des Elends, das teilweise mein eigenes ist, ausscheren? Ich fürchte, dass es nur einen Weg gibt. Muss ich dazu all meine verfügbare Willenskraft sammeln, um dem dunklen Orakel ins Auge zu blicken, und, wenn ich, wie Ödipus, an die dreifache Weggabelung komme, muss ich dann denjenigen Weg nehmen, der nicht einfach wieder nach Hause führt? Dennoch sollte niemand an dieser Wahrheit zweifeln: »Es ist schwer«, wie die Schriftstellerin Patricia Hampl so treffend feststellt, »die Stricke zu kappen, die uns an unser Versklavung fesseln, die aber intakt zu lassen, die uns an uns selbst binden.«

Wir müssen uns daran erinnern, dass jeder – selbst Alice Bernheimer Guggenheim Kahn Blumenthal – einmal ein Kind war, einmal unschuldig war, egal wie sehr unsere schwarzen Richterroben sie jetzt auch verdammen wollen. Mögen die Bösen am Ende auch triumphieren, ich würde mich mit niemandem an einen Tisch setzen, der der Meinung ist, sie sollten sich durchsetzen. »Die Welt ist ein grauenhafter Ort«, sagte der Dichter Edwin Arlington Robinson, »doch das Universum ist eine großartige Sache.« Etwas Großartiges, würde Romain Gary sagen, das »schön sein kann, ohne gerecht zu sein.« Und es mag das Beste sein, Richard Fords Ratschlag anzunehmen und »mir einfach zuzugestehen, mich zu befreien und zu erkennen, dass nur ich diese Wut verspüre und es keine Wiedergutmachung gibt ... und ich ganz sicher auch keine erwarten darf.«

Die Toten werden nicht zu uns zurückkehren – weder Julius noch Berthold noch Betty noch Alice noch Mutter Theresa noch Lady Di, aber wir sind auf dem Weg zu ihnen, mit unserem Potpourri aus Flüchen und Hallelujas. Und jetzt, lieber Leser, habe ich – auch wenn ich vielleicht nicht so viel Glück wie Jean-Paul Sartre hatte, dessen Vater ins Grab stieg, bevor er ihn zerstören konnte – zumindest mit zwei von ihnen abgeschlossen und bin bereit, weiterzugehen ... irgendwohin, ohne das Ziel zu kennen.

Und der Leser dieser Zeilen kann endlich auch das tun, was wir alle am Ende aufrichtig tun können: uns vor der Macht des Lebens verneigen und dann sagen:
Amen.

Danksagungen

In der Literatur wie in der Liebe sucht man immer nach dem oder der Richtigen. In der Literatur zumindest habe ich lange gesucht, bevor ich meine liebe, intelligente, unterstützende und kompromisslose Agentin Lane Zachary und meinen verständnisvollen, sorgfältigen Lektor beim Verlag HarperCollins, Robert Jones fand, der – zusammen mit seiner klugen und liebenswerten Assistentin Alison Callahan und meiner äußerst achtsamen Korrektorin Sue Llewellyn – genau das verkörperte, was sich jemand als Begleitung auf dem oft rauen und dornigen Weg durch das literarische Leben und die eigenen Fehler überhaupt wünschen kann. Jeder Schriftsteller, der in seinem Leben glücklicherweise mit solchen Menschen zu tun hat, kann den Göttern nur dafür danken und sich wünschen, dass es so bleiben möge.

Bedauerlicherweise muss ich tatsächlich »verkörperte« sagen, denn Robert Jones starb kurz nach meiner abschließenden Durchsicht dieses Manuskripts im Alter von siebenundvierzig Jahren an Krebs. Ich konnte mich glücklich schätzen, dass ich ihm einmal persönlich begegnet bin, seine Freundlichkeit, Ernsthaftigkeit, seine edle Gesinnung und sein Mut angesichts seiner schweren Krankheit fielen mir sofort auf. Ich weiß auch, dass durch seinen Tod nicht nur ich, sondern ebenso die vielen Schriftsteller und Herausgeber, mit denen er so fürsorglich und großzügig zusammen arbeitete, einen brillanten Lektor und einen echten Freund verloren haben. Ich würde sofort das Leben dieses Buches dafür opfern, wenn damit seines noch einmal zu uns zurückkehren könnte. Da dies jedoch jenseits menschlicher Möglichkeiten liegt, kann ich nur hoffen und dafür beten, dass die Existenz des Buches sich dem Vertrauen und der Sorge, die er ihm angedeihen ließ, würdig erweist und dass es ihm weiterhin, auch posthum zur Ehre gereicht.

Zahlreiche Freunde haben mir beigestanden und all die Jahre an mich und mein Werk geglaubt, unabhängig von den Launen des Glücks und des Ansehens. Sie wissen, wen ich meine, und es sind auch zu wichtige und zu viele, als dass ich ihrer Bedeutung durch bloße Namensnennung gerecht werden könnte. Ich werde jedoch immer in Dankbarkeit und Liebe an sie denken.

Teile des Kapitels »Sie und ich« erschienen ursprünglich in leicht veränderter Form als Erzählung gleichen Titels in der Literaturzeitschrift *Ploughshares* 24, Nr. 2 und 3 (Herbst 1998), herausgegeben von Lorrie Moore, der ich zutiefst dankbar bin für ihr Vertrauen und ihre Unterstützung. Auch sollte ich nicht unerwähnt lassen, dass dieses Kapitel viel Natalia Ginzburgs wunderbarem Essay »Er und ich« schuldet, der es in nicht unerheblicher Weise inspiriert hat.

Anmerkungen

17 Duke Snyder (1926–2011), einer der bekanntesten Baseballspieler der fünfziger Jahre, spielte 1947 bis 1962 für die Brooklyn Dodgers, wechselte dann zu den New York Mets.

18 Mario Lanza, Tenor und Schauspieler, eines der US-Idole der fünfziger Jahre.

21 »The Sound of Music«, Broadway-Musical (1959) über die Trapp-Familie.

Catskill-Berge, beliebtes Feriengebiet im Bundesstaat New York.

23 Ricky Nelson (1940–1985), Rock'n'Roll-Sänger.

Dick Clark (*1929), Moderator der amerikanischen Fernsehshow »American Bandstand«.

24 Donna Reed (1921–1986), amerikanische Schauspielerin.

Beaver, im US-amerikanischen Fernsehen lief eine beliebte Serie »Leave it to Beaver« über eine typisch amerikanische Familie.

Ozzie und Harriet Nelson, Rickys Eltern, hatten eigene Bigband.

25 Tony Bennett (*1926), Jazzsänger.

Ed Sullivan (1901–1974), Entertainer mit eigener Fernsehshow.

Lawrence Welk (1903–1992), Bigband-Leader.

Milton Berle (1908–2002), Schauspieler, Entertainer, Komiker.

27 goyisch, nicht-jüdisch (oft abwertend verwendet).

29 Arnold Stang (1918–2009) – US-Komiker, klein, schmächtig und in seinen Rollen stets außerordentlich ungeschickt; bekannter Tierstimmenimitator in Zeichentrickfilmen.

32 Edna St. Vincent Millay (1892–1950), amerikanische Lyrikerin und Dramatikerin, die 1923 den Pulitzer-Preis für ihre Lyrik bekam.

Rod McKuen (* 1933), amerikanischer Dichter, Songschreiber, Musiker.

33   Emily Dickinson (1830–1886), bedeutende amerikanische Dichterin.
35   Bar Mitzwah, wörtl.: »Sohn des göttlichen Gebotes«; im Judentum Ende der Kindheit eines Jungen mit Vollendung des 13. Lebensjahres und Erreichen der Religionsmündigkeit; bei Mädchen wird bereits mit 12 Jahren die Bat Mitzwah, »Tochter des göttlichen Gebots«, gefeiert.
Kiddusch, »Segensspruch«, insbesondere im Zusammenhang mit dem Schabbat.
Shiva, nach einer Beerdigung die siebentägige Trauerzeit für die engsten Verwandten.
36   Sonny Liston (1932–1970) – afroamerikanischer US-Boxweltmeister, einer der erfolgreichsten Boxer seiner Zeit.
Clark Kent, als Zeitungsreporter die andere Identität der Comicfigur Superman.
40   Challah, deutsch Teighebe, hier das aus Weißmehl, Hefe, Eiern und etwas Fett gebackene geflochtene Schabbat-Zopfbrot.
pleurisy, engl., Rippenfellentzündung.
41   Sandy Koufax (*1935), berühmter Baseball-Pitcher.
42   Kiddusch-Becher – ein zeremonielles Weingefäß für den Segen am Sabbat in jüdischen Familien.
67   Silas Marner, Protagonist in dem gleichnamigen Roman (1861) von George Eliot (Mary Ann Evans).
71   Kaddisch, Gebet zur Heiligung; Trauergebet bei Beerdigungen.
72   »The Adventures of Ozzie and Harriett« war in den USA von 1952 bis 1966 eine äußerst beliebte Sitcom, in der es um die Geschichte einer »typischen« US-amerikanischen Kleinfamilie ging.
73   B'nai B'rith, hebräisch für »die Söhne des Bundes«, eine internationale jüdische Verbindung, ähnlich den Freimaurern, die u.a. besonders talentierte Schüler fördert.
81   Borscht Belt (deutsch: Borschtsch-Gürtel), umgangssprachlicher Begriff für die heute meist aufgelösten Feriensiedlungen New Yorker Juden in den Catskill Mountains (Upstate New York) während der sechziger Jahre.

82   Annie Oakley (1860–1926), international berühmt gewordene amerikanische Kunstschützin, auch als Erwachsene gerade mal 1.52 Meter groß.

84   Seine Art, das griechische efaristo, danke, auszusprechen (Anmerkung des Autors).

85   Shuffleboard, auch »deck shuffleboard«, wird auf einem Holzboden (an Deck eines Schiffes) von zwei Spielern gespielt, die an den Kopfenden eines 12m langen und 1.8 m breiten in 2 Hälften geteilten Spielfeldes stehen und Eishockey ähnliche Pucks in bestimmte Felder des gegnerischen Spielfeldes schlagen müssen, um Punkte zu erzielen.

90   simcha, hebräisch »Freude«.

91   spics, abwertende Bezeichnung für die spanischsprachigen Hispanics, die lange Vokale wie z. B. das [i:]in speak (»spieck«) oft nur kurz [i] (»spick«) aussprechen.

chinks, abwertende Bezeichnung für Asiaten (»Schlitzaugen«).

96   Grossinger's Catskill Resort Hotel, eine nach seinem Gründer Asher Selig Grossinger benannte berühmte Hotelanlage (1919–1986) in den Catskill Mountains.

97   BVD, Markenname für die Herrenunterwäsche einer New Yorker Firma, die 1876 gegründet und nach ihren drei Gründern Bradley, Voorhees & Dayed benannt wurde.

103   Richard Tucker (1913–1975), amerikanischer Opernsänger.

105   Delta Alpha Chi, christliche Studentinnenverbindung, 1925 an der Universität von Kalifornien gegründet unter dem Namen ARETA (vom griechischen arete: Tugend).

108   Constantine P. Cavafy (1863–1933), griechischer Dichter.

111   Jack Benny (1894–1974) und Morton Lyon »Mort« Sahl (* 1927), beide US-Entertainer, Komiker und Schauspieler.

112   Gidget ist eine Romanfigur aus Frederick Kohners Gidget, the Little Girl with Big Ideas (1957). Zu Gidget wurden Filme und Fernsehserien gedreht. Der Name setzt sich aus girl und midget, »extrem kleine Person« zusammen.

113   Wallace Stevens (1879–1955), amerikanischer Lyriker und Essayist.

114   James Liddy (1934–2008), in Irland geboren, Dichter, Professor für kreatives Schreiben.

115 Isaac Asimov (*1920) war Professor für Biochemie an der Universität Boston und ist berühmt für seine Science-fiction-Bücher.

115 Phi Beta Kappa, (»Die Liebe zum Lernen ist der Führer durch das Leben.«), die älteste und angesehenste Honor Society bzw. studentische Vereinigung in den Vereinigten Staaten; nur etwa jedem zehnten Collegestudenten wird die Mitgliedschaft angeboten.

121 Ralph Waldo Emerson (1803–1882), Henry David Thoreau (1817–1862), Philosophen und Schriftsteller; waren befreundet, lebten und propagierten in ihren Schriften ein einfaches Leben in Einklang mit der Natur.

130 L'chayim, hebräisch »zum Leben«.

135 huppah, an den vier Seiten offen er Traubaldachin, Symbol für das neue Zuhause des Paares.

135 Briggs-Copeland-lecturer, nach zwei Harvardabsolventen benannt und im Hochschulrang etwa einem deutschen Juniorprofessor entsprechend.

147 Villanella, italienische Gedichtform, deren Ursprünge ins 16. Jahrhundert zurückreichen.

174 Walt Whitman (1819–1892), amerikanischer Dichter.

169 Edgar Lawrence Doctorow (*1931), amerikanischer Schriftsteller und Publizist.

182 Gefilte fish, beliebtes kaltes Fischgericht, das am Schabbat, an Feiertagen und zu besonderen Gelegenheiten als Vorspeise gegessen wird.

207 Yisgadal v'yiskadash sh'may rabbo ..., hebräisch, die Einleitungsworte des Kaddisch, des jüdischen Trauergebetes.

223 Seder, hebräisch für »Ordnung«; in aller Regel die Kurzbezeichnung für Sederabend, Vorabend und Auftakt des jüdischen Pessach-Festes.

227 Smashmouth, amerikanische Rock-Band.

Inhalt

Prolog	9
1 Anfänge	11
2 Golden Days	17
3 Die acht Tage	37
4 Malheur	48
5 Musen	76
6 Eier	98
7 Der Student	108
8 Heilige Hallen	136
9 Wieder mit anderen Augen	147
10 Wiedergeburten	154
11 Sie und ich	177
12 Kafkas Väter	188
Epilog I: Haifa, Israel, Dezember 1996	224
Epilog II: Jackson Heights, Queens, März 1999	228
Postskriptum	232
Danksagungen	238
Anmerkungen	241

Michael C. Blumenthal im VAT

Dieser Band vereint eine Auswahl von Michael C. Blumenthals preisgekrönter Lyrik aus den Jahren 1999 bis 2009, kongenial übersetzt von Irmgard Hunt. Einleitung und Nachwort führen zum Autor hin. Jedes Gedicht ist im englischen Original und parallel in der deutschen Übersetzung zu finden.

»Blumenthal ist witzig, tief, erotisch, verspielt, ironisch, elegisch und, in seinen stärksten Momenten, nah am Lobpreis. Seine Stimme ist wie keine andere. Seine Ton ist packend und vollkommen neu.«
The Nation

»Michael C. Blumenthal ist einer der großen Dichter seiner Generation.«
Seamus Heaney, *Träger des Literaturnobelpreises*

Michael C. Blumenthal
Engel, Vögel, Lieder
Gedichte über zehn Jahre
Übersetzt von Irmgard Hunt
Zweisprachig Deutsch / Englisch
122 S., gebunden, 16.90 EUR
ISBN 978-3-940884-33-6

www.vat-mainz.de

Weitere Titel im VAT

Saul Ascher war Verleger, selbstbewusster Jude, Preuße, Bonapartist, politischer Ökonom, Skeptiker mit System: Saul Ascher (1767–1822), einer der klügsten politischen Denker des frühen 19. Jahrhunderts. Seine Bücher wurden auf dem Wartburgfest 1817 verbrannt, er selbst für lange Zeit dem Vergessen anheimgegeben.

Die Edition versteht sich als Leseausgabe; durch sie sollen die Schriften Saul Aschers, erstmals vollständig versammelt und kommentiert, der Öffentlichkeit zugänglich gemacht werden.

»Jetzt kehrt dieser Saul Ascher (1767 bis 1822) in einer neuen Ausgabe wieder, nicht als Gespenst, sondern als erstaunlich weit in die Zukunft blickender kosmopolitischer Interpret eines nur schwer zu befriedenden Deutschlands.«
Frankfurter Allgemeine Zeitung

Saul Ascher
Flugschriften
Werkausgabe. Theoretische Schriften, Band 1
Hrsg. André Thiele, Mainz 2011
352 S., gebunden, mit Anmerkungen, 29.90 EUR
ISBN 978-3-940884-27-5

www.vat-mainz.de